現代社会における聖と俗

デュルケム
9・11テロ
生駒
在日コリアン

飯田剛史
Takatumi Iida

国書刊行会

現代社会における聖と俗
デュルケム・9.11 テロ・生駒・在日コリアン

目　次

第Ⅰ部　デュルケム宗教社会学の視座と現代世界

第1章　9.11テロ事件からイラク戦争へ
　　　　——「集合表象―集合力」モデルによる解明
　はじめに　9
　第1節　デュルケムの「集合意識論」と「集合意識―集合力」モデルの構築　9
　第2節　9.11事件からイラク戦争へ
　　　　——「集合表象―集合力」モデルによる、政権・議会・世論の動態プロセスの解明　17
　第3節　「集合意識」は民衆の力か？　戦争を防ぐことは可能か？　30

　〈第1章の英訳文〉
　### From 9/11 to the Iraq War
　　——Elucidations through a "Collective Representation-Collective Force" Model
　Introduction　33
　1. Durkheim's "Concept of Collective Consciousness" and Constituting the "Collective Consciousness-Collective Force" Model　34
　2. From 9/11 to the Iraq War: Elucidations of the Dynamics of the Administration, Congress, the Media, and Public Opinion through the "Collective Representation—Collective Force" Model　43
　3. "Collective Consciousness," the Force of the People? Is It Possible to Prevent a War?　59

第2章　デュルケムの儀礼論における集合力と象徴
　はじめに　61
　第1節　デュルケム儀礼論へのアプローチ　62
　第2節　儀礼における集合力と象徴　65
　第3節　分析モデルをめぐる諸問題　76

目次

第3章 デュルケムとバーガーの宗教社会学
第1節 バーガーの宗教―社会理論　81
第2節 デュルケムとバーガー――相互批判的考察　93

第Ⅱ部　日本宗教の構造と諸相
大本・生駒

第1章 現代宗教の構造
はじめに　103
第1節 現代人の宗教意識　103
第2節 日本宗教の構造　109
第3節 日本宗教の諸形態　113
第4節 現代の宗教状況　118

第2章 新宗教の日常化
――「大本」京都本苑4支部の事例
第1節 対象と調査の概要　123
第2節 社会的属性　129
第3節 信仰の定着と家の宗教化　132
第4節 コミットメントの強さによる信者類型　141
第5節 信仰意識と日常生活の適合　152
第6節 まとめ　162

第3章 生駒の宗教・探訪
第1節 民俗宗教・都市・生駒　167
第2節 生駒の神々・探訪　168
第3節 おわりに　176

第4章 今東光と生駒・八尾の宗教文化
第1節 今東光の作品にみる生駒・八尾の民俗宗教　179
第2節 今東光の文学と天台仏教、真言立川流　181

目次

第Ⅲ部　コリアン宗教の諸相

第1章　在日コリアンの宗教
——文化創造の過程
第1節　在日コリアンの社会とネットワーク　189
第2節　在日諸宗教の展開　190
第3節　諸宗教の結合形態と文化機能　198
第4節　在日コリアンの文化創造と日本社会　199

第2章　水辺の賽神(クッ)
——龍王宮・箱作・済州島
はじめに　201
第1節　龍王宮　202
第2節　大川端での賽神儀礼（1988年9月2日）　205
第3節　箱作海岸　208
第4節　済州市チルモリ壇でのヨンドン祭　212

第3章　在日コリアン社会における純福音教会と巫俗
——普遍的基層宗教としてのシャーマニズム
第1節　在日コリアン社会における諸宗教　215
第2節　在日コリアン社会の巫俗儀礼　216
第3節　キリスト教会の展開　218
第4節　純福音教会（日本フルゴスペル教団）の宣教活動　219
第5節　その他の教会グループ　224
第6節　普遍的基層宗教としてのシャーマニズム　226

第4章　宗教的伝統とキリスト教の発展
——韓日比較の視点より
第1節　韓国宗教史の特質——支配的宗教の交替　233

目　次

第 2 節　現代韓国の宗教状況——キリスト教の急発展　238
第 3 節　韓・日宗教の比較考察　244

第 5 章　トロントのコリアン社会とキリスト教会
はじめに　249
第 1 節　カナダ・トロントのコリアン社会　251
第 2 節　コリアン・キリスト教会の展開——トロント韓人長老教会を中心に　259
第 3 節　コリアン教会におけるリーダーシップと組織の問題　263
第 4 節　トロント韓人のプロフィール　268

第Ⅳ部　まつり

第 1 章　「民族まつり」の展開と課題
はじめに　275
第 1 節　民族まつりの創始（1980 年代）　275
第 2 節　民族まつりの展開（1990 年代以降）　297
第 3 節　民族まつりの課題　311

参考文献一覧　316
あとがき　333
索引　339

第Ⅰ部

デュルケム宗教社会学の視座と現代世界

第1章
9.11テロ事件からイラク戦争へ
「集合表象―集合力」モデルによる解明

はじめに

　2001年9月11日の同時多発テロ事件を契機として、アメリカでは「テロとの戦い」が開始され、アフガニスタン、イラクへの軍事攻撃が行われた。アフガニスタンのタリバン政権攻撃は、アメリカがテロ事件の首謀者と見なしたオサマ・ビン・ラディンとアルカイダ・グループを保護しているという直接の理由による。アフガニスタン攻撃と前後してイラク・フセイン政権への攻撃が、テロリストとの関係や大量破壊兵器の保有という「嫌疑」によって、米政権内部で提起されいくつかのプロセスを経て、2003年に実行に移された。イラク攻撃後、9.11テロとイラクが無関係であったことが公表された。

　9.11同時多発テロ事件とは無関係のイラクとの戦争が、なぜ米国で政策決定され、議会、マスコミ、世論の支持のもとに行われたのか。

　本章は、この問題をエミール・デュルケムの「集合意識」論に基づく分析モデルによって解明しようとするものである。

　そのため、前半では「集合意識」論を検討して分析モデルとして再構築し、後半ではそれによってアメリカでの一連の政策決定とマスコミ、世論の結びつきの過程を解明する。

第1節　デュルケムの「集合意識論」と「集合意識―集合力」モデルの構築

　集合意識とは「同じ社会の成員たちの平均に共通な諸信念と諸感情の総体」であり、これは「固有の生命を持つ一定の体系を形成する」（デュルケム 1971, 80）。

　デュルケムは「集合意識」を「機械的連帯」を支えるキー概念として位置づけた（『社会分業論』1893）。デュルケムによると、原始的で小規模な社会では、人々のあいだ

の同質性が高く、その意識も大部分が集合意識に覆われている。社会の連帯は集合意識のはたらきによって支えられており、彼はこれを「機械的連帯」と呼んだ。

このような社会のあり方を変化させたのが「分業」である。分業によって社会は拡大し、異質な地域、文化、知識、価値観をもつ人々を含むようになる。人々は異質であることによって、高度に専門分化した職業を得て支え合う。そうなると人々の意識のうちで「集合意識」の占める割合は相対的に低くなる、と考えられた。このような分業による高度な相互依存の結びつきを、デュルケムは「有機的連帯」と呼んだ。

デュルケムは独自の近代化図式を「機械的連帯から有機的連帯」へというコンセプトでまとめようとした。しかし分業の発達による有機的連帯の実現という課題は、困難、危機にさらされているものだった。分業の拡大、発展は押し止めようもないが、経済恐慌や不平等などさまざまな問題を生み出す。「有機的連帯」は現実には成立し得ないのである。

デュルケムはそれ以後、分業発展の方向よりむしろ「集合意識」のはたらきを、広く、深く問い直す方向に進む。そして家族、道徳、教育、宗教研究のなかに、原始社会のみならずすべての社会の秩序原理としての「集合意識」を再発見するのである。

「分業」による連帯と「集合意識」による連帯は、社会連帯の普遍的な２つの原理であり、分業が発達するからといって集合意識の役割が減少したり無くなったりはしない。ただし社会変化、分業の発展のなかで、集合意識の内容と機能がそれに適応しつつ変わっていく必要性があり、それがなければその社会秩序は混乱し、社会連帯は危機に瀕することになる。

『分業論』のなかで、その後の理論展開につながるもっとも重要な部分は、犯罪と刑罰に関する考察であろう。この考察においてデュルケムは、集合意識の動態を明確に捉えており、後期の『宗教生活の基本形態』(1912)における宗教社会学理論の基礎がここに示されている、と見ることができる。

犯罪は、常識的には社会秩序を破壊するものと考えられている。しかし犯罪は、集団の価値、道徳を侵害し、また人々の不安、怒りを掻き立てることによって、逆にそれを刺激し、活性化させ、再生させるはたらき（機能）をもっている。犯罪によって掻き立てられた人々の不安、動揺は、悪としての犯人と正義としての社会、とい

う明快な二分的認識図式を強化し、犯人の捜索、逮捕、処罰という一連の過程を通して再び秩序を回復する。

　デュルケムによると、社会秩序とは、規範、価値が守られている静態的状態ではなく、むしろそれが侵害され、怒り、混乱、興奮を通して再生される動態的なプロセスとして捉えられるべきものである。

　「集合意識」は、集団において個々人の意識の総和を超えて創発する固有の意識である。それは、秩序、道徳意識といった形をとることもあるが、集合的不安、激情のような非合理な特質を示すこともある。個々人の意識は、集団のなかで一定の表現、意味、方向を与えられることによって、固有の「集合的」性格を有するものとなる。「集合意識」は、同時に人々の行為を動かす力動、エネルギーとしての側面をもっており、これは「集合力」と呼ばれる。

　「集合意識」と「集合力」は、セットとなった概念である。これらは、社会のなかであたかも1つの表現とエネルギーの単位となってさまざまな機能をはたしている。

　デュルケムは「集合意識」ないし「集合表象」を軸に家族、教育、道徳、国家、など多様な分野の研究を展開する。とくに『宗教生活の基本形態』では、宗教の意識と行動を解明する中心概念として「集合表象」および「集合力」が用いられている。ここではオーストラリア原住民のトーテミスムの信念と行事が集中的な考察の対象となっている。それは「すべての宗教の本質は同一」という前提のもとに、もっとも単純で原始的な形態、すなわち forms élémentaires（原初あるいは基本形態）を示すものと判断されたからである。彼が選んだケースがもっとも単純で原始的かどうかについてはその後の人類学研究で疑問視されているが、それは本質にかかわる議論とは思われない。彼がこの研究を通して、宗教と社会についてどのような理論を摑みだしたかが重要である。

　デュルケムは、『分業論』では「集合意識」概念を用い、後期の『宗教生活の基本形態』においては「集合表象」の語を多用している。またそこで彼は「集合力」概念も登場させているが、集合表象との概念区分は明確には論じてはいない。ここでは後に示すように「集合意識」の認知的側面・表現的側面を「集合表象」と捉え、力動的側面・エネルギー的側面を「集合力」と捉えることにする（cf.「宗教とは単に、諸観念の体系であるにとどまらず、なににもまして諸力の体系である。」Durkheim 1970, 308）。

　「集合力」とは「一種の無名で非人格的な力」（デュルケム 2014 上, 419）である。それ

は単なる比喩にとどまらず「真の力として作用し……放電の効果にもたとえられるような衝撃」(同, 422)を与えることがある。例えばタブーを侵犯し聖物に触れた人物は、このエネルギーの急激な放出のために病や死に至らしめられることがある(同上)。それは「物質的な力であると同時に道徳的な力」(同, 423)である。

ここで、「集合意識」「集合力」「集合表象」概念について再整理し、その用語相互の関係を明確に示すことにしたい。まず、上記で述べたことを次のようにまとめる。

集合意識を包括概念とし、集合表象・集合力を構成概念とする。
　・集合表象は、集合意識の表現的・情報的側面である。
　・集合力は、集合意識の力動的・エネルギー的側面である。

宗教のはたらきは、聖なるものの知識、イメージを示すだけにとどまらない。宗教は、聖なるものに関わる価値観や強い情動を喚起して、集団のなかの人々の全身を動かす力でもある。この力動性がデュルケムの宗教理論の重要な特質である。

さらに集合表象は、二面のはたらき(作用)をもっている。すなわち記号作用(概念指示)と象徴作用(情動・エネルギー喚起)である。記号作用とは、あるイメージ・概念が他のイメージ・概念を指示するはたらきである。記号とそれによって指示されるものとは静態的な関係にある。われわれはさまざまな宗教の信念や神話を言語記号を通して知ることができるが、それによって直ちに自分の価値意識や情動が動かされるわけではない。しかし信者にとっては、信仰や神話の言葉、イメージは、個人や同信の人々の特別の価値意識に関わり、心と身体を直接に動かす力をもつ。このはたらきを「象徴作用」と定義することにしよう。

　集合表象の二作用
　　・記号作用：イメージ・概念の指示
　　・象徴作用：情動・エネルギーの喚起

例えば、ある国旗という表象は、記号作用としてその国の概念(知識)を指示する。

他国の人々にとっては多くの場合それだけであるが、一方その国民にとってそれは特別の感情あるいは行動を掻き立てる場合がある。そのとき国旗という表象は象徴作用を果たしているといえる。

これはエネルギーと制御に関するサイバネティクスの発想と通じるモデルである。サイバネティクスとは、T. パーソンズによると「高情報・低エネルギーのシステムが、高エネルギー・低情報のシステムに効果的な制御を行いうる諸条件に関わるもの」(Parsons 1982, 54) である。

ここでは筆者は、「集合表象」を高情報・低エネルギーシステム、「集合力」を高エネルギー・低情報システムに当て、これを〈集合表象—集合力モデル〉と呼ぶことにし、集合意識のはたらきを分析するモデルとしたい (飯田 1984, 180；本書第Ⅰ部第2章第1節 (2))。

E. カッシーラー (1953) と S. K. ランガー (1960) は、自然的関係にあるものを記号とし、概念的結びつきにあるものを象徴としている。しかしこれでは、情動や感情を呼び覚ますという固有のはたらきを指し示す独自の指標としての機能を持つことができないので、象徴に関する分析が曖昧になる。

聖なる象徴によって喚起される人々の力は、あたかも個人を超えた固有のダイナミズムをもつ「1つの力」であるかのようにはたらく。このような現象が、道徳、家族、教育、宗教などのより広い領域にもしばしば起こっている。

デュルケムは、聖なるものの近代的再構成を社会学の課題とした。しかし彼の、聖による宗教定義は、狭義の「宗教」集団を超えて、近代の「民族」「国家」にも適合し、その理論は近代国家の動きを解明する重要な手掛りとなる。それは、近代が生み出した普遍理念である人権・個人という集合意識にとどまらず、おそらくはデュルケム自身の予想を超えてナショナリズム、国家主義の高揚と相互の衝突によるさまざまな紛争、戦争をもカバーする射程をもつものである。

デュルケムは、儀礼、祭りの考察のなかで、集合意識と集合力の発生およびそれに続くプロセスについて分析している。ここで、それを A. 集合力の発生、B. 象徴作用、C. 宗教儀礼、D. 社会的諸機能という4つの局面で順次整理してみよう。

A. 集合力の発生

デュルケムはまず、コロボリーと呼ばれる非宗教的行事のなかでの「集合力」の

発生を記述する。オーストラリア原住民の生活は、乾季の分散生活と雨季の集住生活の時期に分かれ、コロボリーと祭りは集住生活期に行われる行事である。人々は特定の場所に集まり、そこでさまざまな関係が結ばれる。これは「動的密度」ないし「道徳的密度」の高い状態といわれる。「動的密度」とは一定容積の社会において、道徳的結合によって「一個の共同生活を共にしている諸個人の数をもって規定される」（デュルケム 1978, 223）。

コロボリーにおいて人々は一定の場所に集まり、夜になると火を焚いてその周りで歌と踊りに興じる。その反復のなかで徐々に興奮が高まり、ついには我を忘れるような熱狂状態になる。これは「集合的興奮」ないし「集合的沸騰」と呼ばれる。

コロボリーでは、動的高密度状態における人々のさまざまな共同行為が感情を高揚させる。刺激が増幅され合い、情動が反響し合って極度に高まると、集合的興奮状態となる。歌や踊りは、咆哮、激昂となり、人々は日常的自制心を失い、たがいを隔てる自我意識は忘却される。道徳規範は無視され、その集合的興奮状態のなかで性的乱交に至ることもある。これは、人々の極度に高揚した情動のエネルギーが、自我意識と道徳規範の拘束から抜け出し、記号作用による表現も受けないままにカオスの力として噴出する過程といえるだろう（cf. 飯田 1984, 184；本書第Ⅰ部第2章第2節(2)）。

これはいまだ対象化されないまま、漠然とした大きな力と共にある経験として受け止められる。コロボリーにおけるこれらの経験や作用を「集合力」の発生の場として捉えることができる。

B．象徴作用

コロボリーで生まれた大きな力の経験は、無形、無名のものであるが、一定の物質的形式、イメージと結合することによって、表現を与えられ対象化される。それはオーストラリアの原住民社会では、チュリンガと呼ばれるトーテムの徽章である。トーテムと集合的興奮との結合は、踊りの場の中心にチュリンガが安置されるなど、さまざまな形で演出され強調される。この結合がなされると、「集合力」の特性はチュリンガに「感染」contagion する。すなわち、この力の経験はチュリンガに「投射」され、チュリンガそのものの特性であるかのように受け止められる。この結合は、反復されて「固着」する。トーテムのチュリンガは、集合力と結合することに

より象徴として機能する。集合力は象徴と結びつくことにより一定の場所を得て、空間的延長を獲得する。象徴作用による集合力の変容は時間的特性にも及ぶ。集合力は、集合的興奮の形で発生し、それが醒めるとともに消失するものであったが、象徴と結びつくことにより、象徴の提示によって繰り返し喚起されうるものとなる。すなわち時間的持続性を獲得するのである。

ここにおいて集合表象の象徴作用による集合力の喚起と制御という、サイバネティックモデル成立の基礎条件が見出される。象徴は一定の条件で、空間的・時間的に配置されることにより、人々の集合力を生起させ、多様な集合行動を導き、諸種の社会機能をそれらが果たされるよう制御することができる。

伝統社会の儀礼、祭りでは、この宗教的象徴の配置は慣習に従ってなされ、伝統的な秩序、道徳規範が再生産される。しかし、象徴の解釈革新や新たな象徴の創出によって、集合力がこれまでとは異なる方向に動かされると、社会の解体、変革、再統合の要因となることが予測されるのである。

C．宗教儀礼

つぎに、集合力がさまざまな形でプログラム化された——すなわち、演出され、順に並べられ、あることが起きるように配置された——宗教儀礼の諸形式について論じる。諸種の儀礼の形態は異なるが、どの儀礼も本質機能はつねに同じである。すなわち、動的高密度の場が設けられ、そこで集合行動を通して集合力が創出され、これが象徴によって表現され方向づけられることによって、宗教的な信念、秩序、世界観が再生、再確認される。

諸種の儀礼のなかで、とくに贖罪的儀礼は、不幸や悲しみの感情が主になるものである。通常、葬儀や喪の儀礼がこれに当たる。日常生活は中断され、人々は通常でない強い集団的悲しみに泣き叫ぶ。集団において成員の死は大きな損失であり危機である。死者と周りの人々が結んでいた社会関係は消滅し、道徳的密度の急激な低下が起こる。社会関係は再構成されなければならない。ここで非日常的な悲しみという集合的興奮のなかで集合力が高められ、人々の結びつきが回復される。

本章の文脈では、とくにこの贖罪的儀礼についてのデュルケムの記述が深い関わりをもつと考えられる。『分業論』で述べられた犯罪と刑罰の論議は、道徳的価値の侵犯によって大きな憤激（集合的興奮）が引き起こされ、犯人の処罰によって道徳的

秩序の回復が確認されるプロセスを論じるものであった。これは贖罪的儀礼の1つのヴァリエーションと見ることができる。そして同様に、この分析プロセス——すなわち贖罪的儀礼の特質である集団的価値の侵害による大きな集合力の形成・表現・方向づけの分析プロセス——を、9.11 テロ後のアメリカの戦争政策と世論の動きにも応用することができると考えられる。

D. 社会的諸機能——秩序の再構成または破壊

　宗教儀礼は、通常、定例的な形で行われると考えられ、それを通して伝統秩序が維持、再生産されるものと考えられている。しかし、デュルケムの理論がもつ射程は、このような範囲に留まるものではない。彼はフランス革命の例を挙げて、集合力が新たな象徴表現を与えられて、既存秩序を破壊し、新たな社会を形成するはたらきをする可能性があることを指摘している。

　デュルケムの弟子であり協力者であったマルセル・モースは、第二次大戦後まで生き延び、次のような言葉を残した。「われわれが提示した学説は……悪の形をとって検証されてしまった」(Lukes 1972, 339)。

　「悪の形」とは、この場合、世界大戦をさすと考えられる。すなわち、集合力が国家主義とナショナリズムの高揚による戦争発動を説明する要因となってしまった、という痛切な認識がそこに示されている。

　デュルケム理論は、かつて秩序志向の保守的性向をもつものと受け止められ、批判された時期があった。また彼自身、近代化のなかの秩序再建を社会学の実践目標として掲げていたが、彼の理論はそのような範囲を超えて、社会の変革、革命、戦争をも射程に入れる、よりダイナミックで破壊的な可能性をもつものであることが理解される。

　近代戦争においては、市民の戦争政策支持が重要条件となり、開戦を納得させる「大義」ないしきっかけが不可欠である。2001 年の 9.11 同時多発テロ事件は、米国の国民的な価値観と誇りを侵害し、不安、パニック、悲痛、怒りといった、国民に共有される大きな情動を引き起こした。大統領は、直ちに「敵」を示し「テロリストとの戦い」を宣言した。

　「敵」が示されると、この大きな情動は1つの対象に向けられ、それに転移し、固着する。人々の集合的激情が邪悪な「敵」に向けられるとき、1つの意識単位が創発

し、巨大な集合意識が形を与えられるのである。この集合意識は、大きなエネルギー（集合力）をもちつつ、「悪に対する正義の戦い」「テロとの戦い」などの表現が与えられ、指示された方向に動き出す。テロリストに対して形成された集合意識は、その具体的標的として、アフガニスタンに、つぎにイラク・フセイン政権に向けられた。政策は、冷徹な利害計算と権力闘争を経て決定される。政府は、議会、マスコミ、世論、宗教などをコントロールし、イラク政権を敵対集団として提示し「構成」することで、社会全体で戦争を正当化し支持させる。しかしイラク政権と、テロリストおよび大量破壊兵器とを結ぶ明確な証拠は存在しなかった。攻撃理由がすり替えられ、政策とマスコミの情報操作によって、イラク攻撃を正当化するための集合意識が醸成されたのである。現代においては、政権・マスコミ・世論が一致したとき、すなわち、振り上げられた集合意識というハンマーが振り下ろされるとき、戦争が開始される。

第2節　9.11事件からイラク戦争へ
「集合表象―集合力」モデルによる、
政権・議会・世論の動態プロセスの解明

(1) 2001.9.11 の背景
イスラム復興と米国・ソ連

米・ソを両極とする東西冷戦体制のなか、中東地域では民衆のあいだにイスラム復興の動きが進行していた。イランのパーレビ王政権は親米、独裁体制をとっていたが、1979年のイスラム革命によって王制は崩壊し、イスラム指導者が政権を取り、イランは反米国家に急旋回した。これに対し、米国は、イラクのフセイン政権に経済および軍事援助を与えて、イラン・イラク戦争を誘導した。

アフガニスタンは冷戦体制下、ソ連の勢力圏内にあったが、イスラムを背景とする反ソ勢力が政治を動かすようになったので、1979年ソ連はアフガニスタンに軍事進攻を行った。これに対し米CIA（中央情報局）は中東各地から集まった反ソゲリラに強力な軍事援助を与えた。ソ連は10年間の苦戦ののち1989年に敗退。これは1991年のソビエト連邦崩壊につながる要因であったといわれる。アフガニスタンの反ソゲリラからアルカイダが生まれ、目標を反米に変えたテロ活動を始めた。

1991年に起こった湾岸戦争は、イラク軍のクウェート占領に対し、米軍を中心に国連で結成された多国籍軍がイラク軍を撃退した事件であった。フセイン政権は残ったが、これ以後、イラクは米国の潜在的敵対国とみなされた。

その後、世界貿易センタービル爆破事件（1993年）、ケニアとタンザニアの米国大使館爆破事件（1998年）などが起こり、米政府はこれらをイスラム過激派のアルカイダによるテロ攻撃と見なしていた。

(2) 9.11 米国同時多発テロ事件

このような状況のなかで、2001年9月11日に同時多発テロ事件が起こった。同日朝、ボストン空港を離陸した2機の旅客機がハイジャックされてニューヨークに向かい、世界貿易センター・ツインビルの高層階に相次いで激突し、両ビルは完全崩壊した。この模様はテレビニュースで繰り返し放映され、世界に大きな衝撃を与えた。

また同日、ワシントン・ダレス空港を離陸した旅客機はハイジャックされたのち、米国防総省ビル（ペンタゴン）に突入した。ニューアーク空港を離陸後ハイジャックされたもう1機は途中で墜落した。

この事件は世界を驚愕させたが、米国民に与えた衝撃は計り知れないものがあった。米国の繁栄と富の象徴であったニューヨーク国際貿易センタービルの崩壊は、米国民の価値観と誇りを打ち砕いた。ここで起こった大きなショック、怒り、パニック、混乱、そしてその共有感情は、集合意識の原初的な発生のきっかけとなった。

ブッシュ米大統領は、直ちにこれを「テロ」事件と認定し、オサマ・ビン・ラディンを指導者とするアルカイダ・グループによるものと断定した。大統領は同日夜、テレビで国民に「テロとの戦い」を宣言し、「テロ行為をもくろんだものとテロリストをかくまうものを区別しない」という自らのメッセージを告げた（ウッドワード 2003, 41）。

大多数の米国民は、大統領とその「テロとの戦い」のアピールを無条件に受け入れた。「集合意識」は、命名され、表現され、方向を与えられたのである。ブッシュ大統領への世論の支持率は、直前の51％から90％に急上昇した。これは歴代大統領が得た最高の支持率であった（和田 2008, 145。次頁図1参照）。

第1章 9.11テロ事件からイラク戦争へ

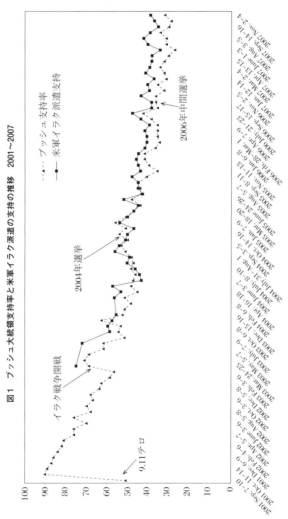

図1 ブッシュ大統領支持率と米軍イラク派遣の支持の推移 2001〜2007

Source: "Gallup's Pulse of Democracy" と "Presidential Job Approval in Depth" に基づき作成（和田 2008, 158）

第 I 部　デュルケム宗教社会学の視座と現代世界

(3) 集合意識と世論

　ここで、大統領支持率の世論調査データを、9.11 事件からイラク戦争にかけての期間の「集合意識」の状態を表す指標として、用いることにしたい。
　『社会分業論』においてデュルケムは、「機械的連帯」と「有機的連帯」の相対的比重の転換を示すために、「抑止法」と「復元法」を指標として、時代ごとの「抑止法令」と「復元法令」の数の相対的変化を明示し、それを証明しようとした。デュルケムによると、「集合意識」は社会の「道徳的状態」を示す理論概念であり、それを経験的研究に用いるためには、外的・可視的徴表をもつ客観的事実を通して分析しなければならない。
　本章の場合、事件の発生年月日、議会決議、法令、政治的・行政的処置などが客観的事実に当たるが、世論調査データもそれに加えることができるはずである。ギャラップ社の米国大統領支持率の連続的調査は有効な資料となりうるものである（川上 2004, 10）。
　何％の支持率をもって「集合意識」のどのような状態を示すものと見なすかについては先例研究がない。そこで、ここで一応の仮説的基準を提示しておくことにする。70％程度ないしそれ以上であれば、国民的規模での大統領を支持する集合意識が成立していると見ることにする。80〜90％であれば、その集合意識は反対派・少数派に圧迫的な力を及ぼすまでに強力な集合力をもつに至っている。50〜60％程度であれば、集合意識は確固たる輪郭と力を弱めていき、50％を下回ると党派的・階層的・地域的など、限定的な集団の範囲内での集合意識は認められても、国民的規模での集合意識を認めるのは困難であろう。30％未満であれば、集合意識は未成立ないし解体状態とみることにする。このような概略的・仮説的な基準を念頭に置いて、本章での分析に用いることにしたい。
　つぎに時系列に沿って政権、議会、マスコミ、世論の動向を見ていこう。

(4) 9.11 からイラク戦争開始まで
政権と議会

　2001 年 9 月 14 日、米議会はテロリストおよびそれを匿う国家、組織、人間に対する「必要かつ適切な軍を用いる権限を大統領に与える」決議（上院 S. J. Res. 23、下院 H.

J. Res. 64) を採択した。上院は全会一致、下院は賛成420、反対1であった（和田2008, 145）。

　この時点で表明されていた攻撃目標は、アルカイダとそれに根拠地と保護を提供するアフガニスタンのタリバン政権であった。

　2001年10月7日、アフガニスタンへの空爆が開始された。10月19日、米軍地上部隊が侵攻し、早くも11月13日には首都カブールが陥落、タリバン政権が打倒された。

　同年10月26日、「愛国者法」すなわち今後のテロの阻止のために必要で適切な手段をとることを政府に認める法律が成立し、米政府当局の判断により個別の捜査令状なしに、米国住民への盗聴、尋問、インターネット通信の監視が可能となった。

　9.11テロ事件の直後、ブッシュ大統領は、この事件とイラクの関係とを結ぶ証拠を見出すよう側近に命じた。ラムズフェルド国防長官は、9月12日の国家安全保障会議で、早くもイラク攻撃を主張した。彼は「9.11はただちにフセインを征討する好機を提供してくれたわけで、それに乗ずることもできるのではないか」と提案した（ウッドワード2003, 66）。この提案は、チェイニー副大統領らの支持を得、パウエル国務長官の消極論を抑えて、政策化されることになる。

　実はイラク攻撃計画は、2001年9.11テロ事件以前に、ネオコン・グループによって作成されていた。「ネオコン」すなわち新保守主義グループは、アメリカ流の自由主義・民主主義を世界に広めることを理念とし、共産主義、イスラム主義、国連中心の協調主義への反対を主張してきた。また、イスラエル、米国内のユダヤ民族の利害を重視し、1991年の湾岸戦争以来、イラク・フセイン政権の打倒を主張していた。彼らによって設立された「アメリカ新世紀プロジェクト」において、1998年にイラクへの先制攻撃が立案された。2001年に登場した共和党ブッシュ政権には、このプロジェクトのメンバーが多数、高官として参入していた。すなわちチェイニー副大統領、ラムズフェルド国防長官、ウォルフォヴィッツ国防副長官等の他、リチャード・パール、論客としてのウィリアム・クリストルなどである。

　2002年1月29日、大統領は議会での一般教書演説で、イラク、イラン、北朝鮮をならず者国家、「悪の枢軸」と非難した。同年9月、テロリストを保護し大量破壊兵器を拡散させる恐れのある「ならず者国家」に対して、必要があれば先制攻撃を行うことを認めた「ブッシュドクトリン（新戦略思想）」が表明された。

第 I 部　デュルケム宗教社会学の視座と現代世界

議会は、ブッシュドクトリンを前提に、大統領への「対イラク軍使用容認決議」［(H. J. Res. 114)］を可決した。結果は以下のようであった。

　2002 年 10 月 10 日：下院賛成 296、反対 133
　2002 年 10 月 11 日：上院賛成 77、反対 23

　これにより、ブッシュ大統領は、イラクへの武力行使権限を連邦議会より条件つきで認められた。2002 年 11 月の中間選挙では共和党が勝利し、大統領が信任され、イラク敵視を含む対テロ政策が支持された。
　イラク攻撃について議会および世論上では、70％程度の強力な支持を得ていたが、いくつかの大きな問題があった。問題とはつまり、政権内部の主戦論と穏健派との政策闘争に加え、イラクとテログループとの関係を示す根拠、およびイラクが大量破壊兵器を隠匿しているとする確たる根拠が存在しなかったことである。
　政権内部では、チェイニー副大統領は、CIA 長官テネットに、イラク・フセイン政権とテログループとのつながり、大量破壊兵器の保有・開発の証拠を提出するよう要請した。テネット CIA 長官は、これまでの情報のなかには、そのような証拠は見出されないと当初主張していたが、やがて強い要請に屈し、チェイニーらが見出した根拠薄弱な「証拠」を国家文書として承認した。
　パウエル国務長官は、当初イラク攻撃には慎重で国連での支持を必要条件と主張していたが、主戦論に屈し、国連でチェイニーらが起草した大量破壊兵器隠匿の捏造された証拠を含むイラク攻撃支持を求める演説を行った（2003 年 2 月 6 日）。
　英国、日本等は米国を支持。フランス、ドイツ、中国、ロシア等は反対を表明した。国際連合でイラク攻撃の支持を求める米国の運動は成功しなかった。
　2003 年 3 月 19 日、米国はイラク攻撃を開始した。フセイン政権は短期間で軍事的に崩壊させられ、同年 5 月 1 日に米国は戦闘終了を宣言した。
　2004 年 3 月 17 日、「イラク解放を賞賛する下院決議」［(H. Res. 557)］が、共和党 222、民主党 105 の賛成によってなされた。
　アフガニスタン攻撃は議会で圧倒的多数で支持されたのに対し、イラク攻撃では議会の支持は約 3 分の 2 であったが、これでもかなり高い支持を得ていたといえる。開戦後の短期間での勝利によって、大統領への支持はさらに高まった。

(5) イラク戦争後の混乱と大統領支持率の低下

　2004年、フセイン政権崩壊後、イラクは無政府のなか混乱状態となった。米軍はフセイン政権打倒のために投入されたが、民生・治安の任務は与えられていなかった。イラク政府で主要部を占めていたフセイン政権与党のバース党員はすべて公職から追放されたため、イラク国内の行政・治安が再建されないまま諸勢力が割拠し、また外部から反米ゲリラが流入したため、テロや流血が相次いだ。

　米軍は戦死者が続き、フセイン政権打倒後になって一層増加した。2003年9月、ブッシュ大統領は、アルカイダとイラクの結びつき、およびフセイン大統領が9.11に関与したという証拠は何もないと表明した (川上 2004, 133)。2004年7月、上院情報委員会は、ブッシュ大統領のイラク大量破壊兵器隠匿非難には情報の誇張や事実との矛盾が含まれていたと批判した (和田 2008, 150)。同年9月、パウエル国務長官は、上院委員会で大量破壊兵器の存在が確認できていないことを認め、その1年半後に行った公式声明で「大量破壊兵器は（イラクで）まだ発見されず、これからも見つからないだろう」と述べた (同上)。

　フセイン政権とテロリストとの関係および大量破壊兵器の「証拠」が根拠のないものであったことが繰り返し批判され、民衆がそれを理解するにつれ、大統領への支持率は低下していった。2005年に入ると支持率は50%を切り、その後さらに低下して、2007年に入ると30%を下回った (cf. 図1)。2004年の大統領2期目の選挙では、ブッシュはからくも勝利したが、もはやイラク問題は主論点ではなくなっていた (Holsti 2011, 145)。

　2005年、米軍下、イラクの国民投票で新憲法が承認され、総選挙によってイラク新国家が成立した。イラクでの米軍の活動は泥沼に陥っていたが、大統領はなおイラクへの米軍の投入を主張し駐留を続けた。2006年の中間選挙で共和党が敗北し、大統領と議会の共同歩調関係は終わりを告げた。2007年5月1日、イラクからの米軍撤退を求める議会決議がなされたが、大統領は拒否権を発動した。

　2010年8月にオバマ大統領によりイラクからの米軍撤退が始まり、2011年12月に撤収が完了した。

(6) 情報操作とマスコミ・世論

　主要なマスメディアはイラク戦争を支持し、それにより視聴率と購読者数は拡大した。開戦後、米軍視点による米軍の宣伝が現地報道としてなされ、枠外（アルジャジーラほか独立系）の報道者へは砲弾が向けられた。

　イラク戦争における情報操作について川上和久（2004）は、次のように分析している。

マスコミの戦争支持

　2001年の9.11から2003年のイラク戦争開戦まで、マスコミはブッシュ大統領の「テロとの戦い」の根拠をそのまま受け入れていた。「同時多発テロへの激しい怒りは、［アフガニスタンの］タリバン政権の崩壊とともに、徐々にイラクに向けられていった。ブッシュ政権は、巧みにその怒りを、仇敵イラクへと『転移』させていった……。」（川上 2004, 135）

　アルカイダとイラクとの結びつきの根拠が乏しい点についてさまざまな批判が表明されると、ブッシュ大統領自身その根拠を公式に否定せざるを得なくなった（2002年9月17日）。米紙ワシントンポストは2002年9月10日付けの記事で、ブッシュ米政権はイラクのフセインとテロ組織との関係を対イラク軍事行動を行う理由として挙げていたものの、いまだに「十分説得力のある証拠」が発見されないことから、当局はフセイン政権の脅威を訴える方針として大量破壊兵器開発疑惑のみに絞ることを決定した、と報じた（同, 125）。

　要するに米政権は、攻撃理由を大量破壊兵器隠匿に転換したのである。マスコミ各社は、大量破壊兵器隠匿疑惑についても政府の発表をそのまま報道し、さらにこれらの情報も疑わしいものであると広く認識されるようになると、今度は政権とイラク解放委員会（ネオコン）によって「フセインの兵器ではなく、フセイン政権そのものが問題」とのキャンペーンが、2002年秋よりなされるようになった。マスコミはまたも、フセインの圧政からイラク国民を解放するとの米政府の宣伝を無批判に受け入れた。

　このように、捏造された「根拠」への疑いが高まると攻撃理由は次々にすり替えられ、マスコミは操作されたそれらの情報を次々と受け入れてきた。好戦的な報道

はテレビ視聴率を高め、新聞購読数を大きく増やした。とくに、共和党支持を明示するフォックス・グループは、感情的にイラクへの敵対意識を煽る報道による利益追求を行ったといわれる。

2001年10月から起こった「炭疽菌騒動」（報道局や政府関係事務所に炭疽菌粉末が郵送され、複数の死者を出した。アルカイダまたはイラク工作員の仕業ではないかと大騒ぎになったが、のちに無関係であることが判明した）は、米国民には「イラクが炭疽菌テロに関与している可能性がある」というイメージを残した（同, 140）。当初の「根拠」の薄弱さが明白となって撤回されても、一定期間、政府とマスコミによって植えつけられた疑惑のイメージは残存し、米国民のイラク攻撃政策への支持は低下しなかった。

2002年9月、大統領のイラク攻撃政策に対する支持率は68％に上昇した（2002年9月ABCテレビ世論調査）（同, 152）。また、2003年9月6日のワシントンポストは「米国民の69％がフセイン元大統領の同時多発テロへの関与を信じているとの世論調査」を報じた（同, 134）。このように、アルカイダとイラクの結びつきに関して米国民が抱く疑念は弱められることなく、米国はイラク戦争へと突入していった（同, 132）。

イラク攻撃が始まると、政府は「エンベッド方式」によって戦争を見せる演出を採用した。報道記者を米軍が戦場へ招き、不都合な情報は規制しつつ、米軍の側から取材させるのである（同, 181）。2003年に民衆によって倒されるフセイン像の映像が放送されたが、それもまた報道のための演出であった（同, 182）。「政府がメディアを操作し、メディアが政府をあおり、政府やメディアにあおられた世論が、さらに政府をバックアップしていく、米国政治における『三人四脚』の歴史が繰り返されている……」（同, 110）。

反転するメディア

大統領支持率は、2003年3月19日のイラク攻撃時に高まったが、同年5月1日の勝利宣言後も、イラクでの混乱と戦闘が続くと低下を始める。その後マスコミ各社は手のひらを返したように、米政府の政策への疑問、批判の論調を見せ始める。戦争を推進する世論（集合意識）は、「集合力」を失い、政府批判に方向が向けられるようになる。

時間の推移とともに、何が「情報価値」であるかが変化してくるのである。イラク戦争に向かう時期には、好戦的な報道情報が民衆を惹きつける商品価値であり、

第 I 部　デュルケム宗教社会学の視座と現代世界

世論（集合意識）が引いてくると、政府批判情報が報道価値を増してくる。世論は1回の情報で変わることもあるが、同様な情報の繰り返しによって影響を受けることもある。

戦争根拠への批判

　2003年3月、IAEA（国際原子力機関）のエルバラダイ議長は、国連でイラクの核「疑惑には根拠が無いとの結論に達した」と報告した（同, 153）。

　2003年7月8日、NYタイムズは、フライシャー米大統領報道官が「[米首脳が主張していたイラクのウラン]購入計画の情報が正しくないことを、われわれは以前から知っていた」と述べた（同, 156）。

　2004年3月に、イラクのファルージャで米国人4人が殺害される事件が起こり、イラク民衆にとってアメリカは解放軍として歓迎されているのではなく、むしろ憎悪されていることが、米国民衆にショックを与えた。米軍は、ファルージャでの復讐の虐殺を行い、米軍の活動への批判は一層高まった（同, 190-191）。

　2004年1月28日、イラク大量破壊兵器調査団団長CIA特別顧問デビッド・ケイは「イラクに生物・化学兵器の大量備蓄は」見出されず、今後「ごく少量の備蓄が発見される可能性も『極めて低い』と明言した（同, 160）。

　2004年4月28日、イラクのアブグレイブ刑務所での捕虜虐待が報道された。米軍女性兵士が、イラク人捕虜数名を裸にし、首輪をつけて辱めている写真がメディアに掲載された（同, 197）。これは米軍の所業の醜悪さを暴露するものとして大きなショックを米国民に与え、さらに同刑務所内での組織的な拷問、虐待が行われていたことを疑わせた。これらは「戦争の大義」（同, 192）を米軍自らが裏切るものとして、ラムズフェルド国防長官は批判にさらされた。また、米国内の反戦活動も報道されるようになり厭戦気分が高まった。

　2004年5月11日のギャラップ調査では、大統領支持率は46％に低下した（同, 205）。以後ブッシュ大統領への支持率は、2009年の任期終わりの30％以下まで低下してゆく。前述（本章第2節(3)）したように支持率が50％を下回った時点で、戦争に向かう米国民の「集合意識」は解体に瀕し、30％以下で解体したといえよう。

　川上は、イラク戦争と情報操作をめぐる記述を踏まえて、次のような示唆に富むコメントをしている。

メディアが、そこに情報操作があったことを知らせるのは、権力が目的を達成した後だから、ニュース価値も下がり、さしたる反発にはならない。(同, 209-210)

メディアは、受け手が求めるニュース価値を斟酌しながら、その時々で、政権を持ち上げもし、貶めもする。(同, 212-213)

すなわちメディアは、一方的に情報操作されるのではなく、商業性、時宜性に応じて、情報操作を受け入れるというものである。川上は次のようにも述べている。「『メディアも加担した情報操作によって煽られた世論を背景に遂行された戦争』の後始末を、メディアがつけていくという」構図が、米国の戦争政策時に繰り返し観察され、これを「米国の歴史的遺伝子」と呼ぶことができる (同, 212)。

実は、世論も、ニュース価値を求めるという隠れ蓑の中で、自分たちが信じ込まされてきた「被害者」を装い、薄々は感じていた欺瞞性を、あたかも気づかないふりで、「戦争の大義」に溺れ、「人権侵害の虐待」に憤慨してみせる。(同, 213)

川上のコメントから、また世論 (集合意識) 自体が、民衆自身の攻撃性、被操作性ばかりでなく自己欺瞞性をも内包しているという認識を得ることができる。集合意識の自己欺瞞性という概念は重要な意味をもつ可能性がある。

(7) キリスト教諸派の対応

イスラム過激派と米国を中心とするキリスト教文明圏との深刻な関わりが9.11テロの背景にあることは言うまでもない。キリスト教福音派 (中西部の白人層中心) はその保守的道徳 (妊娠中絶禁止、同性愛禁止など) に賛意を示す大統領候補 (主として共和党、ニクソン、レーガン、ブッシュ (父)、ブッシュ (子)) を支持してきた。しかし、2001年10月7日のアフガンへの報復攻撃について、世論調査で一般市民の90％が報復支持を示したが、キリスト教各派ないし指導層は独自の態度を表明していた(藤原2003)。福音派では、著名牧師ジェリー・ファルウェルが「9.11テロは不道徳化したアメ

リカへの神罰」(同, 87) との趣旨のコメントを述べて顰蹙を買ったが、彼の属するキリスト教連合 (CCA) は攻撃支持を明確に表明した。合同メソジスト教会 (中道よりやや保守、ブッシュ大統領も所属) は非軍事的解決を呼びかけた。リベラル派で見ると、ユニテリアンでは反対が予想されたが意見は分裂し、プレスビテリアンでも同様だったが、全米キリスト教会協議会は攻撃を肯定した。もともと非暴力主義のクエーカー、エホバの証人は断固反対。カトリック教会は攻撃支持であった。大多数の米国民はこれをまず「報復」と認識していたが、ブッシュ大統領はこれを「自由」を守る戦い、「テロ」との戦いと表現した。大統領はこの「報復」を「テロとの戦い」という表現に収斂させ政策支持に誘導していった (同, 79-94)。

　イラク戦争に対して福音派は全面的な支持を与えたが、戦争の泥沼化により離反するグループも現れた。長引くアフガニスタンやイラク問題に、徐々に支持は失われていった。次第に、それらの問題に終止符をつけ、混迷する現状を打破することのできる指導者を米国民は求めるようになった。そして、2008年の大統領選では、「変化」とポジティブな姿勢をアピールした民主党のバラク・オバマが、アメリカ的価値と信仰を体現する人物として大統領に選ばれた (cf. 蓮見 2004、堀内 2010)。

(8) イラク戦争の真原因説

　これまで見てきたように、当初、米政権が主張したイラクとテロリストとの関係を示す証拠は説得力を失い、つぎに主張した大量破壊兵器隠匿説は、イラク攻撃後にこれも米政府自ら否定するところとなった。大量破壊兵器隠匿説への疑問が出てくると、米政府はフセイン政権の圧政を倒す必要があるとの主張に重点を移していった。米軍によるフセイン政権打倒後、イラクは内戦状態となってさまざまなテログループが流入し、民衆および兵員の死者数はさらに増大した。

　米政府は、誤った情報を自ら信じてイラクとの戦争を開始したのであろうか。自ら非合理で激情的な「集合意識」に囚われて誤った判断を犯したのであろうか。政権内部の政策闘争プロセスを見ると、誤謬による判断の誤りとはいえないことは明らかである。むしろ真の理由は別にあって、それを隠蔽したままマスコミ、世論を操作するために、これらの情報を利用していたと理解するのが妥当であろう。

　真の理由については、石油利権説、ネオコン謀議説、政軍産複合体説などが考えられる。

石油利権説

　この説は米系石油会社がイラクに埋蔵されている石油利権を獲得するためというものである (cf. チョスドスキー 2003、クラーク 2013、広瀬 2002)。当初この説は自明視されていたが、イラクでの内戦、混乱が続いたため、実際に米系石油企業がイラクでどれだけ利益を上げているかについては明確なデータが見出し難い状況であろう。

ネオコン謀議説

　この説ではネオコンのイデオロギーがアメリカを戦争へと駆り立てた要因であるとされている。実際にネオコンメンバーが副大統領、国防長官その他の高官として米政府の中核に入り、イラク攻撃の主戦論を政策化していったことを見ると、十分な説得力をもつ。また彼らの関係する企業が、政軍産複合体の中核となってイラク戦争から巨大な利益を得ていたことは否定しようがない。

政軍産複合体説

　1961 年、米大統領アイゼンハワーは、退任演説で「軍産複合体」の危険性、すなわち米軍と軍需産業が癒着し、その利益のために軍備が増強され、戦争がひき起こされる危険性が高まっていると警告している。彼の危惧は現実のものとなり、ベトナム戦争などで軍産複合体の力は増大したといわれる。

　投資会社カーライルは (父) ブッシュ元大統領、ベーカー元国務長官、メージャー元英首相など世界の有力者を顧問ないし役員にし、幅広い軍需産業を擁して巨大な利益を得ている (ハートゥング 2004, 101-118、「カーライル：イラク戦後を狙う米巨大投資会社」NHK 2003)。

　湾岸戦争時 (1991 年) 国防長官であったチェイニーは退任後、有力軍需産業ハリバートンの CEO に就任した。彼が CEO 就任前の 5 年間、ハリバートンでは米政府からの保証の融資額は 1 億ドルであったが、就任中の 5 年間で 15 億ドルに達した (ハートゥング 2004, 62)。チェイニーが副大統領就任中、9.11 テロ事件後のハリバートンの軍からの受注は 17 億ドルに達している (同, 65)。さらにイラクでの油田復旧事業では、入札無しの受注額が 70 億ドルに達した (同, 66)。

　これは「利害の相克」ではないかという批判が起こった。すなわち公職を利用して企業利益を誘導し国益を裏切ることではないか、という批判である。民間団体に

よってチェイニーの職務不正が告発されたが、現在まで有罪を認める判決は出されていない。

ラムズフェルト国防長官もいくつかの軍事産業と深く関わり、巨額の利益誘導を行った疑惑がもたれている (同, 81-95)。

事態は「軍産複合体」を超えて、政権そのものが軍需産業と一体化した「政軍産複合体」と呼ぶべき段階にまで達している、と筆者は考える。国家の安全よりも政軍産複合体の利益拡大のために、マスコミ・世論を操作して戦争を開始させるまでになっている可能性がある。

この戦争の場合、ネオコン謀議説と政軍産複合体説とは実質的に重なっている。ジョセフ・スティグリッツとリンダ・ビルムスは、イラク戦争が生み出した戦費は、さまざまな名目でカムフラージュされていたものを含めると、少なく見積もっても3兆ドルに達すると試算している (スティグリッツ、ビルムス 2008, 8)。そしてこれがイラクのみならず米国の経済・社会に深刻な影響を与えていると批判している(同, 121-145)。

石油利権説、ネオコン謀議・政軍産複合体説は、いずれも高い説得力をもっている。しかし、筆者はそれらの理由だけでイラク攻撃への議会・世論の支持が得られた可能性は低いと考える。9.11テロ事件をきっかけに盛り上がった「集合意識」をイラク攻撃に結びつけることで、イラク戦争を熱烈に支持する強力な世論を広範囲の大衆のあいだに作り出すことができなければ、平時のままでイラク戦争を始めることはできなかったであろう。

「集合意識」はイラク開戦に必要条件としての大きな役割を果たしたというべきであろう。

第3節 「集合意識」は民衆の力か？戦争を防ぐことは可能か？

集合意識、集合力は本来、民衆の力 (デモクラシー、DEMOS：民衆＋KRATIA：政府) ではないだろうか。しかし本章で見るように、それは政治権力によって操作され、民衆にとって巨大な惨害をもたらすことがある。この危険性、すなわち戦争へのコースは、どのようにすれば防ぐことができるのだろう。ひとまず次の諸点が挙げられるが、それぞれ容易ではない反対条件をもっている。

A．言論の自由、報道の中立性・客観性の保持
　　　　　vs.
　　マスコミの利益主義、政治との癒着
B．国家の情報独占防止　vs.　愛国者法、秘密保護法
C．宗教的寛容　vs.　宗教的独善
D．異民族への偏見の除去・寛容の姿勢　vs.　排外的ナショナリズムの高揚
E．戦争責任の追及
　　　　　vs.
　　一般に戦争「勝利」の場合、自国の戦争指導者の責任追及、戦争犯罪裁判が行われた例はないのではないか。
　　フセイン元イラク大統領は米軍下に成立したイラク政府によって絞首刑となった。しかし、イラク戦争で失われた多くの人命と巨額の損害についての米国の責任は公的にはまったく追及されていない。ブッシュ大統領は2005年12月18日の演説で「(イラクに関する)ほとんどの情報が間違っていた」と述べた。しかし、これは情報が「間違っていた」との発言で済む問題ではないのである。

日本の場合：
F．日本国憲法の保持――日本国憲法が政府による戦争行為を禁じている。これは
　　　　　　　　　　　他国にはない大きな特長である。
　　　　　vs.
　　これに対して国内での改憲の動きがある。

　集合表象―集合力モデルをさらに精緻化して、具体的事例に応用して上述のような問題を解明する研究が、現代社会学の重要な課題になると筆者は考えている。本論をその出発点としたい。

Chapter 1
From 9/11 to the Iraq War
Elucidations through a "Collective Representation-Collective Force" Model

Introduction

The attacks on September 11, 2001, led the United States to declare the "War on Terror," and soon after, the U. S. launched military attacks against Afghanistan and Iraq. The attack on the Taliban regime in Afghanistan was justified on the grounds that the regime protected the militant Islamist organization, al Qaeda, and its founder, Osama bin Laden, who was considered the mastermind of the 9/11 terrorist attacks. Around the same time, based on the "suspicion" that Iraq had ties with terrorists and possessed weapons of mass destruction (WMDs), military campaigns against Iraq, under control of Saddam Hussein's government, were put into action in 2003 after going through several procedural processes that had been raised in the U. S. administration. After the U. S. attack on Iraq, it was announced that no connection was found between the 9/11 terrorist attacks and the Iraqi government.

How did the war against Iraq, a country without any connection to the 9/11 attacks, come to gain endorsements from Congress, the media, and public opinion in the U. S.?

This chapter intends to elucidate this problem through Emile Durkheim's concept of collective consciousness.

This chapter will first discuss the concept of "collective consciousness" and reconstruct it as an analytical model. Then, by using the model, we will examine the connections between the media, public opinion, and the formulation of policy.

1. Durkheim's "Concept of Collective Consciousness" and Constituting the "Collective Consciousness-Collective Force" Model

Collective consciousness is "[t]he totality of beliefs and sentiments common to the average members of a society[,]" and it "forms a determinate system with a life of its own" (Durkheim 1984, 38).

Durkheim considered the "collective consciousness" a key concept for supporting "mechanical solidarity" (*De la Division du Travail Social*, 1893). According to Durkheim, in a primitive, small-scale society, there is high homogeneity among people, and their consciousness, for the most part, is comprised within the collective consciousness. In this context, societal solidarity is maintained by the operation of the collective consciousness. Durkheim called this operation "mechanical solidarity."

Societies under a state of mechanical solidarity are transformed by the "division of labour." Through this division of labour, society expands, and comes to include people of differing regions, cultures, knowledge, and values. Being different from one another allows people to obtain highly specialized occupations, which enables people to help one another using those specialized skill sets. Given this situation, a proportion of "collective consciousness" diminishes in relative terms in people's mind. Durkheim called this highly interdependent relation brought about by the division of labour, "organic solidarity."

Durkheim tried to organize his modernization scheme through the concepts of "mechanical to organic solidarity." However, the realization of organic solidarity through the progress of division of labour faces difficulties and crises. Although growth and development from the division of labour is inevitable, these growth spurts often create a variety of problems, such as economic panic and inequality. That is, "organic solidarity" cannot be formed in reality.

Durkheim then turned his attention away from the division of labour, instead refocusing on the comprehensive and profound study of the function of "collective consciousness." Within the fields of family studies, morality, education and religion, he rediscovered "collective consciousness" as the principle of order not only in primitive societies but also in every society.

Solidarity arising from the "division of labour" and solidarity arising from "collective consciousness" are two universal principles of social solidarity. The function of the collective consciousness would not be diminished because of the expansion of the division of labour. However, the contents and functions of the collective consciousness would need to adjust and transform with the social changes and growth from the division of labour; otherwise social order would fall into confusion and social solidarity would plunge into a crisis.

Arguably, the most important point discussed in *The Division of Labour in Society*, which leads to the subsequent development of a theory, is the study of crime and punishment. In this analysis, Durkheim clearly grasps the dynamics of the collective consciousness, and this can be viewed as the basis of the theory of sociology of religion, reflected in his later work *The Elementary Forms of the Religious Life* (1912).

Generally, crime is viewed as a destructive force against social order. However, crime functions to stimulate, revitalize, and regenerate social order by invading a group's sense of values and morals and also by provoking fear and anger in people. Society's unease and agitation, heightened by crime, reinforce an explicit dualistic scheme of recognition, in which the criminal is seen as evil and society as just. Society then regains its order through the process of investigating, arresting, and punishing a criminal.

According to Durkheim, social order should not be regarded as a static state of affairs in which the norms and values are respected but, rather, as a dynamic process in which social order is violated and then restored through anger, disorder, and agitation.

"Collective consciousness" is a consciousness *sui generis* that is formed in excess of the total sum of individual consciousness in a group. On the one hand, it takes formes of order or moral conscience, but, on the other hand, it also demonstrates its irrational characteristics such as collective uneasiness and violent passion. Individual consciousness comes to possess the "collective" character of its own kind by being given a certain expression, meaning, and direction. "Collective consciousness" also has an aspect as a dynamism that influences people's actions and as an energy source, which is called "collective force."

"Collective consciousness" and "collective force" are concepts that work as a set. They carry out various social functions in society as if they were one unit of representation and energy.

Durkheim developes the concept of "collective consciousness" and "collective force" around various fields of studies, such as family, education, morality, and nation. In particular, in *The Elementary Forms of the Religious Life*, "collective consciousness" and "collective force" are used as the central concepts to elucidate religious consciousness and activities. In this work, Durkheim focused on examining beliefs and traditions of totemism, a belief system practiced by native Australian tribes, because he assumed it presents the simplest and most primitive form of belief, that is *forms élémentaires* (elementary forms), which is based on the premise that "all religions are endowed with a single essence." Although his perception of totemism as a simplistic and primitive belief system subsequently came to be viewed skeptically by anthropologists, such discussions do not seem to affect the core of his argument. What matters are what kind of theories concernig religion and society he educed from his study.

In *The Division of Labour in Society*, Durkheim uses the "collective consciousness" concept, and in his later work, *The Elementary Forms of the Religious Life*, he frequently mentions the word "collective representation." Also, while he refers to the concept of "collective force," he does not clearly distinguish the concept from that of "collective representation." In this context, I am going to consider cognitive and expressive dimensions of "collective consciousness" as "collective representation," and dynamic and energetic dimensions as "collective force." (cf. "Religion is not just a system of ideas: above all things, it is a system of forces." Durkheim 1970, 308)

"Collective force" is "an anonymous and impersonal force" (Durkheim 2008, 188). It is not simply a metaphor, rather it "act[s] just like veritable forces" and sometimes gives individuals "a shock[,] which might be compared to the effect of an electric discharge" (Ibid., 190). For instance, one who violates a taboo by touching sacred things could suffer from sickness and death because of this rapid release of energy (Ibid.). Thus, while it is a physical "force, it is also a moral power" (Ibid.).

I am going to reorganize the concepts of "collective consciousness," "collective force," and "collective representation," then give an explanation clarifying the reciprocal relations between these terms. First, I synopsize what has been described above as follows:

Assume "collective consciousness" is an inclusive concept, while "collective representations" and "collective force" are constructive concepts.
- "Collective representations" constitute expressive and informational aspects of "collective consciousness."
- "Collective force" constitutes dynamic and energy aspects of "collective consciousness."

Religion not only functions as a representation of the knowledge and image of the sacred but also as a power to make people in a group move their entire bodies by arousing their sense of values and eliciting strong emotions connected to sacred things. This dynamism is an important characteristic of Durkheim's theory of religion.

Furthermore, collective representation has two dimensions of function: as a signifier (concept indicator) and as a symbol (emotions, energy stimulus). The signifier function is one in which an image/concept indicates another image/concept. The signifier and the signified are in a static relation. We are introduced to various religions and myths through linguistic symbols, but these symbols do not lead us to immediately change our value consciousness and emotions. For believers, however, faith, myth, and images, are involved with a special value consciousness in individuals and people of the same faith, thus having the power directly influencing both heart and body. I would like to call this the "function of symbol."

Two functions of collective consciousness
- Function of signifier: designating an image and a concept
- Function of symbol: arousing emotions and energy

For example, representation of a national flag denotes the concept (knowledge) of the country. On the one hand, for people of other nationalities, this national flag is no more than a flag; on the other hand, for people of that nationality, the flag can provoke special sentiments or actions. In such instances, representation of the national flag can be said to fulfill the function of symbol.

This is a model shared by the cybernetics theory regarding energy and control. According to T. Parsons, cybernetics "concerns the conditions under which it is possible for systems[,] which are high in information[,] but low in energy[,] to exert effective control over systems" (Parsons 1982, 54).

Assigning systems high in information, but low in energy as "collective representation" and systems high in energy, but low in information as "collective force," I call this the "collective representation-collective force model." I use this model to analyze the role of collective consciousness in society (Iida 1984, 180; cf. Part I, Chapter 2, Section 1, (2), in this volume).

E. Cassirer (1944) and S. K. Langer (1942) perceive objects with natural links as signs and those with conceptual links as symbols. However, the distinction obscures the analysis of symbols because it does not operate as an independent barometer to indicate an inherent function that elicits emotions and feelings.

People's power elicited by sacred symbols functions as if it were a "single power" with inherent dynamism exceeding individual influence. Such phenomena occur frequently in larger social institutions such as morality, family, education, and religion.

Durkheim presented the modern reconstruction of the sacred as a sociological problem. His definition of religion through the notion of sacredness, however, exceeds the concept of a "religious" group in the narrow sense and accommodates a more modern concept of the "nation" or "state." His theory provides an important clue for explaining dynamism in the modern state. The pertinence of his theory goes far beyond collective consciousness of human rights and the individual, which is a universal doctrine produced by modernity, and ranges over various conflicts and wars resulted from clashes between exalted nationalism, which even Durkheim himself would not have anticipated.

Durkheim analyzes birth and the process of collective consciousness and collective force by examining rite and festival. Here, I am going to organize his analysis from four perspectives: A) birth of collective force; B) symbolic effects; C) religious rites; and D) social functions.

A) **Birth of Collective Force**

Durkheim first describes the birth of "collective force" in a non-religious ceremony called *corrobbori* (corroboree). In the lives of the native tribes of Australia, there are two divided seasons. One is the dry season during which people live separately from each other. The other is the rainy season during which people live together. *Corrobbori* and festivals are ceremonies held during the rainy season where people live collectively. People gather in a specific place and form various relationships. This is described as a high state of "dynamic density" or "moral density." "Dynamic density" is defined, in a society where "the volume remains constant," as "the number of individuals who are . . . engaged . . . in . . . moral relationships with each other, . . . who . . . live their life together in common (Durkheim 1982, 136).

During *corrobbori*, people gather at a certain place, and, at night, they gather around a fire to sing and dance. People's excitement gradually grows as they repeatedly perform these actions and the enthusiasm eventualy pushes the participants into a trance-like state. This is called a "collective effervescence."

In *corrobbori*, the group's various communal actions within such a high state of dynamic density intensify their emotions. A state of collective effervescence is formed as stimulus is mutually amplified and emotions are heightened to an extreme level by responding to one another. Song and dance transform into a frenzied hysteria; people lose their self-control, and self-consciousness, which generally establishes divisions among individuals, sinks into oblivion. Moral norms are abandoned, and under such a state of collective effervescence, people sometimes become promiscuous. This can be described as a process in which people's energy of extremely elevated emotions break free from restraints of self-consciousness and moral norms and erupt as the power of chaos that had not yet been expressed as a function of signifier (cf. Iida 1984, 184; Part I, Chapter 2, Section 2, (2), in this volume).

This can be understood as an experience that has not yet been objectified and that stays with a great ambiguous force. The experience and effects of the *corrobbori* can be perceived as a birthplace of "collective force."

B) Symbolic Effects

Although the experience of great force in the *corrobbori* is ethereal and nameless, it can be expressed and objectified when linked with material forms and images. These are called *churinga*, a totemic emblem in the society of Australian natives. The bond between totem and collective effervescence is arranged and emphasized by *churinga*—being enshrined at the center of people dancing in a circle or in various other forms. When they are connected, the character of "collective force" is "contagiously" transmitted onto *churinga*. In other words, expeience of the collective force is "projected" on *churinga*, as if the experience was a character of the *churinga* itself. This combination is repeated and "fixed." A totemic *churinga* operates as a symbol by connecting with the collective force. Thus, by being linked with symbols, the collective force gains a location and acquires spatial extension. The transformation of the collective force through this symbolic effect reaches a character in terms of time as well. Collective force appears in the form of collective effervescence and it disappears as people regain their senses. However, when connected with a symbol, the force can be repeatedly evoked whenever the symbol is present. That is to say, collective force gains temporal persistence.

Here we discover how collective force can be controlled and evoked through the symbolic effects of collective representation, the foundation of the cybernetic model. By placing a symbol in certain spatial and temporal positions under specific conditions, the symbol can incite the collective force of a people, lead to diverse collective action, and control various social functions to be performed.

Through rites and festivals of traditional societies, this religious symbol is positioned according to customs, and traditional order and moral norms are reproduced. However, when collective force is turned in a different direction through interpretive innovations and the creation of a new symbol, the force could bring about the social disintegration, upheaval, and reintegration.

C) Religious Rites

This section discusses forms of religious rites, through which collective force is programmed in various ways——that is, staged, set in the order, and positioned to create a certain situation. Although each rite has a different form, the essence of their function is always the same. In other words, in situations where a high dynamic density is created, collective force is produced by collective action. Through this collective force, being expressed and directed by a symbol, religious beliefs, order and worldviews are restored and reaffirmed.

Among various rites, the piacular rite mainly handles misfortunes and sorrow. The rite usually takes forms of funerals and mourning ceremonies. As part of this rite, people suspend their daily lives as they wail in strong collective sorrow that rarely makes an appearance. The death of a community member creates a great loss and crisis within the group—because the social relations between the deceased and the surrounding people have disappeared, moral density rapidly decreases. Therefore, social relations need to be reconstructed. At this point, in the collective effervescence of unusual sadness, collective force is intensified and links between people are restored.

Durkheim's description of piacular rites is considered deeply linked with the context of this chapter. In a discussion about crime and punishment in *The Division of Labour in Society*, Durkheim explains the process when moral values are invaded, strong rage (collective effervescence) is provoked and, subsequently, when a culprit is punished, moral order is restored. This crime and punishment procedure can be seen as one variation of a piacular rite. Similarly, by applying that same analytical method regarding the formation, expression, and orientation of a collective force through incursions on collective values, which are characteristics of piacular rites, one can begin to understand and explain the U. S. policy on war and the supportive public opinion of that policy following the 9/11 attacks.

D) Social Functions: Reconstruction or Destruction of Order

Generally, religious rites are conducted according to established practice, and traditional order is preserved and reproduced by maintaining that practice. However, the range covered under Durkheim's theory is not limited to religious rites. For example, Durkheim explains that, in reference to the French Revolution, collective force, when given a new symbolic representation, could destroy existing order and function to form a new society.

Marcel Mauss, Durkheim's pupil and collaborator who lived until after World War II,

Part I A Viewpoint on Durkheim's Sociology of Religion and the Modern World

stated with respect to the particular history he witnessed and endured, "I believe that all this is a real tragedy for us, too powerful a verification of things that we had indicated and the proof that we should have expected this verification through evil . . ." (Lukes 1972, 339).

In this context, it is recognized that the "evil" Mauss is referring to is the two World Wars. What Mauss describes in this comment is a keen recognition that collective force became an explanatory element regarding the beginning of the war where nationalism and people's patriotic feeling were intensified.

Durkheim's theory has once been criticized as being order-oriented with conservative inclinations. Although, as a practical goal of sociology, Durkheim aimed to reconstruct order within modern society, his theory reaches beyond this aim and is understood as having more dynamic and destructive potentials that include even social reforms, revolution, and warfare.

In modern warfare, an important prerequisite for war is citizen support of a country's warfare policy; therefore, a "just cause" or catalyst that convinces people to accept the commencement of war is essential. The 9/11 terrorist attacks in 2001 trespassed on American people's values and pride giving rise to great emotions shared by the nation such as fear, panic, grief, and anger. Then the President immediately designated an "enemy" and declared the "War on Terror."

Once an "enemy" is designated, these great emotions are directed toward this single subject, transferred, and fixed to it. When people's collective rage is turned to the evil "enemy," a single consciousness emerges and the overwhelming collective consciousness is given a form. Then, this collective consciousness, being possessed with immense energy (collective force), is given verbal expressions such as the "just war" against "evil" and the "War on Terror," which keeps the collective consciousness moving in a designated direction. The collective consciousness formed against terrorists was first directed against Afghanistan and, next, against the Hussein regime in Iraq, as the specific targets. After coldy calculating and the interests involved and struggling for power, the government moved forward with this policy. The government, having a certain control over Congress, the media, public opinion, and religion, was able to induce society as a whole to justify and support the warfare in Iraq by presenting and "constructing" the Iraqi government as the enemy. However, there was no hard evidence linking the government of Iraq with terrorists or WMDs. The collective consciousness justifying military invasion of Iraq was developed by the cause of the attack quietly being shifted, by the government's war policy [based on the shifted cause], and by the information manipulated by the media. In the modern era, a war begins when the administration, the media, and public opinion are unified; that is to say, war begins when a raised hammer, called collective consciousness, is brought down.

2. From 9/11 to the Iraq War
Elucidations of the Dynamics of
the Administration, Congress, the Media, and Public Opinion
through the "Collective Representation—Collective Force" Model

(1) The Background of the 9/11 Attacks:
Islamic Revival and the United States/the Soviet Union

During the Cold War, between the Western and Eastern blocs, each headed by the U. S. and the USSR, the Islamic revival movement was taking hold in the Middle East. The Pahlavi dynasty of Iran ruled the country under a pro-U. S. dictatorial regime. The dynasty, however, collapsed as a result of the Iranian Revolution in 1979, and the country abruptly turned into an anti-U. S. state when an Islamic leader came to power. Subsequently, the U. S. incited the Iran-Iraq War by giving the Hussein regime of Iraq economic and military aid.

Although, during the Cold War structure, Afghanistan was within the Soviet sphere of influence, the USSR attacked Afghanistan in 1979 because anti-Soviet forces backed by Islam came to take the reins of government. The U. S. CIA (Central Intelligence Agency) accordingly gave strong military aid to the anti-Soviet guerrillas gathered from various regions in the Middle East. After ten years of battle, the USSR was defeated in 1989. This is said to have been a primary cause of the disintegration of the Soviet Union in 1991. Al Qaeda emerged from the anti-Soviet guerrilla groups in Afghanistan, changed its objective to one that was based on an anti-U. S. stance, and started to engage in terrorist activities.

The 1991 Gulf War was a war in which the U. S.-led international coalition of forces, formed under the auspices of the United Nations, attacked Iraqi forces for their occupation of Kuwait. Although the administration of Saddam Hussein remained [after the withdrawal],

Iraq came to be seen as a potential enemy of the U. S. thereafter.

The 1993 World Trade Center Bombing and the 1998 U. S. Embassy Bombings in Tanzania and Kenya followed. The U. S. administration considered these events to be terrorist attacks led by the Islamic extremists, al Qaeda.

(2) The 9/11 Terrorist Attacks

It is within such a context that the 9/11 terrorist attacks took place in 2001. That morning, two planes were hijacked after departing Boston's Logan International Airport. The planes headed toward New York and flew into the World Trade Center (WTC) in succession, resulting in the collapse of both WTC towers. The image was repeatedly broadcast on the news, precipitating a significant, global reaction.

On the same day, a plane departing from Washington Dulles Airport was hijacked and crashed into the U. S. Department of Defense building (Pentagon). Another flight from Newark Liberty International Airport, which was hijacked after takeoff, crashed [in a field in Pennsylvania] before reaching the targeted place.

This event shocked the whole world, but the impact it had on America was something unfathomable. The collapse of the WTC, a symbol of America's prosperity and wealth, crushed the values and pride of the nation. The shock, anger, panic, disorder, and these shared emotions became primary factors in the primitive emergence of collective consciousness.

President Bush immediately designated the event to be an act of "terrorism" and announced that al Qaeda, under the command of Osama bin Laden, was responsible for the attacks. The night of September 11, the President declared a "War on Terror" and said, "We will make no distinction between those who planned these acts and those who harbor them" (Woodward 2002, 26).

A large majority of the nation accepted, without reserve, the President's announcements and his appeal for the "War on Terror." Thus, "collective consciousness" was designated, represented, and given a direction. President Bush's approval rating bumped up from fifty one percent to ninety percent—the highest rating any president has ever had (Wada 2008, 145. See Fig. 1. next page).

Chapter 1　From 9/11 to the Iraq War

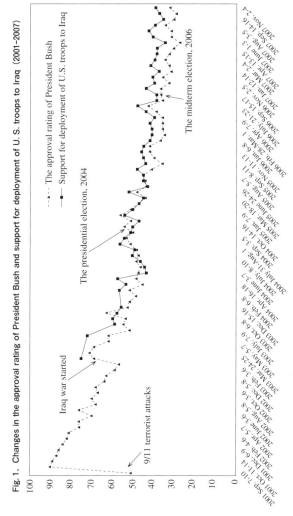

Fig. 1. Changes in the approval rating of President Bush and support for deployment of U.S. troops to Iraq (2001–2007)

Source : Figure based on "Gallup's Pulse of Democracy" and "Presidential Job Approval in Depth" (Wada 2008, 158)

(3) Collective Consciousness and Public Opinion

As an indicator of the conditions of "collective consciousness" from 9/11 to the Iraq War, I apply a public-opinion poll on the approval rating of the President during that period.

In *The Division of Labour in Society*, in order to indicate the shift of the relative importance between the "mechanical solidarity" and "organic solidarity," Durkheim uses "repressive law" and "restitutive law" as indicators and tries to specify and prove the relative changes in the numbers of these laws in successive periods. According to Durkheim, "collective consciousness" is a theoretical concept that indicates "moral conditions" of society, and in order to apply the concept to an empirical study, it should be analyzed through an objective fact that has an external, visible mark.

In this chapter, in addition to the dates of events, parliamentary resolutions, laws, and administrative actions, data from public-opinion polls could be included as objective facts as well. A successive Gallup poll of the approval rating of the President of the United States can be seen as an effective source for analysis (Kawakami 2004, 10).

There are no previous studies that consider what percentage of the approval rating could be treated as showing a state of "collective consciousness." In this section, therefore, I present hypothetical standards as follows. If the rate is seventy percent or more, then the collective consciousness approving of the President on a nationwide scale is being formed. If the rate is between eighty and ninety percent, the collective consciousness has reached a state of possessing a collective force that has overwhelming power over opposition groups and minority views. If the rate shows the percentage between fifty and sixty, the firm outline and the force of collective consciousness become weaker. Less than fifty percent makes it difficult to observe a collective consciousness on a nationwide scale, although there could be a collective consciousness within a limited realm of factions, classes, and regional groups. If the rate is less than thirty percent, there is either no collective consciousness or it has been dissolved. Keeping in mind these approximate, hypothetical standards, I apply these in my analysis.

The next section discusses the interactions between the administration, Congress, the media, and public opinion in chronological order.

(4) From 9/11 to the Start of the Iraq War
The Administration and Congress

On September 14, 2001, the U. S. Congress passed a joint resolution authorizing the President "to use all necessary and appropriate force against those nations, organizations, or persons he determines . . . aided the terrorist attacks . . . or harbored such organizations or persons . . ." (S. J. Res. 23 [H. J. Res. 64], 2001). The Senate passed the resolution unanimously. In the House of Representatives, the totals were 420 ayes and 1 nay (Wada 2008, 145).

At this point, attack objectives were al Qaeda and its supporter, the Taliban government of Afghanistan, which provided the base of operations and protection to the al Qaeda organization.

On October 7, 2001, the attack on Afghanistan was launched. On October 19th, the U. S. military began a ground invasion—not long after, the capital, Kabul, fell to U. S. forces and on November 13, 2001, the Taliban was toppled.

On October 26, 2001, the "Patriot Act," in which the government was authorized to use "Appropriate Tools Required to Intercept and Obstruct Terrorism" [(H. R. 3162)], was signed into law by the President. The law gave the government the ability to legally tap telephone lines, interrogate, and monitor Internet communications of U. S. citizens.

Immediately after the 9/11 terrorist attacks, President Bush ordered his brain trust to find evidence that connected the attacks to Iraq. Donald Rumsfeld, then Secretary of Defense, suggested an attack on Iraq in the National Security Council on September 12th, stating that "they could take advantage of the opportunity offered by the terrorist attacks to go after Saddam immediately" (Woodward 2002, 43). Secretary of State Collin Powell opposed Rumsfeld's suggestion, while Vice President Dick Cheney supported it. In the end, the proposal was converted into a policy despite Powell's opposition.

Attacking Iraq was, in fact, planned prior to 9/11 by neoconservatives. The "neocons" insisted on spreading American liberalism and democracy and opposed communism, Islamism, and U. N.-led ideas of international cooperation. They emphasized the interests of Israel and Jewish Americans and supported the overthrow of the Hussein government in Iraq since the 1991 Gulf War. The preemptive strikes on Iraq in 1998 were planned by the

"Project for the New American Century," established by neoconservatives. Many members of this project entered the Republican Bush administration in 2001. Cheney, Rumsfeld, U. S. Deputy Secretary of Defense Paul Wolfowitz, and others such as Richard Perle, and an advocate William Kristol were among those members.

On January 29, 2002, President Bush denounced Iraq, Iran, and North Korea as an "axis of evil" in the State of Union Address to the U. S. Congress. The following September, the "Bush Doctrine" that allowed preemptive strikes against rogue states that protected terrorists and risked the proliferation of WMDs was manifested.

The administration passed the "Authorization for Use of Military Force Against Iraq Resolution [of 2002]" [(H. J. Res. 114)] on the premise of the Bush Doctrine. The total votes were as follows:

October 10, 2002—House of Representatives: 296 ayes, 133 nays
October 11, 2002—Senate: 77 ayes, 23 nays

Accordingly, President Bush was authorized by Congress the conditional use of armed forces against Iraq. In November 2002, the Republican Party won the midterm elections, the President won the confidence of the American people, and anti-terrorist policies, including those hostile toward Iraq, were endorsed.

Although the invasion of Iraq had about seventy-percent support rating in the administration and in public opinion, there were several major problems. These problems included: policy struggles within the administration between advocates of war and the moderates; the lack of definite evidence demonstrating a connection between Iraq and terrorist organizations; and proof of Iraq concealing WMDs.

Inside the administration, Vice President Cheney requested that George Tenet, the Director of Central Intelligence for the U. S. CIA, file evidence linking the Hussein government to terrorist groups as well as evidence of Iraq's possession and development of WMDs. At first, Tenet argued that there was no such evidence, but he buckled under pressure and approved the weak "evidence" that Cheney and his aides discovered as legislative documents.

Powell, the Secretary of State, initially took a cautious attitude toward the invasion of Iraq and argued that backing the United Nations was a necessary requirement. In the end, Powell gave in and spoke before the UN to request UN support of the invasion of Iraq. This speech included the contents of fabricated evidence of concealment of WMDs drafted by Cheney and his aides (February 6, 2003).

The United Kingdom and Japan supported the U. S., while France, Germany, China, Russia, and several other countries opposed. The U. S. campaign in the UN, which asked for support in attacking Iraq, was unsuccessful.

On March 19, 2003, the U. S. launched the invasion of Iraq. The Hussein government collapsed due to the military intervention in a short span of time. On May 1st of the same year, the U. S. declared the cessation of the war.

On March 17, 2004, the "War in Iraq Anniversary Resolution" [(H. Res. 557)] was passed in the House of Representatives by a total of 222 ayes from Republican representatives and 105 ayes from Democratic representatives.

The war in Afghanistan was supported by an overwhelming majority, while the invasion of Iraq gained two thirds of administrative support, which was still a fairly high rate. After winning the war in Iraq in such a short period of time, the President's approval rating went even higher.

(5) Confusion After the Iraq War and a Drop in the President's Approval Rating

After the collapse of the Hussein regime in 2004, confusion took over in Iraq as the country sat in a state of anarchy. Although U. S. military forces were dispatched to Iraq in order to overthrow the Hussein government, it was beyond the call of duty to restore people's livelihood and public order. All the members of Ba'ath Party, the ruling party under the Hussein administration, were divested of office, which caused each faction to make their own territory their base while the administration and public order awaited reconstruction. In addition, there was a succession of terrorism and bloodshed due to an influx of anti-American forces into the country.

Combat fatalities of U. S. forces were significant, and this number grew after the collapse of the Hussein regime. In September 2003, President Bush denied the connections between al Qaeda and Iraq, and announced that there was no evidence to prove that Saddam Hussein was involved in the 9/11 terrorist attacks (Kawakami 2004, 133). In July 2004, the Senate Intelligence Committee criticized President Bush for exaggerating and presenting inaccurate information about the allegations against Iraq that they concealed possession of WMDs (Wada 2008, 150). In September, Secretary of State Colin Powell made a public acknowledgement before Congress that the existence of WMDs had not been confirmed. Nineteen months later, Powell made a public statement that "it's unlikely that we will find any stockpiles" (Ibid.).

The Bush administration was repeatedly criticized following the revelations that there were no grounds for connections between Hussein's government and terrorists and no "evidence" that Iraq possessed WMDs. As the public came to understand these facts, President Bush's approval rating dropped—diving below fifty percent in 2005 and reaching below thirty percent in 2007 (cf. Fig. 1.). Bush barely won the presidential election in 2004, although Iraq was no longer the main contention of the election (Holsti 2011, 145).

In 2005, Iraq's new Constitution was approved in a referendum and the new state of Iraq was established by a general election, under the U. S. forces. Although U. S. military operations in Iraq fell into a bog, President Bush insisted on sending U. S. troops to Iraq and continuing the U. S. occupation of Iraq. The midterm elections held in 2006 resulted in a Republican defeat, which marked the end of a line of presidential and congressional camaraderie. On May 1, 2007, President Bush vetoed the bill that requested troop withdrawal from Iraq.

After President Obama took office, U. S. combat troops began to withdraw from Iraq beginning in August 2010, and the final troops were withdrawn in December 2011.

(6) Information Manipulation and the Media/Public Opinion

The mainstream media supported the Iraq War, which resulted in increased viewing rates and subscribers. After the start of the war, U. S. media coverage of the war was viewed through the lens of U. S. military propaganda, while media reporters outside America's political influence (e.g. Al Jazeera and other independent media) were exposed to gunfire.

The following sections describe Kazuhisa Kawakami's (2004) analysis of media manipulation during the Iraq War.

Pro-War Media

Following the terrorist attacks on September 11, 2001 and through the outbreak of the Iraq War in 2003, the media accepted the grounds for the "War on Terror" provided by President Bush uncritically. "The rage of the people against the terrorist attacks gradually came to aim its criticism at Iraq as the Taliban regime [in Afghanistan] collapsed. The Bush administration skillfully 'transferred' the anger to its enemy, Iraq" (Kawakami 2004, 135).

When insufficient grounds linking al Qaeda and Iraq were brought to light—drawing heavy criticism—President Bush had no choice but to officially declare that no grounds existed (September 17, 2002). *The Washington Post*, on September 10, 2002, reported that, following the recognition that there was no "clear and convincing evidence" of Hussein being linked to terrorist groups, the Bush Administration shifted their reasoning behind the military invasion of Iraq from terrorist links, of which they found no evidence, to the claim that the Hussein regime was a threat to national security because Iraq allegedly possessed WMDs (Kawakami 2004, 125).

Essentially, the government switched the grounds for attacking Iraq from links to al Qaeda to Iraq's concealment of WMDs. The media covered the suspicion of concealment just as the government had announced and when this information came to be recognized as dubious, the administration and Committee for the Liberation of Iraq (neoconservatives) began to assert in autumn 2002 that the problem was Saddam's regime itself, not his weapons. Again, the media adopted the government's propaganda of liberating Iraqi people from Saddam Hussein's tyranny without due consideration.

In this manner, when skepticism toward fabricated "evidence" grew, the grounds for attacking Iraq were replaced with one justification after another by the government and the mass media accepted those manipulated justifications. Pro-war coverage raised audience ratings and increased subscribers of newspapers dramatically. In fact, Fox News, which clearly specifies its pro-Republican stance, is said to have considered marketability and profitability when they issued reports that emotionally inflamed animosity against Iraq.

The "2001 anthrax attacks" began in October 2001. (Anthrax-filled letters were mailed to several news organization and governmental offices, causing several deaths. Although this incident brought about commotion, it was proven that these letters had no connection with al Qaeda or a secret agent of Iraq.) The incident created the suspicion of "possible involvement of Iraq in the anthrax terror" in U. S. citizens' minds (Kawakami 2004, 140). Even though the flimsiness of the initial "grounds" became evident, leading to the later retraction of these grounds, the image of suspicion toward Iraq, instilled by the administration and the media, remained in the mind of the public. Therefore, the Iraq invasion policy retained its support by many U. S. citizens.

In September 2002, public support for the President's policy on invading Iraq rose to sixty-eight percent (ABC News poll in September 2002) (Ibid., 152). On September 6, 2003, *The Washington Post* reported that "Sixty-nine percent of Americans said they thought it at least likely that Hussein was involved in the attacks ... according to the ... poll" (as quoted in Kawakami 2004, 134). Thus, public suspicion regarding links between al Qaeda and Iraq were not allayed, and the U. S. went to war in Iraq (Ibid., 132).

When the war started, the government adopted an "embedded journalism" format to provide war coverage (Ibid., 181). U. S. forces allowed reporters to accompany military units as embedded journalists. They were under strict restrictions [with respect to news gathering activities], and coverage was based on a military perspective. The image of toppling the statue of Saddam Hussein was broadcast in 2003; it was a staged event for the media (Ibid., 182).

"The government manipulates the media, the media fuels the government ['s manipulation], and public opinion, inflamed by [what is heard from both] the government and the media, express its further support for the administration; thus, the cyclical pattern of the collaborative relationship among the administration, the media, and public opinion in the U. S. politics is demonstrated ..." (Ibid., 110).

Inverted Media

Although the approval rating of the President increased when the war in Iraq began in March 19, 2003, it started declining after the declarations of victory in May 1, 2003, because of the length of the military action in Iraq as well as the confusion regarding the questionable

Chapter 1   From 9/11 to the Iraq War

justifications. Subsequently, the mass media suddenly changed its attitude and began questioning and criticizing the administration's policies. Public opinion (collective consciousness) promoting the war lost its "collective force" and was directed instead at lambasting the administration.

The definition of the "information value" changes as time proceeds. While in the process of waging war, pro-war coverage has more informational value, whereas reports criticizing the government increase their newsworthiness when public opinion (collective consciousness) [supporting the war] gradually dies down. The public's opinion could be changed after receiving information once, but it could also be affected by repeatedly receiving similar information.

Criticism against Grounds of the War

In March 2003, Mohamed ElBaradei, the Director General of the International Atomic Energy Agency (IAEA), gave a presentation to the UN on the inspection effort in Iraq, stating that "We have therefore concluded that these specific allegations are unfounded" (as quoted in Kawakami 2004, 153).

According to a report from *The New York Times* on July 8, 2003, White House spokesman Ari Fleischer said, "we've long acknowledged [that information on Iraq's attempt to purchase uranium] did, indeed, turn out to be incorrect" (Ibid., 156).

In March 2004, four Americans were ambushed and killed in Fallujah, Iraq. U. S. troops were not welcomed by the citizens of Iraq as a liberation army, but rather were perceived with animosity. The incident and fact shook the American public. [Following these deaths,] U. S. forces committed genocide in Fallujah in retaliation and criticisms against U. S. military operations increased (Kawakami 2004, 190-191).

The head of the Iraq Survey Group (ISG) and former weapons inspector David Kay testified on January 28, 2004, "it is highly unlikely that there were large stockpiles of deployed, militarized chemical and biological weapons [in Iraq]" (as quoted in Kawakami 2004, 160).

On April 28, 2004, the media reported on prisoner abuse at Abu Ghraib prison in Iraq. Photographic evidence, appeared in the media, showed female U. S. military officers

53

humiliating naked Iraqi prisoners—one image even showed an officer holding a leash attached to the neck of a prisoner (Ibid., 197). The U. S. public was stunned by the photos that revealed cruel and ruthless acts of the military. Further investigation suggested that systematic torture and abuse were conducted in the prison. The wrongdoing at the prison resulted in the U. S. military itself being accused of betraying the concept of "just cause of the war" (Ibid., 192). Subsequently, Secretary of Defense Donald Rumsfeld came under criticism. The media began covering anti-war protests within the U. S. as well, which raised the feeling of war-weariness among the public.

According to a Gallup poll released on May 11, 2004, presidential job approval ratings went below forty-six percent (Ibid., 205) and, thereafter, job ratings steadily declined. When Bush left office in 2009, his approval rating was below thirty percent. As stated earlier (Section 2, (3), in this Chapter), when approval ratings drop below fifty percent, "collective consciousness," which had been directed toward the war, is on the verge of being dissolved. Then, when the ratings dropped below thirty percent, it could be said that "collective consciousness" has actually been dissolved.

Kawakami provides thought-provoking comments based on the descriptions of the Iraq War and information manipulation as follows:

> A media report notifying the fact that information has been manipulated, is conveyed after the authority accomplished its purpose. Such press coverage, therefore, has little news value and is not going to be opposing forces (Ibid., 209-210).

> While considering newsworthiness that receivers want, the media could either praise or demean the administration from time to time (Ibid., 212-213).

That is to say, the media is not manipulated unilaterally, but it chooses whether to accept the manipulation or not according to its business situations and conditions of the time. Kawakami also describes that the structure of "the media winding up the war which was waged in the context of public opinion inflamed by manipulation of information that the media supported" is repeatedly observed in the process of formation of war policy in the

United States. This process can be called a "historical gene of the U. S." (Ibid., 212).

In effect, public opinion also pretends to be a "victim" that they have been forced to believe under the guise of demanding newsworthiness. The public embraces "a cause for war" as well as being enraged at "a human rights violation such as abusing" as if they do not notice a deception that they have been vaguely aware of (Ibid., 213).

One can also recognize, based on what Kawakami has pointed out, that public opinion (collective consciousness) itself involves not only aggression and manipulability of the people but also a self-deceptive nature. This concept of self-deceptiveness of collective consciousness seems likely to take on a greater significance.

(7) Reactions of Christian Denominations

Needless to say, the contentious relationship between Islamic extremists and the U. S.-led Christian-based countries induced the 9/11 terrorist attacks. Christian evangelicals (mainly white populations in the Midwestern U. S.) have supported presidential candidates (mainly Republicans such as R. Nixon, R. Reagan, George H. W. Bush, and George W. Bush) who approved conservative moral principles (such as opposition to abortion and opposition to same-sex marriage). Leaders of Christian denominations, however, expressed their independent attitudes on retaliatory attacks against Afghanistan conducted on October 7, 2001, while ninety percent of the public supported the attack (Fujiwara 2003).

Although a prominent evangelical pastor Jerry Falwell was frowned upon after making a comment indicating that "the September 11 attacks were God's punishment on degenerated and immoral America"(Ibid., 87), the Christian Coalition of America (CCA), which Falwell belonged to, expressed its clear support for the attack. The United Methodist Church (UMC) (which is slightly more conservative than the right-of-center group that Bush is also affiliated with) called for a non-military solution. With regard to liberals, Unitarian Universalist opinions were divided, although it was anticipated they would oppose military intervention. It turned out to be likewise in the Presbyterian Church U. S. A., while the National Council of the Churches of Christ in the USA (NCC) affirmed the attack. Quakers and the Jehovah's Witnesses, which uphold non-violent principles, were strictly against it. The Catholic Church supported the attack. The vast majority of the American public recognized the attack as "retaliation," whereas President Bush expressed that it was a war to defend "freedom" and defeat "terror." The President converged this "retaliation" with the term "War on Terror" and led the public toward policy support (Ibid., 79-94).

Evangelicals gave full support to the Iraq War, although some groups seceded [from the denomination] as the war continued. Public support of the administration gradually eroded due to the lingering problems in Afghanistan and Iraq. The American public, by degrees, came to seek a leader who could settle these problems and pull the nation out of this chaotic situation. Thus, in the presidential election of 2008, the public elected Barack Obama of the Democratic Party—the candidate who emphasized "change," demonstrated a positive attitude, and embodied American values and belief (cf. Hasumi 2004; Horiuchi 2010).

(8) True Reason Theory for the Iraq War

As has been explained so far, evidence showing links between Iraq and terrorists, which was initially alleged by the U. S. government lost its persuasiveness. Subsequently, the U. S. government itself also came to deny the suspicion of Iraq concealing the possession of WMDs after the attack. When questions were first raised regarding the allegations of concealing WMDs, the government shifted its assertion to emphasize the need to bring down the tyrannical Hussein regime. After the defeat of the Hussein regime by the U. S. military forces, Iraq lapsed into civil war and various terrorist groups flowed into the country, resulting in an increase in civilian and military deaths.

Did the U. S. government begin the war against Iraq believing incorrect information? Did the government make an incorrect decision because they were trapped in an irrational, furious "collective consciousness"? Considering the policy struggle that the administration faced, it is obvious that the decision [to invade Iraq] cannot be described as a mistake in judgment based on a fallacy. In fact, it is more plausible to believe that the government had other reasons, [aside from what has been presented,] and that the government used misinformation to manipulate the media and public opinion without revealing what was going on behind the scenes.

As to the actual reasons, several theories such as the oil conspiracy theory, neoconservative-conspiracy theory, and the government-military-industrial complex theory, were considered factors that pushed the administration toward war.

The Oil Conspiracy Theory

This theory is based on the idea that American oil and gas companies [encouraged waging war in order] to gain oil interests in Iraq (cf. Chossudovsky 2002; Clark 2005; Hirose 2002). Although this theory was thought to be self-evident at first, accurate data showing the amount of profit that American petroleum enterprises gained from Iraq would be difficult to determine because of the prolonged civil war and confusion in Iraq.

The Neoconservative-Conspiracy Theory

In this theory, neoconservative ideology is said to have motivated America to go to war. Given that the neocon members, having been appointed as the Vice President, the Secretary of Defense, and other high-ranking positions in the U. S. government, decided on the policies for military intervention in Iraq and were advocates of war, the theory seems convincing. Furthermore, it is undeniable that the companies, some of which had connections to these influential members of the Bush administration, made huge gains from the Iraq war, occupying the core of the government-military-industrial complex.

The Government-Military-Industrial Complex Theory

In 1961, in his farewell address, President Dwight D. Eisenhower raised an alarm over dangers of the "military-industrial complex (MIC)," that is collusion between the U. S. military and the arms industry——profiting by advancing the arms buildup, ultimately increaseing the potential for war. The President's concern became reality and the power of the military-industrial complex expanded in such conflicts as the Vietnam War.

The Carlyle Group, an asset management corporation, placed influential figures from around the world, such as former President George H. W. Bush, Secretary of State James Baker, and former Prime Minister of the U. K. John Major, as advisors and members of the board, allowing the Group to have extensive connections with the arms industry and earn a

Part I   A Viewpoint on Durkheim's Sociology of Religion and the Modern World

bumper profit (Hartung 2003, 101-118; "The Carlyle: A Huge Asset Management Company Aiming Opportunities in Post-Iraq War" NHK 2003).

Dick Cheney, the Secretary of Defense during the Gulf War (1991), became CEO of Halliburton Company, the leading arms company, after stepping down from office. Although, for five years preceding Cheney's acceptance of the CEO position, the guarantee amount of a loan the company had obtained from the government was a hundred million dollars, it reached fifteen hundred million dollars while Cheney was CEO (Hartung 2003, 62). When Cheney was the Vice President, the order receipt from the military to Halliburton following the September 11th attacks amounted to seventeen hundred million dollars (Ibid., 65). Furthermore, as to recovery efforts of petroleum fields in Iraq, the amount of no-bid order receipt reached seventy hundred million dollars (Ibid., 66).

This situation was criticized as a "conflict of interests," which means that in taking advantage of his public position, Cheney put corporate profit over national interests. A private organization accused Cheney of conducting illicit acts, however, no judicial decision on this accusation has ever been handed down.

Secretary of Defense Rumsfeld also had serious ties with several armaments industries and is suspected of having conducted enormous influence peddling (Ibid., 81-95).

In my opinion, the situation has escalated into the "government-military-industrial complex (GMIC)," exceeding the "MIC" because the government itself is colluding with the arms industry. It is presumed that profit increase of the "GMIC" is given priority over national security, for which the media and public opinion are used to set off war.

In the case of the Iraq war, theories of neocon-conspiracy and of the "GMIC" practically overlap with one another. According to a provisional calculation by Joseph Stiglitz and Linda Bilmes, war expenditure of the Iraq war, including those concealed under various pretexts, amounts to three trillion dollars at the lowest estimate (Stiglitz and Bilmes 2008, 8). Stiglitz and Bilmes criticize that this severely affects not just Iraq but also the U. S. economy and society (Ibid., 121-145).

Both the oil-conspiracy theory and the neocon/GMIC theory are convincing. It seems, however, that it is unlikely that these are the sole factors that precipitated the Congressional and public support for the invasion of Iraq. The 9/11 terrorist attacks increased the "collective consciousness," which was linked to the Iraq war as it led to the formation of strong public opinion in support of the war. The Iraq war would not have started in times of peace, where no powerful public opinion based on expanded "collective consciousness" could be found.

It should be emphasized that "collective consciousness" played an important role and provided a necessary condition to commence the Iraq war.

3. "Collective Consciousness," the Force of the People? Is It Possible to Prevent a War?

Is it not the case that collective consciousness and collective force are primarily defined as the power of people (democracy——*demos*: people, *kratia*: government)? Unfortunately, as has been described in this chapter, these powers of the people are subject to manipulation, and, such manipulation can have serious consequences particularly when political power manipulates the collective consciousness and collective force toward warfare. The question remains: How is it possible to avoid such danger, that is, a chain reaction that leads to a war? As a preliminary step, to answer this question, there are several issues to be discussed, which are set out below. Each of these issues has its opposing circumstances, as such, the solutions to those issues may not be easy to discover or implement.

A. Freedom of speech, Maintaining journalistic neutrality and objectivity

    vs.

   For-profit media, Collusion with politics

B. The prevention of the state's monopolization of information

    vs.

   The Patriot Act, Secrecy Law

C. Religious generosity

    vs.

   Religious self-righteousness

D. Rooting out racial prejudice, Upholding generosity toward different ethnic groups

    vs.

Part I   A Viewpoint on Durkheim's Sociology of Religion and the Modern World

    Uplifting exclusionist nationalism
E. Pursuit of war responsibility
        vs.
    Generally, it is presumed difficult to find examples of "victorious countries" leaders being prosecuted for their responsibility in war or being tried in war crimes trials.

    Iraq's former President Saddam Hussein was hanged by the Iraqi government, which was formed under the influence of U. S. military forces. However, the U. S. responsibility for such a great loss of life and damage caused by Iraq war has not been questioned publicly at all. President Bush stated in his speech on December 18, 2005, that "Much of the intelligence [on Iraq] turned out to be wrong." Given the consequences of this information, this is not the kind of issue that can be resolved by simply saying that the information was "wrong."

In the Case of Japan
F. Retaining the Constitution of Japan: The Japanese Constitution prohibits the government's engagement in warfare, a feature not found in any other constitution.
        vs.
    There is a movement to revise the Japanese Constitution.

    After further refining of the collective representation-collective force model, I believe that this model should be applied to particular cases. Furthermore, additional studies examining the issues mentioned above would yield important contemporary sociological debates and conclusions. Accordingly, I hope my assertions will be a starting point for future discussion.

第2章
デュルケムの儀礼論における集合力と象徴

　本章ではデュルケムの儀礼論を、サイバネティクスの観点より「集合力—象徴モデル」を構成することによって分析する。タルコット・パーソンズによると、サイバネティクスとは「高情報・低エネルギーのシステムが、高エネルギー・低情報のシステムに有効な制御を行いうる諸条件に関わるもの」(Parsons 1982, 54) とされる。ここで、前項に宗教的信念体系を、後項に「集合力」を当てることによってモデル化を行う。集合力とは、人々のエネルギーが、社会的事実として客体化されたものである。またここで象徴作用は、記号の媒介によって集合力を喚起するはたらきと定義される（記号はなんらかの物質的形式によって、イメージあるいは観念を指示するはたらきと定義される）。集合力は、象徴的制御のもとに種々の社会機能に変換される。
　伝統社会の諸儀礼において、集合力は、宗教的象徴作用を介して、社会統合機能、集合表象維持機能に転換される。しかし、集合力は本来、無名のカオスの力であり、新たな象徴に方向づけられて、社会の変革・再統合の力にも転化しうるのである。

はじめに

　デュルケムの宗教社会学の継承・展開には、これまで主として2つの流れがあった。1つは、イギリス社会人類学派およびパーソンズ学派による機能主義の立場であり、宗教の社会統合機能に焦点をおくものである。もう1つは、レヴィ＝ストロースによって確立された構造主義の方法によるもので、神話や宗教的象徴の記号論的水準での「構造」を問題にするものである。
　社会学的機能主義では、宗教を全体社会システムの一下位システムとみなし、その機能を他の下位システム、および全体システムとのインプット・アウトプット関係としてとらえる。その場合、全体システムの機能的統合が前提とされ、社会の秩序維持に関心が注がれるが、宗教活動そのものの動態的なメカニズムの解明は十分なされるに至っていない。パーソンズは、デュルケムの宗教的象徴論に強い関心を

示したが、後述(本章第1節(2))するように、それは力動論と結びつかず、観念的さらには宗教的傾斜さえ示すに至っている。

一方、レヴィ=ストロースにおいても、その「構造」は、経験的次元を捨象した知性レベルでの静態的構造であり、やはり宗教活動の動態的領域から切り離されたものとなっている。

しかし、デュルケムの宗教理論の意義は、このような静態的方法によって尽くされるものではない。

「宗教とは単に、諸観念の体系であるにとどまらず、なににもまして、諸力の体系である」[1] (Durkheim 1914, 308) という彼の言明は、その宗教理論の力動論的アプローチを要請している。この「諸力」とは、とくに「集合力」forces collectives とよばれるものである。本章はデュルケムの宗教理論、とくに儀礼論から、この集合力と象徴との関係を分析モデルとして抽出し、その意義を探ろうとするものである。

第1節 デュルケム儀礼論へのアプローチ

(1) 聖・俗図式

デュルケムの提起した諸概念には、初期から晩年まで一貫して、顕著な二項対立の特性がみられる。機械的連帯と有機的連帯、規範と欲求、社会的事実と個人的事実、集合表象と個人表象等の対立概念は周知であり、これらを通して方法的全体論の立場が貫かれていると同時に、実践的には道徳的個人主義 (Durkheim 1898) という価値態度が表明されていた。このような方法的・価値的態度は、『宗教生活の原初形態』(Durkheim 1912) において、聖・俗の対立概念として展開をみた。すなわち、俗とは異質な原理としての聖が、方法的・価値的に重視されるのである[2]。最晩年の論文「人間性の二元論とその社会的諸条件」(Durkheim 1914b) では、デュルケムのこの思考特性は、もはや個々の研究対象の経験的制約をこえて、終局的に1つの形而上学的命題として表現されるに至っている。そしてこの最終地点からそれまでの諸概念を振り返って見ると、それらも等しなみに、この先験的ともいうべき二元論的思考枠組によって強く規制されたものであることが分かる。そして他の諸概念と同じく、彼の聖・俗図式は、経験科学的仮説概念と形而上学的図式のあいだにあって、両要

素を混在させているといわなければならない。これを宗教の定義についてみると、超自然や神秘、神や霊魂による従来の宗教の定義を一々論駁、消去し、より普遍度の高い概念として、俗に対する聖の特質を提起する論証過程は経験的仮説的といえるが、両項の区別を「絶対的異質性」(Durkheim 1912, 53〔cf. 邦訳（上）, 74〕) と断定するとき、先験的思考がはたらいているとみられる。

デュルケムのこのような聖・俗概念の性格について、本章の立場は、経験的観点からただちに反証を企て、方法的不徹底性を批判しようとするものではない。むしろ彼の二元論的図式を1つの公理として仮説化し、その上に儀礼の分析モデルを抽出し再構成しようとするものである。経験的批判は不可欠であるが、それは分析モデルを再構成した後、そのモデルとしての有効性、制約性を検討する過程において行いたいと考えている。

(2) 分析モデル

パーソンズは後期の諸著作において、「サイバネティックモデル」を用いて、人間行為に関する一般システム理論の再編成を試みている。彼はこのモデルによって、人間行為に関して、社会学のみならず、生理学・遺伝子学・言語学・情報理論等の諸領域を通観する巨視的で体系的な認識をうちたてようとした。もとよりそれは個別領域での経験的分析を目的とするものではなく、むしろ「アナログ」な思考モデルとして用いられている、というべきであろう (松本 1980, 40-41)。パーソンズによると、サイバネティクスの公式は次のように表現される。

> サイバネティクスとは、高情報・低エネルギーのシステムが、高エネルギー・低情報のシステムに効果的な制御を行いうる諸条件に関わるものである。(Parsons 1982)[3]

パーソンズはデュルケム社会学に一貫して強い関心をみせ、初期の『社会的行為の構造』(Parsons 1937) でその宗教理論について緻密な分析を行い、晩年においてもその再解釈を試みている (Parsons 1973)。しかし、このサイバネティックモデルによる積極的な分析はなく、さらに集合力概念についての言及はまったくみられない。わずかに集合表象概念を「高情報・低エネルギーシステム」ととらえうると指摘してい

る (Parsons 1982, 55) のみであり、「高エネルギー・低情報システム」に当たるべきものについての論及はない。パーソンズが集合力概念を見落としたのか、あるいはあえて論じなかったのか、筆者には知る由がない。ただ、「個人対社会」という社会学の基本テーマについての彼の立場からみると、集合力概念をその行為システム論に導入することは極めて困難であったことが推測される。すなわち、彼が宗教的象徴の「道徳評価的」(Parsons 1973, 222) 機能について論じるとき、それはつねに個人行為の主観的動機づけに関わるものとしてであった。いいかえると、パーソンズは宗教的信念によって動員される「高エネルギーシステム」として個人行為システムを考えていた、とみることができる[4]。宗教的信念体系が「究極的価値」(Parsons 1937, 437-440) によって根拠づけられ、個人がそれを内面化して行為を潜在的に動機づけるとき、行為のヴォランタリズムが完成する。個人と社会のあいだには基本的な疎外感はなく、順接的なサイクルが保たれる。社会の規範や価値への同調はこの共通の信仰によって基礎づけられ、ヴォランタリーに行われるからである。しかし、「究極的関心」の概念はキリスト教神学史の延長上に構成されたものであり[5]、この文化的伝統を共有するかぎりでの近代欧米社会がそこで暗黙の前提とされているのである。

　しかしわれわれは、1つの社会に、普遍妥当性をもつ共通の宗教的信念体系があるという社会学的オプティミズムを共有するわけにはゆかない。宗教的信念体系は、あくまで特定の文明の宗教思想として、あるいは特定の民族の宗教意識として、もしくは特定の教団の教義として、歴史的制約の下に客体化されたものである。宗教が1つの社会体制のなかに制度化された状況において、あるいはその象徴や理念が社会変動を方向づけている状況において、デュルケム的二元論の公式に従うなら、人々の宗教行動はもはや個人行為の総和にとどまらず、固有の社会的事実としてとらえられるべきものとなっている。そしてこの大量行動の動員として集合力概念が措定される。すなわち、人々の行動を動員するエネルギーそのものが個体心理学のレベルをこえて、固有の集合力という形に客体化されている、と仮説するのである。そして、これをサイバネティックモデルに組み込んで、宗教現象の新たな分析枠組の構成を試みることができる。

　すなわち「高情報・低エネルギーシステム」として宗教的信念体系を、「高エネルギー・低情報システム」として集合力を、それぞれ充当させ、これを新たに「集合力―象徴モデル」として措定する。そしてこのモデルによって、デュルケムの儀礼

論を再検討してみよう。

第2節　儀礼における集合力と象徴

(1) 集合力の概念

　デュルケムは、オーストラリア諸部族におけるトーテミスムの諸信念を記述した後、その諸聖物のもつ共通の原理として「一種の匿名の非人格的な力」(Durkheim 1912, 269〔邦訳（上），341〕) を見出す。トーテムの原理を力というとき、それは単なる比喩にとどまらない。「これらは真実の力として働」き「放電の結果にも比すべき衝撃」(Ibid., 270〔同，343〕) を与えることがある。タブーを侵犯して聖物に触れた人物は、このエネルギーの急激な放出のために病や死に至らしめられることもある (Ibid., 271〔同，343〕)。また、トーテム動植物やそれと連繋する氏族メンバーの生命力・繁殖力も、この力のはたらきによるとされる。それは「物質的」な力であるばかりでなく、人々に尊敬や畏怖、規範や禁止を課する「道徳的威力」(Ibid., 272〔cf. 同，344〕) でもある。

　この力は、部族的統合の発達している諸地域では、高度に普遍的な表象を与えられている。北米スー族の「ワカン」、イロコイ族の「オレンダ」、またメラネシア諸島の「マナ」等。これらは、自然界のあらゆる事物のはたらき、人間の活力や呪術的な力など、すべての作用の根底にある非人格的で普遍的な力の概念である。オーストラリアでは、この力は普遍的な表象を獲得しておらず、トーテムごとの個別的な形でしか表象されていない。デュルケムは、このような個別化されたトーテム原理をこえる普遍的な力の概念を、すべての宗教の礼拝対象に共通する原理と考えたのである。「あらゆる段階の精霊・悪魔・守護霊・神は、このエネルギー、……この潜勢力が、……具体的な形」(Ibid., 284〔同，360〕) をとったものにすぎない。

　このトーテム原理としての力は、聖物の物理的感性的特性に由来するものではなく、集団メンバーがそれに対してとる心的態度に由来する。トーテムの力は集団によって物理的特性の上に「重置」(Ibid., 461〔cf. 邦訳（下），160〕) される。いいかえると、それは具体的事物を通して「象徴」される力である。

　しかし、デュルケムが「象徴」symbole の語を用いるとき、その語はしばしば「記

65

号」signe や「紋章」emblème 等と区別なく用いられ、明確な定義を欠いている。

> トーテムが異なった2種の事物を表明し象徴することは明らかである。一方、それは、われわれがトーテム的原理、またはトーテム神と呼んだものの感性的な外的形態である。しかし、他方、それは、氏族と呼ばれるこの一定社会の象徴でもある。それは氏族の旗［drapeau］である。それは、各氏族が互いに区別するための徴であり、その人格性の可視的な印［marque］である。……それが同時に神と社会との象徴であるとすれば、神と社会とは1つでないであろうか。……氏族の神・トーテム原理は、したがって、氏族そのもの以外ではありえない。(Ibid., 294-295〔邦訳（上），372-373〕)

これは、社会における「象徴」のはたらきについて述べられた、先駆的で重要な意義をもつ箇所であり、またさまざまな解釈をよんできたところである (Parsons 1937、Langer 1957、丹下 1970、大野 1971、Bellah 1973 等)。しかし、ここでの「象徴」の語の使われ方は曖昧であるといわざるをえない。トーテムが同時に神と社会を象徴するというとき、この2つの象徴のはたらきは同じものといえるであろうか。

トーテムが氏族を「象徴」する、あるいはその印・旗となるというとき、氏族はトーテムによって指示される概念内容である。この場合トーテムは、ソシュールのいう「記号」signe (Saussure 1916〔邦訳，95-97〕) の機能を果たしている。トーテムは、能記として一定の物質的形式を与えられ、所記として氏族の概念が付与され、このような能記と所記の結合として記号のはたらきがある。記号は互いに統合 syntagme と連合 rapport associatif の関係によって結合し (Ibid.〔同，172-173〕)、記号体系を構成する。これがソシュールの提唱する「記号学」sémiologie (Ibid.〔同，29〕) の領域であり、今日の構造主義、記号論が取り扱う対象である。

一方、トーテムが、神すなわち聖なる力を「象徴」するというとき、単なる知性的レベルでの指示機能とは異質な要因をもっている。記号間の差異の機構によって、概念が選別的に指示されるのではない。このとき、「象徴」は人々のうちに力を喚起する (Durkheim 1912, 314-320〔邦訳（上），398-402〕) のである。記号であるトーテムを、儀礼の場で見たり触れたり、一定の行動をとることによって、人々の心身のうちにあるエネルギーが生動するのである。「記号」が人々のエネルギーを喚起させるはたら

きを、ここで改めて「象徴作用」と規定しよう。「象徴作用」においては、記号論の次元に還元され得ない、固有のエネルギーの次元が含まれている。レヴィ゠ストロースがデュルケムを批判して、集合的興奮の力は儀礼の単なる帰結にすぎないというとき (Lévi-Strauss 1962a〔邦訳, 116〕)、彼はエネルギー要因を記号論の次元に解消し、その固有の意義を見落としているのである。エネルギーの次元は、記号論的次元と、いわば垂直に交わるのである。

　この象徴作用によって喚起されるエネルギーは、素材としては生物学的・身体的なものであるが、その動機づけのメカニズムにおいて集団の媒介を受ける。すなわち、それは人が集団生活に参与することによって経験される固有の力である。

　しかし、「社会的行動は、……余りにも漠然とした道程をたどり……余りにも複雑な心的機制を用いる。……彼は、動かされていることは感ずるが、何によって動かされているかを感得しえない。したがって、彼は……これらの威力の観念を、あらゆる断片で構成しなければならない」(Durkheim 1912, 299〔邦訳（上), 377〕)。

　人々は、これを神話やトーテムを通して認識し、これらの象徴によって動員された力を社会生活の構成に役立てた。

　ベラーは、これを宗教の「無意識的動機づけの力」(Bellah 1965, 11〔邦訳, 94〕) とよんだ。彼はサイバネティックモデルの意義を認めながらも、パーソンズと同じく個人主義的行為論の観点をとっているため、このエネルギーをあくまで個人有機体に属するものと考えている。しかし「遺伝的に統御されるものと象徴的に統御されるものとの間の明確な境界線……は全く明らかではな」い (Ibid., 10〔同, 91-92〕) のであるから、このエネルギーのメカニズムを個体のレベルで探究することを1つの課題として残しつつ、デュルケムの図式に則って、これを集合力という固有のレベルでとらえることは方法的に可能であると思われる。

　これはもちろん社会実在論のイデオロギーに立つものではない。というのも、象徴によって喚起される力があたかも個人をこえた固有のダイナミズムをもつ力であるかのようにはたらく。そういった現象が、宗教の世界においてあまたあることを認め、これらの現象を解明するための方法枠組として「集合力―象徴モデル」の有効性を検討したいからである。

(2) 集合力の発生

デュルケムは、集合力発生の社会的状況について3つの例をあげている。1つは、フランス革命勃発時の「全般的な激昂」effervescence générale（Durkheim 1912, 301 〔邦訳（上）, 380〕）であり、つぎにより緩やかな形である「道徳的に調和」（Ibid., 302 〔同, 381〕）した状態での道徳感情の維持・高揚があげられる。そして第3に、オーストラリアの「コロボリー」での集合的興奮が論じられる。

これら3つの例は、彼の社会形態学の立場からみると、「動的密度」あるいは「道徳的密度」の高い状態、ということができる。動的密度は、一定容積の社会において、経済的のみならず「道徳的」結合によって、「一個の共同生活を共にしている諸個人の数をもって規定される」（Durkheim 1895, 112-113〔邦訳, 223〕）。一定の社会容積をもつ氏族において、人々は祭りの場に集まり、それが進行するとともに動的密度は高まり、集合力発生の条件を構成する。集合力は、このように一定の社会形態学的条件において発生し、集合表象の象徴作用と結びついて、「内的社会環境」（Ibid., 11〔同, 221〕）の動因として、種々の社会生理学的機能をはたすのである。デュルケムの儀礼論は、この動因の発生と宗教的象徴との結合、そして諸々の社会機能におけるその消費のサイクルを集中的に分析したもの、ということができる。

ここでコロボリーにおける集合力の発生を検討してみよう。オーストラリア諸部族の生活は、分散と集中という対照的な2つの時期からなるといわれる。前者では、人々は小集団に分かれてもっぱら食料獲得に従事し、後者では、コロボリーと宗教的儀礼が行われる。ここで注意すべきは、デュルケムは、宗教的儀礼の分析に入る前に、まず非宗教的とされるコロボリーを論じていることである。それは、はじめに非宗教的な場での集合力の発生をみ、つぎにそれと宗教的表象との結合をとらえることによって、象徴作用の発生を論じようとするためである。

デュルケムはこのように発生論的分析を行うが、これをあくまで経験的に論証しようとした点に方法的な問題が生じている。すなわち、彼は、ある氏族がなぜ特定の動植物をトーテムとして選んだのかを経験的レベルで説明しようとしたが、これはレヴィ゠ストロースの批判を受けた点である。つまり、部族社会において、トーテム体系はすでに体系として所与のものであり、氏族とトーテムとの記号的結合を個別的・発生的に説明することは不可能でありまた無意味である、という批判であ

第 2 章　デュルケムの儀礼論における集合力と象徴

図1
社会構造
$\overbrace{C \rightleftarrows D}$
$\underbrace{A \rightleftarrows B}$

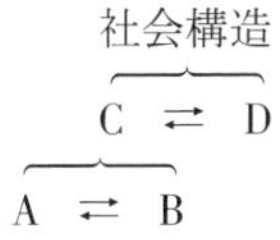

る（Lévi-Strauss 1962a〔邦訳, 36〕; 1962b〔邦訳, 273-274〕）。この批判は正当であると思われる。また、伝統社会における象徴作用についても、集合力の発生はあくまで社会過程のサイクルのなかでとらえられねばならず、説明の起点にはなりえても発生の起点とみることはできない。しかし、すべての象徴作用の発生が慣習的サイクルの反復のなかでとらえられねばならない、ということではない。フランス革命の例にみるように、匿名の集合力の発生と新たな理念との結合による象徴作用の発生は、純然たる経験的分析の対象になる歴史的過程である。

　本章では、デュルケムの儀礼論から、象徴作用発生の経験的論証を求めるのではなく、周期過程のモデル、および変動過程のモデルをともに抽出したい、と考えている。このため、ここで諸過程の連関を整理してみよう。

　　A、集合力の発生
　　B、象徴作用
　　C、宗教儀礼
　　D、社会的諸機能

　デュルケムは、説明および発生の順序として、上記の A→B→C→D の序列をとったが、われわれはこれをそのまま不変の通時的過程とうけとめることはできない。むしろこれらを組み変えて、状況に応じたモデルを構成することができる。すなわち、歴史的変動過程に関しては、変革過程として A→B→D が、また統合形成過程として B→A→D の序列が考えられる。一方、C の宗教儀礼は、伝統的慣習によって A⇌B 過程を制御しつつ、C⇌D 過程において社会構造に組み込まれつつ、秩序維持機能を果たしている、とみることができる（図1参照）。

　ともあれ、説明の順序として、まず集合力の発生について検討しよう。

　コロボリーでは、動的高密度状態における人々のさまざまな共同行為が感情を高揚させる。刺激は増幅されあい、情緒は反響しあって極度に高まると、集合的興奮状態となる。歌や踊りは咆吼、激昂となり、人々は日常的自制心を失い、互いを隔

てる自我意識は忘却される。道徳規範は侵犯され、しばしば性的乱交に至る (Durkheim 1912, 308-309〔邦訳 (上), 389-390〕)。これは、人々の極度に高揚した情動のエネルギーが自我意識と道徳規範の拘束から脱け出し、対象化されず、また象徴作用による制御を受けないままに、カオスの力として噴出する過程といえよう。

つぎに、それは人々によって「一種の外的力能に支配」された感覚、「例外的に強度な力にみちた環境」(Ibid., 312〔同, 393〕) として、最初の外在化の契機において経験される。この環境は日常の「俗なる世界」とは異なるもう1つの世界、デュルケムによると「聖なる事物の世界」(Ibid.) である。ここでの「聖」は、いまだ宗教的表象によって象徴化されたものではなく、彼の二元論的思考カテゴリーの一方を構成すべき無名の素材と解釈すべきであろう。ともあれ、ここで諸個人が生動させる身体的・情動的エネルギーが、1つの外的世界の力として経験される。これを集合力の発生としてとらえることができる。

(3) 集合力と象徴

人々は、コロボリーにおける特殊な経験を外在化して外部環境のある特性 (聖性) としてとらえるが、このままではその特性は明確に対象化されているとはいえない。その特性は一定の物質的形式と結合してはじめて対象化される。ここでその特性は所与としてのトーテム記号である。集合的興奮とトーテムとの結合は、儀礼の場においてさまざまな形で演出され強調される。この結合がなされると、集合力の特性は記号に「感染」contagion (Ibid., 314〔同, 396〕) する。すなわち、この感覚はトーテムに投射され、トーテムそのものの特性であるかのようにうけとめられるのである。この結合はさまざまな機会に反復されて「固着」(Ibid., 316〔同, 398〕) する。記号は集合力と結合することにより象徴として機能する。

集合力は象徴と結びつくことにより、空間的延長と位置を獲得する。象徴作用による集合力の変容は、また時間的特性にも及ぶ。本来、集合力は動的高密度状態において集合的興奮とともに発生し、それが醒めるとともに消失するものであった。しかし、象徴化を経ることにより、この象徴媒体の目撃や口誦、またそれへの様式化された行動をとることなどにより、一定の減衰を伴うにせよ、ある期間にわたって繰り返し喚起されうることになる。集合力は一定の時間的持続性を獲得するのである。

ここにおいて、象徴の操作による集合力の制御、というサイバネティックモデル成立の基礎条件が見出される。象徴媒体 (記号) は、トーテミスムのコスモロジーや神話・伝説・諸聖物や様式化された行動において豊富に与えられ、一定の社会形態学的条件下で、空間的・時間的に配置されることにより人々の集合力を生起させ、多様な社会機能を果たすように制御することが可能となる。伝統社会の儀礼の場では、このコントロールは慣習に従って無意図的に行われる。しかし、記号の解釈革新や再体系化、あるいは新たな記号の創出は、集団的もしくは個人的創意によって可能である。これらの記号が象徴作用を獲得し、大きな集合力を動員すれば、社会の解体・変革・再統合の要因ともなりうることが予測されるのである。

(4) 儀礼の諸形態

　ここでは、デュルケムによるトーテミスム儀礼の諸類型を、集合力―象徴モデルの立場から通観してみよう。

消極的儀礼

　この儀礼は、聖なるものと積極的な関係を結ぶ諸儀礼 (積極的儀礼) に先だって、その参加者にさまざまな禁忌や苦行を課すことによって、俗生活から一定の離脱 (聖別) を行わせるものである。これには、接触・採食・看視・称呼などの禁止による、聖・俗の分離の他に、純聖と不純聖、吉聖と凶聖など諸種の聖物間の隔離も含まれている。

　これを情報面からみると、聖なるものの世界を認識的に再構築してエントロピーを減少させることになっている。聖なるコスモスは集団的に確認され、個人に内化される。

　エネルギー面からみると、集合力はまず、暦のなかで定められた時期において、個人に諸種の禁止や苦行を課す、という集団的拘束力の形をとって現れる。個人はこれに耐えて強い緊張や不安を経験し、日常世界からの離脱を体験する。つまり、非日常的な激しいエネルギーを自己の内に蓄積する。このエネルギーは積極的諸儀礼においてトーテム象徴と結合して、宗教的な力に変換されるべきものである。すなわち消極的儀礼は、宗教力としてあらわれる集合力の素材となるべき個体エネルギーの発生と蓄積の過程である、といえよう。またこの儀礼は、宗教の形式におい

て個人を社会規範に従わせ、恣意と欲望を抑制させる道徳訓練の場ともなる。宗教力はその社会機能において道徳力に転化する。

このような、聖俗間および諸聖間の分離が必要なのは、聖性または宗教力が「伝播性」(Ibid., 455〔邦訳（下），152〕) をもつからである。聖性は象徴媒体の物質的特性ではなく、その上に「重置」(Ibid.〔cf. 同上〕) され、充填された特性だからである。したがって、聖なる力は秩序だった象徴的制御の下に置かれねばならない。タブーの侵犯はこのエネルギーの不用意な放出をまねいて、違犯者に恐怖と錯乱を与え、集団に災厄をもたらすのである。

以下、積極的儀礼について検討してみよう。

供儀

デュルケムは、インティチュマ Intichuma とよばれる一連のトーテム儀礼のうちに供儀と本質を同じくする要素を見出し、一類型として論じている。それは、トーテム動植物の繁殖儀礼と、これを共食するコミュニオンとからなっている。

消極的儀礼に服した参加者は、首長の指揮のもとに聖なる場所に行進する。そこには、トーテムの祖先を表象し「生命の貯蔵所」とみられる岩石があり、参加者はそれを打ち、その塵を散布する。この行動は、トーテムの生命力を励起させ自然界に充満させることにより、次の季節にそれが至るところで豊かに繁殖することを祈願するものである。

俗から離れた人々が共同行動をとることにより集合力は高められ、それがトーテムに負荷されることによって宗教的に象徴化される。人々はこの力を、象徴行動を通して放散させることにより、トーテム種の繁殖を生き生きと実感し確信することができる。

コミュニオンは第一の部分にひき続いて行われ、参加者がタブーを犯してトーテム動物を共食することからなっている。ここでの瀆聖は参加者自身が消極的儀礼により聖別されていることで緩和され、制御されている。人々は、コミュニオンを通して共通の聖なる原理の内在化を象徴的に体験し、自己のアイデンティティを確認する。

供儀において人々の力は、個体のエネルギー→集合力→トーテム原理→トーテム種の生命力→集団的連帯感→個体のアイデンティティへと順次、象徴的に変換され

ることになる。

　儀礼の期間を過ぎると、再び世俗的要因や私的利害が優位を占め、氏族の連帯とアイデンティティを支える力は徐々に費消され減衰してゆかざるをえない。しかし、彼らの聖概念と儀礼のカレンダーは情報として記憶され、それに基づいて、一定の周期において儀礼が反復され、聖なる力は復活する。かくして、デュルケムによると、儀礼の周期性は自然的季節周期に従属するものではなく、第一義に「社会生活のリズム」(Ibid., 499〔同, 207〕)と結びついたもの、と考えねばならない。自然と密着した社会において、季節周期は社会生活の一外部枠を提供するにすぎないとされる。したがって、われわれは、自然以外の政治的・社会的要因が集合生活のリズムを決定するような社会を想定することができる。すなわち、近代社会にあっては、革命や戦争や国家的祭典などが集合力のリズムを規定する大きな要因になりうる、と考えられる。

模擬的儀礼

　これは、トーテム種の繁殖を目的として、その動物種の成長や活動を人々が模擬するものである。たとえば、青虫をトーテムとする氏族では、祖先神話の歌謡とともに青虫が蛹から孵る有様が模擬される。ここでは、模擬行動そのものが中心的な象徴媒体になっている。

　デュルケムはこの宗教儀礼を、呪術的原理との比較によって説明する。呪術の原理は「接近の法則」および「類似の法則」の2つに要約される。接近の法則とは、「ある対象物に達するものは、この対象物と何かの接近または連帯の関係を維持しているすべてのものにも達する」(Ibid., 508〔同, 218〕)というもので、前述の接触によるトーテム原理伝播を、形を替えて表現しているものとされる。類似の法則は「似たものは似たものを生じる」(Ibid.〔同, 219〕)と表現され、たとえば呪詛の場合、ある人物の小像に加えられた行動は、その人物自身にも及ぶと信じられている。しかしここでも、効力の伝播が問題となっているにすぎない。

　これに対して、宗教の本質は力の創造にあるのであって、伝播はこの力の作用の1つにすぎないとされる。「儀礼の道徳的効力性——これは現実的である——は、その物理的効力性——これは架空的である——を信じさせる」(Ibid., 513〔同, 224-225〕)。模擬的儀礼における種の繁殖という目的成就の信仰は、集団的生命力の創造と高揚

がもたらした信念強化の一結果とみなされる。

しかし、呪術的効用の信念がひとたび定式化されると、世俗的・私的目標のための手段として専門家によって操作されるところとなり、かくして呪術が宗教から自律化するに至る、とデュルケムはみた。彼はこのように宗教と呪術との原理的峻別を主張した。しかし日本の宗教事象においては、むしろ両者の形態面、さらに本質面での混交および流動性が著しく観察されるのであって、この点での彼の立論をそのまま経験的研究に適用することにはいくつかの困難が伴うと思われる。

表象的または記念的儀礼

この儀礼は、トーテム祖先の神話を祭司がドラマとして演じることからなっている。ここではトーテム種の繁殖は目的とされず、「祖先の神話史を記念し表出すること」(Ibid., 531〔同, 246〕) そのものが目的となっている。集合表象の豊富な情報体系が生き生きと再現され、参加者に伝達される。神話のうちに含まれている価値観や道徳観が、人々に内在化され強化される。この儀礼はまた人々に慰安や娯楽を与え、精神の自由な創造活動を刺激して、遊びと芸術の諸形態の発展を促す。

このように、諸種の積極的儀礼をみてくると、それぞれの形態や目的の相違をこえて、その本質はつねに同一であることが見出される。すなわち、動的高密度状態において、共同の行動を通して集合力が創出され、これが象徴的変換を通して種々の社会機能において費消されることである。伝統社会にあっては、社会的統合を維持し、「社会的集団が周期的に自己を再確認する」(Ibid., 553〔同, 272〕) ことがもっとも重要な機能となる。

ここでわれわれは、コロボリーをも含めた諸種の儀礼を、エネルギーと情報性の二面から比較してみよう。コロボリーにおける集合的興奮状態では、エネルギー性の極大に反して情報性の極小（カオス）がみられる。これに比して、表象的儀礼は、情報面の非常な豊富さとエネルギー面の相対的な乏しさによって特色づけられる。他の諸儀礼は、この二面からみると両者のあいだに位置すると考えられる。しかし、デュルケムはふれていないが、口誦儀礼では、表象的儀礼以上に情報性の比重が高まるとみられる。

贖罪的儀礼

　これは、天災や聖物の紛失、氏族成員の死といった凶事に際して行われる儀礼であり、不幸や悲しみの感情が主になる点で積極的諸儀礼とは区別される。喪の儀礼はその代表的なものである。まず死者とその近親者は、忌の消極的儀礼により俗的世界との接触を制限される。近親者たちは大げさな身振りで泣き叫び、自らの体を傷つけ、倒れ伏す。喪の期間、このような激しい忘我的な興奮が続く。しかし、これらの行動は私的な感情の自然な発露というよりも、慣習として定められ、「集団から課せられた義務」(Ibid., 568〔同, 289〕) なのである。

　環節的小集団にとって、成員の死は大きな損失であり危機である。彼と他のメンバーとが結んでいたすべての社会的紐帯は消滅し、道徳的密度の急激な低下がおこる。社会関係構造は構成し直されなければならず、道徳的密度は復元されなければならない。喪においては、集合的興奮のなかで集合力が高められ、人々の連帯意識が回復される。「人は喪から立ち出でる。しかも、喪そのものによって、喪から立ち出でるのである」(Ibid., 574〔同, 297〕)。

　この儀礼で重要な象徴媒体となるのは、死者の霊魂の観念である。死者霊は、喪のはじめには、不浄なもの、邪悪な威力をもつものとして恐れられる。しかし、儀礼が進行するなかでその性質はしだいに和らげられ、ついには人々を守護する善霊に変わる。聖観念はこのように、浄と不浄、吉と凶、善霊と悪霊、建設的な力と破壊的な力といった両義性をもっており、それが状況に応じて変移するのである。

　聖のこのような両義性は、デュルケムによると「客観化された集合的状態」(Ibid., 590〔同, 314〕) を表すものにほかならない。成員の死を不幸とうけとめる人々の集合的感情が、悪霊の観念に象徴化され、集団が連帯と自信を回復すると、その感情が死者霊の性質に投影されて守護霊に変化させる。人々は象徴が与える力の性質によって集団の道徳的状態を感得し、その情報性に基づいて儀礼の進行を調整してゆくことで、集合生活の秩序とエネルギーを再建するのである。聖の両義性と社会生活の両極性とは、象徴作用によって動的に媒介されているのである。

第3節 分析モデルをめぐる諸問題

(1) ハレーケーケガレ図式について

　日本民俗学の立場から、桜井徳太郎は、集団生活のリズムを、ハレーケーケガレの循環構造によってとらえることを提唱している(桜井1974, cf. 波平1974)。桜井によると、ケとは「気、つまり農業生産を可能ならしめるエネルギー源」であり「稲を成長させたり実らせたりする根源的な霊力」(桜井1974, 222) である。ケガレとは「ケ枯れ」、すなわち「ケの活力が衰退する状態」(同, 224) である。これには、日常生活を続けるなかでエネルギーが徐々に消耗してゆく状態と、死や病、出産、災害といった危機的衰耗の場合とがある(桜井1980, 256)。ハレとは、このようなケガレ状態に対して、共同の儀礼を行うことによって新たなエネルギーを補給し、ケの常態を回復することである。彼はまた、デュルケムをも含む西欧の聖・俗理論を、1に聖・俗の対立に主眼をおく点で、2に俗よりも聖を価値あるものとする点で批判し、それに替わって、日本民俗学の成果により適合するハレとケの概念を採用するのである(同, 231-233)。

　しかしながら、われわれは、2つのモデルの相似に驚かざるを得ない。すなわち、社会生活のリズムをエネルギーの循環過程とみる点、ハレーケガレと聖の両義性の対応など、重要な共通点をもっている。また、聖・俗論が両項の対立のみを強調してその相互的関係を無視しているという批判は、前節までみてきたように当たっていない。すなわち、デュルケムの聖・俗論は、定義において区別を明確にした上で、むしろ両項の積極的で動態的な結合の分析に主眼がおかれているからである。

　ここで両モデルの相異点を検討してみよう。まず、桜井説の中心概念であるケの場合、「農業生産力」といい「霊力」といい「日常生活の活力」といい、その概念規定は曖昧といわざるを得ない。これに対し集合力は、デュルケムの理論枠組において、社会的事実としての固有の力と明確に規定される。したがって問題は、デュルケムの枠組そのものを承認するか否か、という点である。本章ではそれを公理仮説として認める立場をとってきた。

　つぎに、桜井説においては、儀礼過程がもっぱらエネルギー面からとらえられて

おり、情報面との連関性が閑却されがちである。儀礼は宗教的象徴体系と不可分のものである。逆に、現在盛行の「記号論」や「象徴分析」は象徴作用の情報面に専念し、固有のエネルギー次元を無視する傾向がある。情報次元とエネルギー次元は、象徴作用において動的に結合されているのである。

このように、集合力―象徴モデルは、桜井説における、概念的曖昧さと、象徴作用の情報性を等閑視する傾向を、補正しうるのではないかと思われる。もちろん、概念枠組をふまえた上で、聖・俗のタームを、ハレ―ケ―ケガレのタームで呼び替えることは一向に差しつかえがなく、むしろ望ましいことかもしれない。集合力―象徴モデルを日本の宗教事象の研究に適用していくことは今後の課題であり、そのことによってモデルそのものの有効性が試されることになろう。

(2) カオスの力

デュルケムは社会学に近代西欧社会の再統合という実践課題をになわせたが、彼のこの立場は、方法論的には秩序指向性を指摘され (Parsons 1937, Berger 1973, 宮島 1971)、政治的には保守主義としてしばしば批判をうけてきた (Coser 1960, 折原 1969)。この制約性は、当然その宗教社会学にも及んでいる。すなわち、彼は、もっとも原始的で変動の少ないと思われた社会のデータを基に、そこでの道徳的秩序が宗教儀礼を通して周期的に再形成される動態過程を分析し、これを社会統合の基本形態 formes élémentaires と考えたのであった。

しかし集合力はこのように道徳力として機能するばかりでなく、さらに2つの相対立するベクトルにおいてもとらえられねばならない。すなわち、物象化された力として、そして逆にカオスの力として、である。

政治権力が宗教やイデオロギーなどの象徴システムを支配し正当化するとき、集合力は単に客体化された力であるにとどまらず、物象化された力として、人々を疎外[6]するに至る。デュルケムの高弟であった M. モースは第一次大戦について、「われわれにとって、それは真に悲劇であった。われわれの提示した学説は……悪の形をとって検証された」と述べた (Lukes 1972, 339)。すなわち、宗教の社会統合機能についての命題は、世界大戦における国家の神聖化として証明された、というのである。集合力はこのように、全体主義的支配の危険性にもつながる概念である。一方、われわれは、集合力が個と社会との基本的対立を内在させたものであることを忘れる

第Ⅰ部　デュルケム宗教社会学の視座と現代世界

べきではない。人々の集合生活における力は、本源的にはカオスの力であり、「創造的威力」でもあるからである (cf. 中 1979, 209-215)。

　疎外状況において、個人が社会全体の集合力を直接に動かすことはまず不可能である。しかし、ある個人が制度化され正当化された象徴システムを、感性を通して拒否し、あるいは知性によって批判し、さらには新たな象徴を構想するに至ることは、あり得ないことではない。この象徴が人々の大きな共感を喚起し、抑圧されたエネルギーを解放するとき、カオスの力は新たに集合化され、社会を動揺させ、再創造する力となりうるだろう。

　おわりに、もう1つのカオス、すなわち認識論的なカオスについてふれておきたい。本章では、デュルケムの二元論図式を、集合力―象徴モデルの前提仮説として認めてきたが、社会的事実概念、集合力概念は客体化されない諸事象、象徴的制御をうけない諸力によってとりかこまれている、というべきである。すなわち、社会的事実といい集合力といい、すべての社会状況、すべての儀礼において、そのまま適合するとはいえないのである。分析モデルそのものが、カオスにとりまかれていることを認めるとき、次のいずれかの作業が課せられることになろう。まずこの分析モデルの適応範囲を探り、このモデルに基づいて経験的研究をすすめつつ、その理論的精錬をはかることである。これは、一定範囲内でカオスに対処しつつ、これを否定していくことである。もう1つの選択肢は、二元論の公式をあえて前提とせず、カオス要因そのものを積極的に、モデル構成要因として内在化させていくことである[7]。

　いずれにせよ、分析モデルをとりまくカオスをどのようにとらえていくか、が今後の問題となる。

注

[1] なお古野清人はいちはやくこれに注目し、デュルケム学説の根底に「動力学説」Théorie dynamiste のあることを指摘している（古野 1938；1972, 73）。
[2] 柳川啓一はこれを「不均等二分法」と呼んだ（柳川 1972）。
[3] パーソンズにおいてサイバネティックモデルは、諸科学の固有の対象領域についての理論モデルではなく、それらのメタモデルとして位置づけられている。諸人間科学において、このモデルに対応する下位モデルは、遺伝子学においては DNA によるタンパク

質合成、生理学においてはホメオスタシス理論、言語学においてはチョムスキー理論にみられる深層構造と表層構造の関係、情報理論においては制御系と動力系の関連がこれにあたる。パーソンズ自身の理論展開においては、このメタモデルを彼の四機能図式の諸領域間の制御関係の分析に適用し、さらにグローバルな「人間存在条件のパラダイム」におけるサイバネティックス的階統制に論及している（cf. Parsons 1978）。本章は、このような広がりをもちうるサイバネティックモデルの着想を、一下位領域としてのデュルケムの儀礼論の分析に適用しようとするものである。

[4] この点はベラーにおいては明確に表明されている（本章第3節 (1) 参照）。

[5] 「究極的関心」による宗教の定義は、まずプロテスタント神学者ティリッヒによってなされ、パーソンズをはじめ、ベラー、オディ、インガー、ロバートソンなど米英の宗教社会学者に強い影響を与えている。Tillich 1955；1959、Parsons 1937；1978、Bellah 1970、O'Dea 1966、Yinger 1970、Robertson 1970。

[6] 本章では「物象化」reification と「疎外」alienation の概念規定は、「客体化」objectivation とおなじくバーガー（1973）によっている。

[7] 認識におけるカオスのダイナミックなはたらきについて論じたものに、山田慶児の極構造理論（山田 1975）があり、山口昌哉はカオスと秩序との連続性を数学の立場から述べている（山口 1978）。また浅田彰はポスト構造主義の観点から興味深い指摘をしている（浅田 1983）。

第3章
デュルケムとバーガーの宗教社会学

P. L. バーガーは今日の多様な「現象学的社会学」の代表的な論者の一人であり、その著 *Social Reality of Religion* (1967) はこれまで宗教社会学において支配的であった機能主義的立場に対して、新たな視座を提示して方法的再考を迫るものである。それは、宗教と社会についての彼の一般枠組を提示する第1部と、歴史的に世俗化論を扱う第2部とからなっているが、本章では第1部のみを検討する。

つぎにデュルケム理論とそれとの比較検討を行う。デュルケムは、ウェーバーとともに、われわれにとってと同じくバーガーにとっても、宗教社会学におけるもっとも重要な理論的先行者であるからである。デュルケムとバーガー理論の相互批判性とともに相補性を明らかにすることを通して、今日の宗教―社会研究の視座構造を探究してみたい。

第1節　バーガーの宗教―社会理論

(1) 宗教社会学の位置づけ

バーガーの宗教社会学は、彼の知識社会学の下位概念である。すなわち *Social Reality of Religion* は、彼の「知識社会学からひき出された一般理論のパースペクティヴを宗教現象に適用することを意図」(Berger 1967, 7) して著されたものである。よって、まず彼の知識社会学とはいかなるものか瞥見してみよう。

バーガーは *Social Construction of Reality* (1966) において、T. ルックマンとともに新たな知識社会学の枠組を提示した。それによると、マンハイムに代表される従来の知識社会学は、高度の知的活動の所産である理論・イデオロギーといった特殊な知識形態を対象に選び、その社会的被制約性および虚偽性を問題としてきた。バーガーらはむしろ、A. シュッツの考えを受け継いで、一定の社会集団のなかで大多数の人々が共有する「常識」の総体としての知識を重視し、そのような知識全体が、人々

にとっての「現実」realityを構成している、という側面に注目するのである。それは、個々の「知識」の経験的真偽問題をエポケーして、独立に研究されるべき問題領域であるとされる。「現実」とは、社会的に共有された知識であり、それは「正常で自明」なこととして、人々の「自然的態度」と対になって、その日常生活を構成しているのである。「現実」はこのように、意識現象でありつつ、一定の客観性を有している。すなわち「現実」は、デュルケムのいうごとく、個人にとって外的事実性として存在するものでもある。すなわち、それは、個人的主観ではなく、集合的な主観として成立するものである。バーガー＝ルックマンは、このような「現実」を客体性において静態的に記述するにとどまらず、その生成を動態においてとらえようとする。「主観的意味はいかにして客観的事実性に転化しうるのか」「人間の行為がいかにして事物の世界を造り出すのか」(Berger = Luckmann 1966, 18)。この問題に対して、バーガー＝ルックマンは、人間と社会の弁証法図式をもって応えようとする。

すなわち、バーガーらの知識社会学は、一社会の日常生活を支える「現実」(リアリティ) を構成するあらゆる「知識」を対象としてこの「現実」の諸相を記述し、さらにその生成を弁証法的にとらえようとするものである、と規定できよう。

バーガーによると、宗教はこのリアリティ構成において歴史上極めて重要な役割を果たしてきた。リアリティは、外的事実性を有すると同時に、パーソナリティの構成要素でもある。宗教は、このようなリアリティに聖なる超越性を付与して、人間の内的および外的「現実」を確かなものとしてうち立てようとする試み、と規定される。したがって宗教社会学は、いわゆる宗教教団の社会機能や集団性の分析にとどまらず、むしろ、宗教を社会的存在としての人間の普遍的な営為として問題にせざるを得なくなる。このような意味で、バーガーにおいて「宗教社会学は、知識社会学の必須的かつ中枢的部分である」(Berger = Luckmann 1963, 69) と位置づけられる。

(2) 「世界構成」の弁証法

「あらゆる人間社会は、世界構成の試みである。宗教はこの企てにおいて特別な地位を占める」(Berger 1967, 13)。バーガーの視座は、上記のテーゼに抽象的に集約されている。ここでいう「世界」とは、リアリティの世界像としての意味が強調された別表現である (Ibid., 191)。バーガーはこの「世界」の構成を、人間活動の弁証法的生成としてとらえる。ここでいう弁証法 dialectic とはもちろん唯物弁証法のことでは

なく、二者が対立し否定しあいつつ、互いに他の存立の条件、基盤となって自己を展開させていくという、むしろプラトン的な意味での思考あるいは認識の方法として理解されるべきであろう。しかし、現象学的立場から、弁証法的思考が内的必然として結果してくるとはとらえがたい。筆者は、両者の結びつきをバーガーによる方法的折衷としてとらえ、それをひとまず承認するつもりである。

さて、彼によると、その弁証法の基本契機は次の3つとされる。すなわち、「外化」externalization、「客体化」objectivation、「内化」internalization である。外化は「人間存在の物的、心的活動における、世界への溢出過程」(Ibid., 14) であり、客体化は「人間の活動の所産が、その生産者にとって、外的な事実性として対立するようなリアリティに到達する」(Ibid.) 過程であり、内化は「このリアリティを客体的世界構造から主観的意識構造に転化させて、それを人間に再帰属属させること」(Ibid.) と、それぞれ定義される。リアリティを内化させることにより、人間は新たな自我のレベルを獲得し、そこからまた新たな外化活動が行われる。これら諸契機について最小限の説明とコメントを加えよう。

外化、すなわち人間活動によって「世界」が創出される過程は、「人類学的必然」に根ざしているとされる。人間以外の動物の秩序界は、その諸本能を通して自然によって決定されている。一方、人間の諸本能はその環境への適応という課題に対して特殊化されておらず、人間はその生存様式の多くの部分を後天的に創出せねばならない。後天的に造り出された諸事象の総体は「文化」とよばれる。するとリアリティは、この意味での「文化」の一側面としてとらえうることになる。また「社会」は、「人間とその仲間との関係過程を構造化する非物質文化」(Ibid., 16) である。バーガーによると、社会はまた文化の成立要因でもある。というのは、文化は人間の集合的活動を通してのみ生み出されるからである。

ここでわれわれが留意すべきは、バーガーの「文化」および「社会」概念は、しばしば「世界」と同義で用いられるにもかかわらず、本来、リアリティあるいは「世界」の概念規定をはみ出していることである。なぜなら、「文化」は物質的要素を含み、また「社会」は意識に還元しえない行為の合成体であるがゆえに、両者は存在論的領域を包含する概念であり、現象学的視野からは本来とらえきれないはずのものだからである。バーガーは、現象学的視座によって知識社会学を構成しようとしながら、現象世界たるリアリティの成立を、存在論的概念を導入して説明しようとして

いる。そのことが方法論的に明確に示されていないところに、問題が残ると思われる。

客体化された「社会」は、バーガーによると、制度・役割・アイデンティティという3つのレベルからなる。制度は社会の機能単位として、諸個人の行動パターンが1つの体系に組織されたものであり、役割は制度の客体性を維持するために、個人に配分された行動体系の単位である。アイデンティティはさまざまな役割を担う個としての人間の類型であり、社会は客体としてのさまざまなアイデンティティの目録を有している。もっとも基底的なアイデンティティは「人間であること」である。「人間」とはすぐれて文化的観念であり、その資格を他者から承認されることによって、人は社会成員たりえ、すなわち「世界」を共有する者となりうる。「人間行為の客体化は、ついに人間が自らの意識のうちに、自己の一部を客体化するに至ることであり」(Ibid., 24)、それは、個と社会の対立を自我の内部に生み出すことになる。それは、かくて内化と連読する。

内化の規定について、バーガーの所説には2つの要因がオーバーラップして論じられていると思われる。すなわち、彼はまず、それが人間が世界を形成する契機としての外化に対して、社会が個人の意識を形成する局面だという。そしてこれは、「社会化」、すなわち社会の制度的枠組に適応するための世代の学習過程として論じられてきたものだ、という。完全な社会化とは「社会的客体世界と個人的主観的世界とのシンメトリの確立」(Ibid., 25)であるが、それは決して達成されない。それは人間の学習能力の不完全性によるばかりでなく、客体世界そのものがつねに人間による形成過程に依存するものであり、人間の不安定性に根ざすものだからである。彼はこのように、まず内化を、社会が人間を不完全に決定する過程としてとらえる。つぎに彼は、社会化そのものの弁証法的性格を指摘する。人間は、内化において受動的であるばかりではない。「ひとたび、個人が、客観的および主観的に承認されたアイデンティティをもつ人格 person として形成されると」(Ibid., 28)、彼は他者および自己との「対話」(Mead 1934) を通して、自らの生活史のなかで自己の一貫性を主張するに至る。このように、バーガーの内化概念には2つの局面が含まれていて、これが後述の「アノミー」「疎外」等の概念の説明を分かり難いものにしていると思われる。

筆者はここで彼の内化の概念規定に、ある修正を加えることを提起したい。すなわち、内化を客体的世界の人間への内面化、つまり人間の自己客体化の局面に限定

し、人間が人格としての一貫性において主体的に自己を形成していく局面に対し、新たに「主体化」subjectivation という概念を与えて弁別することである。人間は、自らが形成した客体的世界によってアイデンティティの内容を与えられつつ（「内化」）、それを基礎として新たな主体性のレベルを獲得し（「主体化」）、さらに客体的世界に対して新たな「外化」を行っていくのである。

　さて、バーガーによると、これら諸契機の動態は絶えざる矛盾、葛藤の過程である。主体から客体世界への外化過程においては、新たな状況への適応のために客体世界を何ほどか変革する必要が生じる。だが、この行為における変革要因は、世界の外在的な客体性による抵抗と抑圧を受けるのみならず、自己の内部に鋳込まれた客体世界の価値や規範による統制とも葛藤せねばならない。このような変革と維持の葛藤を経て、何ほどか新たな共同世界が再構成され客体化される。客体世界から主体への内化過程にあっては、何ほどか新たに客体化されたアイデンティティや共同の意味・価値が自我に侵入することになる。したがって、既存の自我はその自律性と連続性を保つためには、それらをひとまず堰止め、自らの原理によって自我に統合していかねばならない。バーガーは、これをミードの用語によって、主我 I と客我 Me の対話・葛藤として説明している。

　筆者はバーガーの内化概念を、内化と主体化に弁別したが、それはこの I・Me 概念とどう関わるのだろうか。吉田民人の分析をかりて説明を試みてみよう。彼は I・Me 概念の曖昧さを、交錯する2つの軸によって解明しようとする。軸とはすなわち、ノエマ（意識対象）としての自分⇔ノエシス（意識作用）としての自分、の軸と、ノエマ・ノエシスを問わず、あるいは両方にまたがるところの、「自由発想と主体選択」を行う自分⇔「社会化と社会統制」に規定される自分、の軸である（吉田 1977, 20-21）。ノエシスは、それ自体では歴史的な主体性であるのではなく、ノエマとともに超歴史的概念である。もう一方の軸の上にある、「自由発想と主体選択」を行う自我と「社会化と社会統制」に規定される自我とは、特定の状況において、固有の形をとりうる歴史的概念である。したがって、内化過程における葛藤要因たる I と Me は、それぞれノエシスおよびノエマとしての自我という意味において理解し、われわれの内化・主体化という概念には、もう一方の軸における規定がオーバーラップすると考えてよいと思われる。

　以上、人間と社会の弁証法を筆者の修正に従って図式化すると図1（次頁）のよう

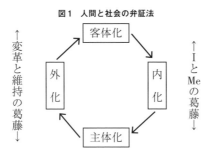

図1　人間と社会の弁証法

になる。人間社会の歴史は、いわばこれら諸契機の螺旋的展開の軸としてとらえられる。4つの契機は、1つの事件の展開の時間軸にそった順次的諸局面とも考えうるが、また一時点における状況の諸契機とも、また一社会行為における内的諸要因としても理解することができるであろう。

(3) ノモスとアノミー

バーガーの概念をさらにいくつか紹介しておこう。「ノモス」nomos は「有意味的秩序」としての面が強調されたリアリティ・「世界」等の概念の別表現である (Berger 1967, 28)。ノモスは「知識」の体系であり、「知識」は言語の上に成り立つ。この「知識」は認知性のみならず、規範性や価値性を共に有している。それは知的あるいは功利的判断によって人間のものにされるばかりでなく、「当然性」taken for granted、あるいは「物の道理」nature of things としてしばしば無意識のうちに内化され、意識的判断の基本枠組を構成するものである。

「アノミー」anomy はノモスの対義語であり、ノモスからの「根源的剥離」と定義される (Ibid., 31)。ノモスとアノミーの境界領域は「マージナル状況」(Ibid., 32) とよばれる。夢や幻覚、極度の苦痛、さらにもっとも普遍的なマージナル状況としての死との直面の経験はノモスの日常性に取り込まれ得ず、また説明され難いものであるから、人々はそれら状況において不安を感じ、ノモスの自明性に疑いをいだくに至る。ノモスの根源的な不安定性が露わになるわけである。マージナル状況を通してノモスの自明性が疑われ、さらにその確実性が否定されると、アノミー状況が生じる。これまでさまざまな拘束、統制を人間に与えてきた諸規範が崩壊すると、人間の欲望は解放され、多様な目標の追求が各個人の恣意のままに行われる。アノミー

第3章　デュルケムとバーガーの宗教社会学

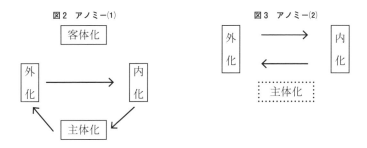

における行為の外化は、客体化を経ずに直ちに自己のもとにたち返りうるという意味で、いわばそれは絶対自由の状況でもある。しかしそれはまた、他者の行為とまったく偶然的に交錯しぶつかりあわねばならないという意味において、全き無秩序の世界でもある（図2）。

　しかし、アノミーはこれだけにとどまらない。人間主体は、そのアイデンティティが意味、価値の基盤としての客体「世界」を失うことによって、自らの内的意味世界をも喪失し、主体性そのものが消失するに至る可能性をもつ。それは完全な痴呆状態であって、行為は単なる刺激（内化）⇔反応（外化）の連鎖に還元されてしまう（図3）。ここで、すでに彼は「人間」であることを止めているのである。

　さて、アノミーの危機にさらされる人間は、日常生活と関わるノモスを超越し、かつそれを包含するような規模と力をもつ秩序界、すなわち「コスモス」cosmos を創り出すことによって、不安を克服しようとしてきた。バーガーにおいて、「カオス」chaos はアノミーと類義であるが、コスモスの対概念となるものである。創世神話ではカオスからコスモスが生じ、コスモスのうちにノモスが形成される、ということになる。

（4）宗教と「世界」正統化

　定義「宗教とは、聖なるコスモスをうちたてる人間の営みである」。そして「聖なるものとは、ある経験的対象に存すると信じられている、人間に異質でありながら関わっている神秘的で畏怖すべき力をいう」(Ibid., 34)。

　バーガーは宗教を経験的レベルにおいて、すなわち人間によるコスモスへの意味投射（Feuerbach 1841）としてとらえ、その意味あるいは聖性の存在論的起源について

は、「神学」の問題に属することとしてエポケーを行う。彼は、この自らの立場を「方法的無神論」とよぶ。彼は、従来、宗教社会学の基本テーマの1つであった聖─俗対立の問題領域を重要なものとして承認するが、より一層根底的なダイコトミーとして聖─カオスの対立をあげる。なぜなら、聖─カオス対立は秩序と無秩序のそれであるのに比して、聖─俗はむしろ秩序界内部の対立としてとらえられうるからである（バーガーの聖─俗のとらえ方については、第2節 (1) で再検討する）。彼は、聖なるものの「世界」維持機能をとくに強調する。聖なるものは、人間のノモスの境界に位置して「カオスの恐怖を水際で防ぎ止めている」(Berger 1967, 36) のである。

さて、客体化された「世界」は本源的に不安定なものであった。このような「世界」に属する諸々の意味を再統合して、「世界」に説明を与え、正当化しようとする知識の客体化の試みを、バーガーらは「正統化」legitimation と名づける (Berger = Luckmann 1966, 92)。正統化は、自明性という非合理性の極限から、諺、格言、伝説、神話、理論といったさまざまな「正統化の公式」をへて、全包括的な「世界観」という合理性の極限まで、さまざまなレベルでなされる。ここにおいて、「宗教は歴史上もっとも広く行われ有効であった正統化手段」であるが、それは「『現実』構成を、究極的『現実』に結びつける」(Berger 1967, 41) ものだからである。

「世界」の宗教的正統化には2つの方向性が見出せる。1つは、世界の経験的領域を聖なるコスモスに対するミクロコスモスと位置づける方法であり、他は、いわゆる世界宗教にみられるように、ノモスの諸事象を超越的因果性の完徹あるいは絶対神の意志の顕れとみなす方法である。

宗教はまた、内面的にはアイデンティティを正統化する。アイデンティティは、日常生活において接触する他者たち、とくに「重要な他者」との「対話」・承認を通して獲得され維持されるが、準拠者となる他者そのもののアイデンティティも同じく相対的な存在基盤しかもたない。宗教は、このような「重要な他者」を抽象化し、聖なる超越者として表象することによって、人間のアイデンティティをより強固に支持しうるのである。それは、神話における神々の性格や行動を、人間のそれの祖型とみなすことを通して、また、一定の役割行動を神命として正当化することなどを通してなされる。

宗教的正統化はまた、マージナル状況をコスモスに統合する。カオスに接するものとしてのマージナル状況の否定性は、宗教において、聖と俗との接触領域として

積極的な位置づけがなされる場合がしばしば見られる。夢、幻覚、ある種の精神異常などは、予言、神託等のはたらきと結びつけられる。コスモス、ノモスが、それぞれ「彼岸」「此岸」と表象される場合、死はもはやすべての意味の否定ではなくなり、生そのものをより深く意義づけるものとなりうる。

このようにバーガーは、社会的リアリティは宗教によって支持されるが、逆に、宗教的リアリティはその維持のために社会的基盤を必要とする、と指摘する。彼はそれを「信憑性構造」plausibility structure とよぶ (Ibid., 54)。部族、古代都市、またしばしば国家は、特定の宗教にとっての「社会―構造的前提」であり、狭くは、教会、セクト等もそれにあたる。バーガーのこの概念は、とくに彼の世俗化論のなかで興味深い展開をみせているのであるが、ここで再び彼は方法的逸脱を犯していると思われる。というのは、宗教的リアリティの支持機構としての、諸集団、諸社会関係は、そのものとしては現象学的視野のみではとらえ得ず、存在論的視点からのアプローチが不可欠となるからである。「信憑性構造」や前述の「人類学的必然」は常識的には妥当な論議と思われるが、バーガーにあっては方法的位置づけの曖昧さが問題となる。彼は、現象学的立場を言明しているにもかかわらず、存在論的概念がときに恣意的に導入されることがある。

筆者は、これらの概念を方法的曖昧さのゆえに否定し去るよりは、むしろ積極的に明確な方法的位置づけが与えられるべきであると考える。すなわち、現象学的視座と存在論的視座を、排除しあうものとしてではなく、相補的なものとして方法的に再統合しなければならない、と考える。これは直ちには解き得ない大きな問題であるが、第2節でデュルケムの方法を検討するなかで、そのヒントを探りたい。

「神義論」、すなわち神が創り給うた世界になにゆえ悪や苦が存在するか、という問いは、キリスト教神学において中心的な問いの1つであった。M. ウェーバーは、この問題を諸世界宗教に拡大して、神義論の類型化を試みている (1922)。バーガーはウェーバーの業績をふまえて、神義論を再定義する。すなわちそれは、アノミーを宗教用語で説明して、ノモスを正統化するさまざまなレベルでの理論的試みである、とされる (Berger 1967, 61)。そしてこれを、世界宗教における合理的諸類型ばかりでなく、さらに汎宗教的、汎ノモス的な概念として拡張しようとする。ノモスによる規制と拘束を受けない欲望や「自由」はアノミー要因としてとらえうるので、彼によると、ノモスの成立そのものにおいて、アノミーを克服する個的な要素が見出

される。イニシエーション等において、個人はむしろアノミーとの直面を強いられ、自らその苦痛や不安に耐えそれを克服することを通して、ノモスの内化を確かなものとし、さらに主体化する。

さらにバーガーは、いわゆる原始宗教において、個・集団・自然の連続観のうちに1つの神義論が見出されると指摘する。個の老・病・死は自然のサイクルの一環としてみられ、個はコスモスのリズムに同化融合することを通して、自らの個体性とアノミーを乗り超えるのである。汎ノモス的、汎宗教的な人間の個我性の乗り超えとは、すぐれてデュルケム的なテーマであった。バーガーはこのように、神義論の考察において、ウェーバーとデュルケムの問題意図を結びつけることに成功しているといえる。

(5) 宗教と疎外

人間は、自らつくり出した客体としてのリアリティを内化することによって、自己を客体化する。この自己客体化は人類学的必然であるとされる。しかし、自我の内部には、いまだ客体化されない要因があり、それが客体化された自己と葛藤するなかで、新たな統合としての人格が形成される。この人格として統合された自我は、また新たな客体性との葛藤を通して弁証法的に自らを展開していく。これが主体化であるが、バーガーはここにおける2つの岐路を指摘する。すなわち、(1)「世界と自己は自らの行為の所産であることが『想起』recollection されることによって、所与としての世界と自己が、自らのものとして再び帰属される」(Ibid., 92) 場合と、(2)「世界と社会化された自己が、あたかも自然のごとき不動の事実性として、個人に立ち向かう」(Ibid.) 場合とである。後者が疎外とよばれる。

バーガーの疎外論の特色は次のごとくである。(1) 疎外は虚偽意識現象であること。世界と自我の形成における個の主体性は、いかなる場合でもつねに作用しているのであって、それを「想起」しえず、忘却し、隠蔽するがゆえに、疎外意識に落ちこむのである。すなわち「疎外とは、個とその世界との弁証法的関係が意識のなかで失われている過程」(Ibid. 圏点引用者) である。(2) 疎外は、しばしば混同されるが、アノミーとは対極にある現象である。アノミーの不安と恐怖にさらされるノモスを、個の主体性を隠蔽することによって、強化、絶対化しようとするのが疎外である。主体性は、所与の条件、意識からは完全な規定、把握が不可能なものである

第3章　デュルケムとバーガーの宗教社会学

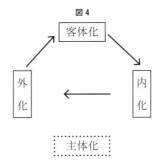

図4

がゆえに、カオスと深く結びついているからである。したがって疎外は、正統化の延長上にあるものである。(3) 疎外から脱疎外へ。バーガーは、疎外を、マルクス主義のように、原初のユートピアからの堕落としてとらえない。彼によると、幼児や「未開人」の意識において、世界は、彼を一方的に規定するものとして与えられている。意識は、その個体的成長、あるいは歴史展開のなかで、自らの主体性を自己確認するに至る。そして、自らの主体性を発見した自我は、世界と新たな弁証法的関係を結んでゆく。これがバーガーの脱疎外である。彼は、キリスト教に淵源する西欧思想史のうちに、主体性の発見と展開、すなわち脱疎外化の要因を探ろうとしているのである。

　バーガーの疎外論は、図1に基づいて、上のように図示できる（図4）。すなわち、意識のなかで主体化の過程が隠蔽され、個と社会との弁証法的対立が消失して、人間は社会の部分として従属しているのである。

　バーガーの構造－機能主義批判は、この点に関わっている。すなわちそこでは、規範と価値の内化のみが重視されて、主体化の契機が無視されることにより、このパラダイムそのものが疎外化のための認識上の隠蔽機能を果している、というのである。この指摘は鋭い。しかし、社会制度そのものを研究対象とする場合、主体化の契機を捨象しうるかどうかは、純然たる方法的問題としてその可能性が残されておかれるべきであろう。例えば、デュルケムの『自殺論』における統計の用い方にみるごとく。しかし、それはあくまで方法的捨象であって、いわゆる「個人－社会」問題の解答たりえないことは認められねばならない。

　さて、バーガーによると、宗教は疎外のもっとも有力な機構であった。ノモスは

91

神の被造物として認識され、制度や役割の拘束性は神意として疎外される。宗教が役割やアイデンティティを疎外するとき、それは意識においては「自己欺瞞」(Sartre 1943) を通してなされる。それは、宗教によって正統化された役割に完全に自己を同一化することにより、行為の主体的選択を放棄し、内なるカオスから逃避することである。「宗教的疎外の大きなパラドックスは、社会・文化的世界を非人間化するその過程が、正にリアリティ全体を人間にとって有意味な場たらしめようとする根源的要請に基づいていることである」(Berger 1967, 107)。

このことは、宗教がつねに疎外化機構のみにとどまっていたことを意味するのではない。それはまた、脱疎外化の要因ともなりうる、とバーガーはいう。すなわち、聖なるものの超越性が極限にまで推進されると、宗教は逆に、ノモス、あるいは歴史的なもの、現実的なものを「永遠の相の下に」相対化し、批判する視点を与えうることになる。バーガーは、世界宗教のうちに脱疎外化の契機の発生を見ようとするのであるが、とくに聖書的伝統における超越性に注目する。それは、絶対神に対する、人間と社会の徹底的な非神聖化すなわち「世俗化」を通して、そのような人間社会の人為による合理的変革のための思想的基盤を提供したのであった。そして、彼の社会学も、このような合理主義の延長にあって、現代社会のなかの日常意識を相対化し批判することによって、その脱疎外化をめざそうと意図するものといえよう。

このように、バーガーの宗教と疎外の理論は、その現象学的視角によって一貫されている。しかし、そのことは同時に、彼の理論の限界ともなっている。見失われた主体性は、それを「想起」するだけで回復する、というような簡単なものではあるまい。主体性は自我のノエシスとしてのはたらきにつきるものではなく、歴史のなかの個々の状況のうちでさまざまな形態をとって観察されるものであるが、現在に生きるわれわれにとって、それはわれわれ自身の行為の状況との葛藤のなかで生きられ見出されねばならないものである。バーガーは、意識レベルにおける疎外の抽象的な見取り図を提出したのであり、それはわれわれにとって啓発的なものでありうるが、現代の状況における主体性のあり方という課題は、そっくりわれわれに残されているのである。

第2節　デュルケムとバーガー
相互批判的考察

(1)「聖―俗」と「聖―カオス」

　バーガーが、デュルケムの「聖―俗」論に対して、より根底的次元での対立として「聖―カオス」のそれを提起したことは第1節(4)で述べた。この問題を検討してみよう。デュルケムは宗教を次のように定義する。「宗教とは、聖なるもの、すなわち分離され禁止されたものに結びついて、教会なる道徳的共同体において、そのすべての帰依者を結合させる、信念と行事との連合体系である」(Durkheim 1912, 65〔cf. 邦訳（上）, 86〕)。デュルケムにおいても、ここにみるように、聖なるものは集合的行為一般から宗教を弁別する唯一の要因である。

　ところで、バーガーにおいて、聖を俗から区別するものは畏怖や神秘という心理的特性に求められたのに比して、デュルケムにおいては両者は共通項をもたない「絶対的異質性」(Ibid., 53〔cf. 同, 74〕) として切断される。バーガーにおいて、聖・俗は彼のコスモス・ノモスの用語に対応し、それは現象学的リアリティという共通項の下位概念であるといえる。しかし、デュルケムにおいて、両者は根本的に異質な社会活動の2様態に対応させられる。それは形態学的には、オーストラリア原住民の社会にみられるような経済活動に従事する時期の分散状態と、祭儀の時期の集合状況のそれとであり、機能的には分業による連帯と集合表象による連帯とに対応する。すなわち、『分業論』(1893) において、デュルケムは両者を「機械的連帯」および「有機的連帯」とよび、それらを歴史的概念として前者から後者への発展として図式化したが、『自殺論』(1897) では両者をむしろ機能的概念としてとらえ直し、両者の不均衡が過度の自殺率を生むものとした。さらに『宗教生活の原初形態』(1912) では、それらは形態学的に1年のサイクルにおける社会形態の交替としてとらえられ、祭儀の場での両者の転換が分析された。つまり、デュルケムにおいて、聖―俗は、社会結合の異質な2つの原理に対応するものなのであり、その葛藤をはらむ動的相関そのものがカオスを前にして成り立っている秩序なのである。

　このようにみると、バーガーの聖―俗のとらえ方は、ともにデュルケムにおける集合表象による結合機能のみに対応するものであり、その一面性が明らかとなる。

バーガーにおいて、俗（ノモス）とは日常的意識にすぎないが、デュルケムにおいてそれは、意識を超えて集団的活動の外延において成り立つ領域、すなわち存在論的領域と深く関わるものである。バーガーは、個体意識と集合意識の弁証法的相関についてノモスをとらえようとした点においてデュルケム理論の視野を凌駕したが、存在論的領域を欠落させることによって、デュルケムによってとらえられた秩序成立の意味をその理論枠に継承しえなかったのである。彼の理論は、この点で宗教社会学としての対象把握に根本的な欠陥をもっている。

われわれにとって、現象学的視座への専一な固執は、戦略的意義は十分評価できるとしても、方法枠組としての必然性をもつものではない。バーガー的な弁証法を受け入れつつ、現象学的視座と存在論的視座との方法的結合を計ることが、われわれのこれからの課題であると思われる。

上野千鶴子は「カオス・コスモス・ノモス」(1977) において、バーガー理論を標題のごとく三元論として読みかえ展開している。しかし、私見によると、上記のごとくバーガー理論は基本的にカオス対リアリティの二元論である。その一項たる「リアリティ」において、コスモス、ノモスばかりでなく、シュッツのいう「多元的リアリティ」が括られているわけである。そのため、バーガーのノモス規定の現象学的一面性に対して、彼女のそれの規定に、あるときはシュッツ的リアリティとして、また別のところではラドクリフ＝ブラウン的「構造」として（上野 1977, 103）ambiguity がもちこまれることとなった。われわれにとって、むしろこれを受け入れつつ、「曖昧性」にとどめることなく積極的に分析していくことが必要なのである。

(2)「社会的事実」とリアリティ

客体化されたリアリティは、個人に対する外在性と拘束性を有することによって、デュルケムの「社会的事実」の規定に充当する。さらに、リアリティは、「社会的事実」のなかで人間の意識作用において表象される領域として「集合表象」概念と重なり合うものといえる。また、デュルケムのオーストラリア原住民の宗教体系の分析には、実質的に、バーガーのコスモス、ノモスの分析視角が含まれていたことは、前述のとおりである。すなわち、1つのトーテム体系が、ノモスとしては指示的記号の体系として社会の認識枠組を提供し、コスモスとしては情動としての宗教力を喚起する象徴の体系として、交替的に機能したのであった。このように、デュルケム

第3章　デュルケムとバーガーの宗教社会学

の「集合表象」のとらえ方のうちに、バーガー的な現象学的視点が包含されていたということができる。

デュルケム晩年の講義「プラグマティズムと社会学」において、この視点に明確な表現が与えられている。「現実を創り出すものは思考である。集合表象の重要な役割は、社会すなわちこのより高度の現実を〈創る〉ことにある」(Durkheim 1955, 74〔cf. 邦訳, 184〕)。「思考によって創られる社会」(Ibid.) とは、バーガーのリアリティと等価である。しかし、これをもって、デュルケムの主観主義的一面性を結論づけることはできない。彼の社会的事実概念には、現象野を超えた領域への視角がつねに含まれていたことを忘れるべきではない。俗の規定における経験的秩序の問題、「拘束性」概念における一要因たる「世論の潮流」の不可視性 (R. Lacombe 1926、中 1965, 2) 等。また社会的事実が、まず「行動、思考、感受の諸様式」(Durkheim 1895, 5) として、すなわち行為の諸様式として規定されていることを想起しよう。集合表象は、意識要素を半身として包含する存在論的概念であるといえる (集合表象は個体を超えた様式を仮定するという意味でも存在論的である)。集合表象はつねに意識につきまとわれているが、意識は自らを含む全体をとらえていない。「社会生活は全面的に諸表象から作られている」(Ibid., XI〔邦訳, 5〕)という言明は、このような文脈で考えると、社会的事実の存在論的規定と矛盾しない。

デュルケムの社会的事実概念は、後の研究者たちによって、はじめは経験主義的に解釈され、主観的側面は軽視されていた。それに対して最近では、その反動として現象学派にみるように、その「集合表象」としての主観的側面が強調され継承されている。われわれは、その双方が一面的で不十分な把握であることをみた。ここで、社会的事実概念を、前述の意味で存在論的に「行為の諸様式」として再確認することが、経験主義および主観主義の二面的解釈を乗り超えるために必要であると思われる。このことは、大きな迂路を経て出発点に立ち戻ったかの感があるが、バーガーをはじめさまざまな理論展開を内容として取り込みつつ、社会学的対象の全体性を理論的に把捉するための、われわれにとって選びうる1つの立場であると思われる。

つぎに、方法論の観点から、バーガーとデュルケムの比較を行ってみよう。デュルケムの立場のうちに現象学的視角が含まれていることをみたが、これは彼の方法体系のうちでどう位置づけられるのか。彼は『社会学的方法の規準 (社会学的方法論)』

第 I 部　デュルケム宗教社会学の視座と現代世界

表1

原因論的分類	基本的な個人的形態
自己本位的自殺	無気力
集団本位的自殺	情熱的あるいは自発的な力
アノミー的自殺	焦燥，嫌悪
宿命的自殺	抑圧

(Durkheim 1897, 332, 311〔邦訳，261，239〕をもとに作成)

において、まず、社会的事実の外在性を強調している。すなわちそれは、(1) 観察者にとって先入見を排し、(2) 行為者にとってその個体的意志に左右されない「ものとして」扱うべきであるとされた。そのために2つの具体的格率が提起されている。(1) 社会的事実は「その個人的諸表現とは独立に現われる側面」を通して研究されねばならず、(2) 個別研究の対象は可感的徴標によって明確に弁別されるものとして定義されねばならない、というものである (Ibid., 45〔邦訳, 72〕)。しかし、彼の方法論におけるこのような客観主義の強調は、主観的立場の否定によるものでなく、むしろ方法的な優先順位としての問題としてとらえられねばならないだろう。中久郎は次のようにいう。

　　社会的事実の扱いには厳格な実証主義者であろうとしたデュルケムも、ひとたび、その実在性が経験的に認められる個人意識ないし行為の分析にかかわるときは、観察者の立場を捨て、行為者の観点に立とうとする。(中 1967, 36)

われわれはここでいう、観察者の立場と行為者の立場、あるいは客観主義と主観主義という方法の二元性に注目すべきである。例えば『自殺論』においては、それぞれ自殺類型析出における、原因論と形態論の二重性という形で見出すことができよう。ここで形態論とは、まず通俗的な動機分類がそれであるが、彼はこれをひとまず退け、社会的諸属性と自殺頻度との連関を統計的に分析することを通し、個と社会との結合の崩壊または過度が自殺のもっとも有効な原因であると主張した。そして、個と社会との結合類型を原因論のために設定した後、それを基礎として、それぞれに対応する個人的形態の考察にあらためて着手するわけである (表1)。したがって、行為者主観への理解は、排除されるのではない。「この原因論的な分類は、

第3章　デュルケムとバーガーの宗教社会学

形態学的な分類によって補完されるであろうが、形態学的分類は、原因論的分類の妥当性を立証するのに役だてることができよう。またその逆の関係もなりたつ」(Durkheim 1897, 142〔cf. 同, 85〕)。客観主義的方法による概念枠の形成の後、それを基礎として、行為主観の理解を試み、さらにこの理解が、新たな概念枠の構想基盤となること、このような2つの方法の弁証法的相補性として、デュルケムの方法体系をとらえうると思われる。

　このような、二元的方法体系と対比させると、バーガーの方法の主観的一面性は明らかである。対象としてのリアリティは客観的特性をもつとされていても、それをとらえる方法の客観性は何ら用意されていない。もとよりデュルケムにおいても、行為者主観の理解そのものの方法性は明らかではない。例えば、アノミーの形態論的分析として次のような箇所がある。アノミーは欲望を解放するが、現実においてその欲望は満されることがない。そして、

　　いつも未来にすべての期待をかけ、未来のみを見つめて生きてきた者は、現在の苦悩の慰めとなるものを、過去になに一つもっていない。彼にとっては、過去とは、焦燥のなかに通りすぎてきた行程の連続にすぎないからである。……そのうえ、果てしなくなにかを追い求めることは、いつかはむなしいことと感じられるようになるので、つのる疲労は、それだけでも幻滅をまねくのに不足はない。(Ibid., 285〔同, 215-216〕)

　確かにこれは、原因論的分類に基礎づけられてはじめてなされうる理論水準での考察であるが、この理解そのものは、直接には、直観あるいはモラリスト的な洞察の深さといったものに由来していると思われる。直観は方法体系の内部に位置づけられていても、直観そのものについての方法性は示されていない。直観や洞察がつねにわれわれの智恵の源泉であることに変わりはないとしても、その方法化の努力が必要であろう。このような問題を残しているとしても、現象学的視座をとり込んだ二元性において、われわれは自らの方法体系を再建していくべきではないだろうか。

(3)「力の体系」としての宗教

　第1節（4）で述べたごとく、バーガーは、宗教が与えるリアリティとその聖性の究極的存在論的位置づけをエポケーする自らの立場を「方法的無神論」とよんだ。すなわち、宗教的リアリティは人間の意味経験の投射によって成立するものとするが、その意味経験そのものの根拠はあえて問わないのである。

　デュルケムの理論は、この意味での「神学」の領域と関わっている。それは、次の2つのレベルからなるものと考えられる。(1) 儀礼という場における、社会力と宗教力の相互転換の経験的分析、および (2) 社会力と宗教力との根源的同一性の仮説、とである。ここで社会力とは「社会的事実」が個人に対してもつ拘束力の総和であり、宗教力とは聖のシンボルが個人に対して発揮する禁止力または命令力の総和である、とひとまず規定しておこう。「宗教は、諸観念の体系であるばかりでなく、なによりもそれは、諸力の体系なのである」（1914年の講演「宗教の未来 L'avenir de la religion」より。Durkheim 1970, 308）。「諸力の体系」としての宗教という、デュルケムによるとらえ方は、従来その意義が明確に理解されてきたとはいい難い。ここでごく簡単にその意義について論じてみたい。

　デュルケムによると宗教力の源泉は社会力であり、後者の一源泉は「集合的興奮」(cf. Durkheim 1912, 308〔邦訳（上）, 389〕) とよばれる状態である。デュルケムは「集合的興奮」状態を次のようにいう。「人は、自分自身をいつもとは異なって考えさせ、働かせる一種の外的力能に支配、指導されている、と感じ、当然にもすでに彼自身ではなくなったという感銘を受ける」(Ibid., 312〔同, 393〕)。すなわち、それは人間の個我超越の経験であり、そこには自我意識に代わって集合意識が、個体的力能に代わって集合力の要因が含まれている。

　集合力が宗教力に変換されるのは儀礼の場における象徴作用による。トーテムは、氏族という集団的同一性の記号であるとともに、神話体系のなかに位置づけられた一項でもある。一方、集合力は、さまざまな拡散した形で働く直接的経験であって、そのままで意識対象としてとらえられているのではない。人々は、その経験の真の起源を知らず、それを「あらゆる断片から構成し、それを異質の形態で表現し、またこれを思惟によって変化させる」(Ibid., 229〔cf. 同, 377〕)。かくしてその経験は、集合の場において親しいトーテムと連想によって相互に結びつく。このとき集合力は、

トーテムという象徴を媒介にして宗教力として人々に働く。同時に集合的超越性は、トーテム神話を通して、宗教的な超越性として表象されるのである。

宗教力はいかにして社会力に変換されるのか。宗教の社会結合機能として従来から知られているテーマは、この問題の1つのヴァリエーションである。バーガーにおいては、これはコスモスによるノモスの正統化というテーマにおいて論じられている。神話や禁忌のもつ力は、儀礼の場において集合的に再経験されることを通して、社会的な結合力に転化する。生まれたばかりのアモルフなものとしての集合力を、秩序づけられたものとしての社会力から弁別すると、儀礼の場において集合力→宗教力→社会力という転形が行われている、とみることができる。デュルケムは、このような社会力と宗教力の相互的転換を、一定のモノグラフィーのなかの儀礼の分析を通して明らかにしようとした、ということができる。

ここで聖の両義性といわれる問題にふれておこう。聖をこのようにエネルギーとしての側面からとらえてみることによって、この両義性問題に1つの見通しを得ることができる。つまり、儀礼の場において発生したばかりのエネルギーとは、非対象的かつ無定形なものであって、既存の秩序パターンを破壊しうるものである。一方、秩序パターンは一定のエネルギーが補充されてのみ働くものであって、宗教的エネルギーはその一源泉となりうるものである。そうなるためには、宗教力はまず対象化されて操作可能なものとされ、チャンネルを与えられて方向づけられねばならない（この力が、既存秩序の再維持に向かうか、新たな秩序形式に向かうかは、歴史分析をまたねばならない）。すなわち、発生したばかりの聖なるもののエネルギーとは、カオスとしての破壊力であり、それが一定の儀礼の手続きのなかで定形化されていくと、ノモスを支えるものとしてのコスモスの威力となるわけである。したがって、上野のいうようにカオス・コスモス・ノモスを三元論的に通時分析としてとりあげるのは有意義でありうるが、聖を一義的にコスモスとみなすこと（上野 1977, 104）は「両義性」論の意義を見落とすことになる。問題とされるべきは、儀礼の場における、聖なるものの、破壊力から秩序形成力への転換のダイナミクスではないだろうか。

2つの力の転換の問題は、このように「神学」の領域とみなすべきでなく（バーガー理論の視野から逃れているのみ）、むしろ経験的分析の対象たりうるものである。しかし、宗教力と社会力の基本的同一性という命題はどうであろうか。われわれは次の命題を認める。すなわち、両者はともに人間の個我性を超越した経験であり、個に対し

て力として働くものであること。このことと、(1) 宗教の社会的起源論、および (2) 社会の宗教的本質性とは別問題であるはずである。筆者は (2) については、前命題の修辞的言い換えにすぎないものであり論理的に正確な表現ではない、と考える。(1) についてデュルケムは、「原初形態」formes élémentaires において確認されたことは、後のすべての形態においても真であるという論法によって、オーストラリアの事例を一般化している。だが、これも論理的にわれわれを納得させるものとはいえない。われわれは個人の孤立した状況におけるさまざまな宗教的経験の事例をもっているのであり、それらが社会的制約から自由であるとはいい得なくとも、その起源を彼の社会性のみに限定することは不可能である。人間は社会的存在であると同時に、少なくともその身体性において自然的存在である。個我の意識が後天的に相互行為のなかで形成されたものであるとすれば、その裂け目あるいは、その境界の外において、何らかの身体性の経験として自我超越の意識をもつことがありうるし、それが宗教経験の源泉となる可能性も否定できないだろう。

　しかし、宗教社会学の現時点でこの問題に結論をつけることはできないし、そこから何らかのイデオロギー的帰結をひき出すべきでもないだろう。われわれは、2つの力の類似性と、両者の相互転換のダイナミクスを経験的に分析することができるが、そこから先は、デュルケム的「神学」を排除して、判断停止せねばならないと思われる。

第Ⅱ部

日本宗教の構造と諸相
大本・生駒

第1章
現代宗教の構造

はじめに

　現代においても宗教は、日本人の行動を潜在的に、また明示的に方向づける重要な要因の1つである。多様な展開を遂げている現代宗教はまぎれもなく社会心理現象とみることができようが、それを捉える方法論について明確な合意ができているわけではない。本章では、現代宗教に意識面のみならず構造の面からも接近することにしたい。

　まず世論調査のデータから今日の日本人の宗教意識を探り、つぎに多様な日本宗教への分析的構造枠を提示する。宗教意識は宗教行動を導くが、行動の総体を意識面から説明しつくすことはできない。逆に儀礼や慣習的行動が一定の宗教意識の母胎となることがある。宗教意識と宗教行動によって歴史的な宗教形態が構成される。宗教形態は多種多様であり、その全体は仮説的な構造枠をとおして捉えられる。宗教意識の分析は宗教構造の視角によって補われなければならず、逆に宗教構造の内容は意識をとおした歴史的規定を受けるのである。このような視角に立って、現代宗教の問題状況について考えることにしよう。

第1節　現代人の宗教意識

　世論調査のデータは、現代人の社会意識を直接に、かつ、ある客観性をもって知るのに好適な手がかりとなる。NHK放送世論調査所編『日本人の宗教意識』（1984年刊。調査は1981年末に行われた）は、宗教をテーマにした系統だった意識調査としてはおそらくはじめてのものであり、従来までのいくつかの世論調査データの再解釈を織り合わせて、現代人の宗教意識のありようとその変化の方向を見出そうとするものである。まずは、この報告書に集められたデータを中心に検討をはじめよう（以下、

第II部　日本宗教の構造と諸相

図1　信仰の有無——日米の比較

注：アメリカ人については，1979年ギャラップ社調査

図1から5までは同書からの引用による。なお年号は西暦年に改めた）。

（1）宗教意識と宗教行動

　一般に現代の日本人は非宗教的な民族であるとか、宗教に無関心であるとかいわれるが、この点をデータでみてみると、「あなたご自身は何か宗教を信じていますか」という問いに、ハイと答えた人は33％であり、アメリカ人に対する同趣旨の質問への肯定の回答率93％とくらべてみると、その差は歴然としている（図1）。

　また、1974～1975年にかけてギャラップ社によって行われた11ヵ国の比較調査によると、「あなたにとって宗教的信仰はどのくらい大切ですか」の問いに「非常に大切」と答えた人の比率は、インドで86％、アメリカで58％、フランスで22％に対して、日本ではわずか14％であった。このようなデータから、日本人の宗教心は、個人の自覚的な信仰のレベルにおいては他国民に比して著しく低い、ということがいえよう。

　しかしこのことは、宗教を持たないと答える大多数の日本人が、無神論者であるとか、宗教とは無関係の「合理化」された世界に住んでいる、ということを意味するのではない。日本には、神道、仏教、新宗教、キリスト教等々の多くの宗教、宗派が混在し、それらの宗教団体の届け出による信者数の総和は2億人を越え、日本の総人口の2倍近い数になるのである（文化庁編1983）。これは、教団側の信者数の水増し報告にもよるが、1人の人が、仏教寺院の檀徒として、地域神社の氏子として、さらに著名寺社への参詣者、あるいはまた新興教団への入信者として複数に登録されているところからもくるものであろう。日本人の宗教意識や行動は、特定宗教の教義を唯一正しいものとして信奉するというあり方とは異なるところに求めなければならない。

つぎに、日本人の具体的な宗教行動について調査データに問うてみよう。
- お盆やお彼岸の墓参りをする人 89％（よくする 69％、することがある 20％）
- 初詣をする人 81％（同上 54％、27％）
- お守りやおふだをもらう人 77％（同上 43％、34％）
- 仏壇を拝む人 57％（毎日拝む 28％、ときどき拝む 19％、拝むこともある 10％）
- 神棚を拝む人 53％（同上 16％、22％、15％）

というように、ほとんどの人びとがなんらかの習俗化された宗教行動に関与している。

しかし、このような宗教的行動を動機づける要因として、各個人のうちに明確な神観念や霊魂観があるとはいえないのである。「神」が確かに存在すると思う人は21％（存在するかもしれない 15％、合計 36％）、「仏」については 27％（同左 16％、合計 43％）、「死後の霊魂」については 31％（同上 23％、合計 54％）である。神、仏、霊魂の存在を信じる人より、それらを礼拝する人の方が多いということは、興味深いデータである。日常的な宗教行動を動機づけるのは、明確な信仰意識というより、曖昧で漠然とした宗教的心性および慣習の規制力といったものによっていると思われる。年中行事や通過儀礼を慣習に従って繰り返し経験することによって、この心性が個人のなかで培われ、強化され、そして次の世代に継承されていくのである。

(2) 意識分析と構造分析

ここでわれわれは、意識調査という方法の1つの限界にぶつかる。行動者自身にとっても曖昧な意識内容を、質問紙によって問うのは必ずしも適切な方法とはいえない。また意識調査のデータが示すものは統計的に平均化された人びとの意見の状態である。調査への回答を単純に平均化してそれを寄せ集めてみても、そこから宗教意識について多くを知ることはできない。むしろある時代の宗教状況が、特定の教団あるいは特定の宗教運動の動向によって規定される場合があり、また異質的で多様な宗教運動の混和状態として分析されねばならない場合もある。また宗教活動の主体を、宗教的指導者ないし職能者において分析すべき状況もあれば、大衆的行動におくべきときもある。現代の宗教状況は、歴史のなかでのこのように異質な諸宗教行動の堆積として現れているのである。第2節ではこれを捉えるために、諸宗教の動態的な複層構造について考えてみたい。

第Ⅱ部　日本宗教の構造と諸相

図2　信仰とか信心を持っている人

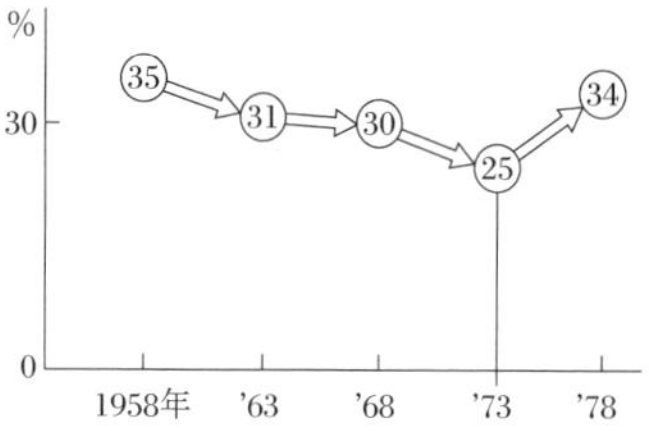

```
%
30  ㉟→㉛→㉚→㉕→㉞
 0
   1958年 '63 '68 '73 '78
```

　意識調査はこのように構造的分析によって補われなければならないが、逆に現在時点での構造分析の焦点は、調査データを時間軸や社会的諸属性によってさらに細かく分析していくことによって与えられることがある。意識分析と構造分析はダイナミックに相関しているのである。

(3) 宗教回帰

　NHKの『日本人の宗教意識』は「宗教回帰」といわれる現象を今日の宗教動向を特徴づける最大の焦点として提示している。それが第一の論拠にしているのは、統計数理研究所が1958年より5年ごとに行っている「日本人の国民性」調査のデータ（『第4 日本人の国民性』1982、出光書店）である。それによると、信仰を持っていると答える人の割合は当初ゆるやかな下降線をたどるが、1973年を境にして上昇に転じているのである（図2）。またNHK放送世論調査所による1973年からはじめられた5年ごとの「日本人の意識」調査でも、神や仏を信仰し、墓参りや祈願の行動などを行う人の割合が漸増する傾向がみられる。

　このようなデータを、われわれはどう読むべきであろうか（その後の変化は、1983年＝32％、1988年＝31％、1993年＝33％となっている。統計数理研究所1994）。深層における日本人の宗教特性は変わっていないが、表層的で部分的な変化を示すにすぎないとする見方も成り立ちうる。しかし『日本人の宗教意識』ではこの現象を戦後社会における大きな価値観の転機を示すものとして捉え、従来までの調査データをふんだんに動員しつつ、規範意識の変化、科学観の変化、および経済大国化の達成という社会意識の3つの側面と関わらせて、それを論証しようとしている。

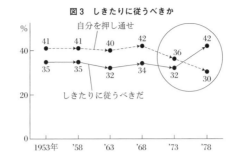

図3 しきたりに従うべきか

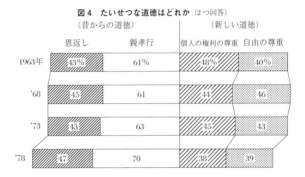

図4 たいせつな道徳はどれか (2つ回答)

規範意識の変化

戦後の個人優先主義、あるいははきちがえた自由主義に対して、やはり1973年の調査時を境に、世のしきたりや、恩返し、親孝行といった伝統的な規範を見直そうとする意識の変化が観察される（統計数理研究所「日本人の国民性」調査による。図3・4）。これが生きかたの手本を宗教に求めようとする要求と結びつくというのである。

科学主義への疑問

合理的＝近代的＝善、非合理的＝前近代的＝悪とする戦後社会の価値観は、科学に対する人びとの信頼と期待を高め、科学主義ともいうべき一種の信仰を生みだしていた。しかしこれは、公害問題の深刻化と反対運動の高まりのなかで、急速に色あせてきた。「科学が進歩しても、それがつねに人間を幸福にするとは限らない」と答える人が、1981年には76％に達している（NHK放送世論調査所編1984）。今後もます

第Ⅱ部　日本宗教の構造と諸相

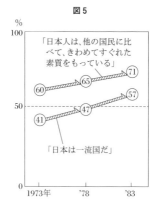

図5

ます科学は発達しその重要性が変わることはないが、もはや人びと（科学者を含めて）の非合理的な心性を抑圧するものではありえず、俗信、迷信を含めて宗教的なものを人びとは素直に（あるいは無批判に）受け入れるようになってきているのである。

経済大国化と宗教への欲求

日本の経済大国化の達成は、人びとの生活満足感を高め、民族的自信を回復させたが、明治以来の国民的目標を見失わせることになった。生活に満足感を持つ人は67％にのぼり、満足感の度合と宗教への評価、仏壇や神棚を拝む人の割合は正の相関を示している（NHK放送世論調査所編1984）。これは、貧・病・争といった剥奪感から救済を求めるといった戦後の新宗教ブームをもたらした状況とは異質のものであり、ここでは宗教に、安定した生活の守護や心の充足を求めていると解釈される。日本人の民族的自信の増大は図5（NHK放送世論調査所編1984調査のデータ）から明確に読みとることができる。このことは日本の伝統文化としての宗教への再評価と結びつけられる。

そして最後にこのような「宗教回帰」現象は、「戦後の1つの社会の終わり」を示すものであろう、と結論づけられている。

上記の諸データで示された変化の幅をみる限り、筆者には、日本人の基本的な宗教特性が変化したということはできないが、これらの変化をより広範な社会的価値意識レベルでの大きな転換点の指標と捉えるこの結論は、強い魅力を持っている。

しかしながら、われわれは、このような価値傾向がはらむ問題点、さらには危険性について十分に自覚しておかなければならない。これについては、第4節でふれることにしよう。

第2節　日本宗教の構造

(1) 民俗宗教・成立宗教・政治宗教

　ここでは日本宗教の構造的考察を行うためにその歴史的諸形態を3層からなるものとして捉える。前節で、日本人の宗教的特性は、自覚的な信仰のレベルでは著しく低くまた曖昧であるが、大部分の人において生活慣習にとけ込んださまざまな宗教活動がなされていることが確認された。日本人の宗教特性は、欧米のキリスト教に典型をみるような成立宗教の枠内にはおさまりきらないのである。ここでいう成立宗教とは、体系的に表現された教義と制度化された組織を持つ宗教集団をいう。日本ではそれは、仏教、神道、修験道、新宗教、キリスト教等の諸宗派、諸教団にわたっている。多くの人びとは、なんらかの、ときには複数の宗教集団に自覚的にあるいは無自覚的に登録されているが、そのメンバーシップは普通、拘束の強いものではない。人びとの宗教行動は成立宗教と重なり合いつつ、民俗宗教の領域と密接に関わっているのである。民俗宗教とは年中行事、冠婚葬祭、現世利益祈願、呪術、俗信などからなり、教義体系やフォーマルな組織に依存しない伝統的な心情と習俗の領域である。それはイエ・ムラという農村共同社会の生活慣習とともにあったが、他面、都市生活の発達とともに現世利益祈願や呪術などのように、私的で自由な選択に委ねられる領域も展開させてきた。そこには、行者、祈禱師を中心とする小さな教会活動も含まれる。成立宗教が、いわば教団側の「メーカーの論理」によって構成されているとすれば、人びとは自らの「ユーザーの論理」(梅棹 1972)によってさまざまな成立宗教や民俗宗教を選択し使い分けているということができる。

　成立宗教は、それぞれ固有の教義に基づいて宗教的理想を追求しようとするが、他面、国家社会のなかの一制度として位置づけられることを免れない。理念において国家を超越しえても、制度の面においてその制約を受けざるをえないのである。宗教と国家が関わる領域を政治宗教と呼ぶことにしよう。それは単に関係態にとど

まる場合もあるが、国家神道のように固有の宗教としての形態をとる例もある。

政治宗教、成立宗教、民俗宗教は、その境界の定かでないことが多いが、宗教の歴史的形態を構成する3つの層として考えることができよう。

(2) 基層宗教・外来宗教

日本宗教のあり方を規定するものとして、さらに2つの宗教概念を想定することができる。基層宗教と外来宗教である。基層宗教とは、民族の心の深層にある信仰パターンであり、歴史的転変を超えて基本的に変わることなく維持、継承される。それ自体は潜在的でありながら、歴史的諸形態のなかにさまざまな形で発現し続ける要因である。基層宗教は分析的操作概念であって、日本宗教の諸層、諸形態を説明するための補助線の役目を果たそうとするものである。

日本における基層宗教は、アニミズムとシャーマニズムの2要素の動的な複合として捉えられる。これらの要素はシベリアから朝鮮半島を経て東南アジア一帯に分布しているが、日本においてはそれが原始宗教の形態にとどまらず、また外来の普遍宗教によって駆逐されてしまうことなく、宗教の多様な歴史的展開の潜在的な要因として生き続けているのである。

アニミズムは自然界、人間界のあらゆる事象が神や霊を宿し礼拝の対象になりうるとする心性からなる。山や水、樹木や巨石、雨や風などに神を認め、人間や動物の霊魂もまた崇拝対象となってきた。歴史的には、これらは農耕社会における原始神道や民俗宗教の諸神霊の形をとり、仏教や道教等の外来の諸神仏もそこに加わることになった。農耕を中心とする社会生活において、これらの諸神霊は漠然とながら統合され、それらへの共同の礼拝は年中行事として位置づけられていた。自然界と日常生活のうちに諸神霊が浸透しているので、人びとの宗教的態度のうちには自然や生活に対する「根本的な否定」(M.ウェーバー)の精神は乏しく、むしろそれらへの肯定が基調的態度となっている。人間と諸神霊のあいだには絶対的断絶はなく、むしろ潜在的に連続しているのである。人間界と自然界がそれぞれ安定し、調和した関係にある限り、それらの諸神霊は和やかに人間生活を守護するものである。

しかし、自然がその暴威を顕し、あるいは社会が混乱や不安に陥ると、神々は荒々しく恐ろしいものとして現れてくる。このような場合、もはや祭る人と祭られる神との安定した主―客関係は保たれず、神霊からの一方的な怒りや祟りが現れ、特定

の人びとは神や霊に憑依され、自らの口をとおして神霊の意志を告げたりする。このように、人間と神・霊が直接接触あるいは同一化することを中核とする宗教活動をシャーマニズムという。シャーマニズムは忘我的な精神状態(トランス)のなかで、魂が身体から脱けだして、神霊界を遍歴したり(脱魂型)、その人の身体に別の神霊が憑入したり(憑霊型)、あるいは霊感や霊夢によって神の意志を知りうるとするもの(予言者型)、諸神霊をコントロールする験力を身につけようとするもの(統御型)などさまざまなタイプが知られている。このようなシャーマンたちは、共同体的秩序の周縁にあってアノミックな世界と関わりを持ち続けることによって、呪術的な力を得ると信じられ、不安や剥奪状況にある人びとに宗教的解決を与えてきたのである。

　日本においてシャーマン的役割は女性(巫女)によって担われることが多かった。そして、これら神憑りを行う巫女と、その神託を審査、解釈し実行に移す男性、すなわちさにわとの対が歴史のさまざまな段階で見出されるのである。古代においては、邪馬台国の卑弥呼とその弟、神功皇后と仲哀天皇・武内宿禰との組み合わせが著名な例である。近世末から近代では、いくつかの有力な新宗教がこのシャーマン的な男女の対になった活動から生まれている。

　相対的に安定した生活状況におけるアニミスティックな信仰・儀礼活動と、危機的状況におけるシャーマン的活動による新たな宗教活動の方向づけという両要素の動的な結合の型が、日本宗教のいくつかの展開期に、いわば常数として見出されるのである。

　仏教、道教、儒教、キリスト教は、歴史のある時期に外来宗教として入ってきたものである。それは、インド、中国、西欧の高次の文明の所産であったため、まず支配層や知識層に大きな関心を持って受容された。しかし、外来宗教が、日本において浸透し定着するためには、日本固有の諸条件との適合化がなされねばならなかった。民衆の生活状況、国家政策、既存の諸宗教、そして基層宗教パターンとの融合が重要な条件となる。そしてこの過程のなかで、外来宗教は日本宗教の1つとして再構成されねばならなかった。それと同時に従来の諸宗教にとっても、外来宗教の侵入は、自らの信仰の自覚化、教義の体系化、再組織化による対応を迫るものであった。古代における神道思想の形成や修験道の成立は、日本の土着的宗教が、外来宗教の用語と論理を取り入れて自らを再構築したものである。

第Ⅱ部　日本宗教の構造と諸相

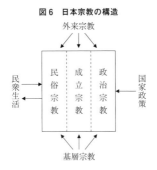

図6　日本宗教の構造

(3) 日本宗教の構造

　宗教に変化をもたらすものは、日本の場合、宗教内部の諸要因の動的展開もあるが、それ以上に、宗教をとり囲む社会状況の変化が重要な要因である。ここではそれを民衆生活と国家政策という二極に分けて考えることにする。これまでにあげた諸要因の関係を図式化したものが図6である。

　近代以後の宗教変化は都市化・産業化による民衆生活の激変のために、歴史宗教の3つの層が相関しながら活性化され再適応を遂げようとした過程とみることができる。国家の宗教政策は、天皇崇拝と国家神道の形成から1945年の敗戦を契機として、その対極の新憲法による完全な政教分離へと大きく変化した。しかし、第1節でみた宗教回帰の潮流とともに政治宗教復活への動きもみえはじめているのであり、その動向は予断を許さないものとなっている。民衆生活の一面は伝統的な民俗宗教によって規定されているが、前者の変化に従って後者は新たな展開を遂げる。しかし国家と宗教の関係については、宗教が政治動向を強力に左右したことは歴史上まれであり、中世の一向一揆などを例外として、国家政策に対して、宗教は主として受動的に対応してきたといえる。

　基層宗教が直接的に規定を与えるのは民俗宗教のみではない。政治宗教は基層宗教に立脚しなければ民衆生活に浸透しそれを支配することができないのである。成立宗教はその教義形成期において、基層宗教を無視あるいはあえて否定することができる。しかしその教団が安定した民衆的基盤を持つためには、その教義と無関係もしくは矛盾するとしても、基層宗教パターンを受け入れざるをえない（例えば仏教

112

と先祖供養の関係)。また、民俗宗教、成立宗教、政治宗教が動的に相関するなかで、基層宗教は、その過程を媒介する常数として機能するとみることができる。

第3節　日本宗教の諸形態

　日本宗教の動態的構造枠について、これまで抽象的に述べてきたが、つぎにこれを念頭において、日本宗教の諸形態について、ごく簡単に説明を加えていこう。

神道

　神道は日本の農耕社会に基礎を持つ、さまざまなカミ信仰の総称であり、歴史宗教の3つの層それぞれのレベルにおいて多様な展開をみせている。民俗レベルにおいて、それは地域の産土社をめぐる季節の祭りとして浸透している。人びとは1年を単位とするハレーケーケガレのリズムに基づいてカミを祀り、共同意識を培ってきたのである。それはもともと限られた氏族集団の祖神を祀るものであったが、しだいに一定地域に住むすべての人びとを氏子とする産土社へと性格を変えてきたのである。稲荷、八幡、天神、神明(伊勢)、住吉などの神社信仰は、平安期以降の社会不安のなかで、従来の氏神よりさらに高い神格とあらたかな霊威を持つ神々として全国に勧請されて広まったものである。これらの勧請神を主神とする地域の産土社も多いが、それはそれまでの氏神社が名称を変えたり、主神の位置をそれらに取って代わられたりしたためである。これら霊威神の本社や有力な分社は、攘災招福、現世利益の評判の高まりとともに、全国から多くの参詣者をひきつけるようになってきた。

　一方、国家の側では、大和朝廷の主祭神、天照大神を最高神とし、他氏族や地方の神々を従属的に位置づける神話体系(『古事記』『日本書紀』)と神祇制度(『大宝令』『延喜式』など)を打ち立てることによって、全国的な政治宗教体制を完成したのであった。祭政一致体制における天皇は大嘗祭などの象徴的儀礼において自ら祭司であるとともに、神との一体化を遂げるシャーマン的要素を顕している。

　さて、政治宗教としての神道は、中世から近世にかけて仏教との習合(本地垂迹説)、民俗宗教への溶解という方向を辿る一方、イデオロギー運動としては、伊勢神道、吉田神道、復古神道において、神主仏従の民族主義的、尊王主義的教義が形成され

ていった。そしてこのイデオロギー運動は明治政府による国家神道政策へとつながっていくのである。それは神仏分離を行い、古代の神祇官制を復活させ、伊勢神宮を頂点に全国の神社を中央集権的に再組織するものであり、地域の民衆の祭祀を包み込みつつ天皇中心の宗教のハイアラーキーに民衆を組み込むものであった。また新たに、軍国主義政策遂行のなかで、戦没者を祀る靖国神社、各府県の招魂社、護国神社、天皇を祀る橿原神宮、明治神宮、植民地下の朝鮮神宮などが創建されていった。狂信的なまでに歪められた民族意識と一体になった国家神道は、第二次大戦の敗北（1945年）によって解体をみた。そして新たな日本国憲法の施行（1947年）によって、完全な政教の分離と信教の自由が保障されたのである。国家神道下の大部分の神社は、今日では一宗教法人としての神社本庁の包括下にある。

　神道の成立宗教としての展開を示すものは、幕末期より興った民衆宗教の諸派であろう。これらは、社会不安にあえぐ民衆のなかから興ってきたもので、シャーマン的教祖を中心に教義と組織を形成したもの（天理教、金光教、黒住教）、富士山や御岳山の登拝講を再組織化し、神道的教義づけを行ったもの（実行教、御岳教）などがある。これらは、明治期に入って政府から教派神道として公認されていったが、それには、国家の宗教政策に沿うように本来の教義を改変しなければならなかったのである。例えば、世直し的変革思想を持っていた天理教は、たびたび国家からの弾圧を受け、国家からの公認を受けるためには明治末期に国家神道に従属するよう教義の再編纂を行わねばならなかった。教派神道のこのような運命は、大本教にはじまる近代の新宗教もまた直面せざるをえなかった道である。両者は、時期こそ若干ずれても、本質をおなじくするものである。

仏教

　仏教は、5世紀末ごろより、朝鮮半島からの渡来集団によって伝えられ、飛鳥および奈良朝において、主に鎮護国家を祈願する政治宗教として積極的に取り入れられた。国家は官寺を建て官僧を保護したが、私度の出家や民衆への布教は禁止した。しかし行基（668〜749）をはじめとする私度僧や聖と呼ばれる遍歴の呪術的宗教者たちは、土木事業や現世利益をとおして民衆に仏教を広めていった。

　平安時代に空海（774〜835）のもたらした真言密教は、一個の成立宗教として高度の教義体系のうちに呪術的要素を包含しつつ、大師信仰とともに上下の階級の人び

とに浸透していった。最澄（767〜822）が開いた比叡山の天台宗は、密教の加持祈禱をとおして支配層にくい込むとともに、本地垂迹思想によって日本の土着の神々を仏教のうちに包摂しようとした。

　鎌倉時代の比叡山からは、法然（1133〜1212、浄土宗の祖）、親鸞（1173〜1262、真宗の祖）らが出て、浄土系の諸教団——他に一遍（1239〜1289）による時宗など——を展開させ、栄西（1141〜1215、臨済宗の祖）、道元（1200〜1253、曹洞宗の祖）らが禅宗を開いた。浄土系信仰は死後における阿弥陀浄土での救済を求め、禅宗は自力による俗世からの超越を目指すものであり、従来の鎮護国家や現世利益、呪術をこととする信仰とは対極的なものを提示したのである。またおなじ天台宗から出た日蓮（1222〜1282）は法華経信仰に拠り、他宗を排撃し、国家をもそれに従属すべきものと説いた。

　これら新しい仏教の教えは、農民、武士、商人等の社会層による支持を受け、その開祖の死後、それぞれが強固な社会的基盤を持つ成立宗教へと成長していった。それらは、伝統的な民衆の信仰に革新を迫り、支配権力との対決をも辞さないものであった。

　しかし、戦国の混乱を経て、近世の封建制が確立すると、仏教諸宗は幕藩体制を支える寺請（てらうけ）制度のなかに組み込まれ、いわゆる葬式仏教へと変質していくのである。各宗派の内部では、本山を頂点に、寺格と僧位による権威主義的階層制が固定化された。それは、仏教が支配体制の一翼としての政治宗教へ、また死者霊ないし祖霊の祭祀という民俗宗教への二極に引っ張られて、固有の教義を理念目標とする成立宗教としての内実を失っていく過程といえるだろう。

　伝統仏教諸派のこのような性格は、さまざまな内部改革の動きがあるにせよ、現代においても基本的に変わっていない。さらに、僧侶の妻帯公認により、教団、寺院の身分的世襲が一般的となった。近代の民衆の悩みに、これら伝統教団はもはや十全には対応できなくなっている。これらの問題は新宗教や祈禱師の手に委ねられることになり、現代ではこれらの領域が活性化してくるのである。

修験道（しゅげんどう）

　日本土着の山岳信仰と密教とが習合して独自の展開を遂げたものが修験道である。開祖とされる役小角（えんのおづめ）は、7世紀ころの大和葛城（かつらぎ）地方出身の山岳行者で、葛城山系から吉野大峰山系への行場を開き、鬼神を使役したと伝えられている。

修験道は山岳登拝や滝行などの修行をとおして山に籠る諸神霊と一体化し、そこで得た験力を加持祈禱に用いようとするもので、主に半聖半俗の山伏(やまぶし)行者たちによって伝えられてきた。富士山、御岳、白山、立山、羽黒山など全国の山々に霊場が開かれていった。徳川の幕藩体制下では醍醐三宝院を中心とする真言宗系の当山派と、京都聖護院による天台宗系の本山派とに制度的に統轄されていた。しかし仏教諸派に比して教義よりシャーマン的な行の部分の比重が大きく、民衆の現世利益的欲求とつねに密着していたので、各時代において多様な宗教形態を展開させてきた。例えば、近世の農村で広く行われた憑祈禱(より)は、巫女に霊媒の役目をさせ、山伏がそれに憑入した諸神の意を判定するものであり、天理教の開祖となる中山ミキの神憑りも、長男の病気の山伏祈禱のなかでたまたま巫女に代わって霊媒の役をつとめたとき発現したものである。

また今日、大阪近郊の生駒山地では、さまざまなタイプの修験系行者や霊能者が、滝行場を備えた中小規模の寺院・教会を根拠に活動しており、いくつかの大型寺社とともに、都市民をひきつける宗教的雑居マーケットの観を呈している。修験道は日本の伝統宗教のなかでも、もっともシャーマニスティックで呪術的な民俗宗教の活力を豊かに伝えているものといえよう。

新宗教

幕末期に生まれた天理教、金光教などを先駆として、明治以降の急激な産業化、都市化のなかで、数々の新宗教が生まれた。それらは、伝統的農村共同体の動揺にさらされた農民層や、急増した都市の下積人口を支持基盤として、おなじ階層出身の開祖たちによって創唱されたものである。新たな時代の苦難に直面した人びとにとって新宗教のリーダーたちは「生き神さま」であり、強い霊能によって呪術を施し、日本人の潜在的な基層信仰に基づく教義を打ち立て、困難な時代に積極的に生きる力を与えたのであった。

いくつかの新宗教の成立過程において、巫女とさにわの対のパターンが生きているのをみることができる。大本教は、京都府綾部において出口なお(1837〜1918)が困窮の生活の果てに神憑りして開いたが(1892年)、娘婿に出口王仁三郎(お に ざぶろう)(1871〜1948)を迎えて、「世の立替え立直し」を全国にアピールして急速な拡大をみた。それは、民衆から発した独自の民族主義思想を伴うものであったが、国家神道イデオロギーか

らは異端視され、1921年と1935年の2度にわたって国家による徹底的な弾圧を受けた（戦後に再発足）。また法華信仰の系譜をひく霊友会（1925年設立）およびその支部から独立（1938年）した立正佼成会も、女性霊能者と男性組織者のペアーによって大きな発展を遂げたものである。

女性のシャーマン的力によらないものとしては、1928年に大阪で興ったひとのみち教団がある。この教団は実利的な処世訓と教育勅語を教義に取り入れて拡大と適応を図ったが、不敬罪による幹部検挙を経て、敗戦後にはPL（パーフェクト・リバティー）教団と改称して再出発した。

大本教から派生した教団としては仏教・神道・キリスト教を折衷した教義による生長の家（1929年開教）、信仰治療によって広まった世界救世教（1934年開教）などがある。

今日、日本最大の教団を形成した創価学会は、1937年に、美・利・善の三大価値を目指す創価教育論と末法時代の王仏冥合（おうぶつみょうごう）の実現を説く日蓮正宗の信仰が合体して発足した。それは排他的で攻撃的な折伏（しゃくぶく）によって教線を拡げようとしたが、1943年、伊勢神宮の神札奉斎を拒否したため弾圧を受けた。

国家主義政策への積極的な協讃を行ったのは、生長の家、霊友会などであるが、それらも含めてすべての新興教団は天皇制との深い関わりを刻印されざるをえなかったのである。

戦後、新宗教は新しい憲法の下で信教の自由を得、急激な成長期を迎えた。しかし、1970年代にはこれら教団の急成長は停止し、安定化・既成化の時期に入っている。それらは当初のシャーマン的呪術的要素をしだいに捨てていき、日常倫理や文化領域に活動の主眼を移してきている。

政治との関連でみると、創価学会を母体とする政党公明党の結成（1964年）をはじめ、各教団は大きな集票組織として機能し、主に保守・中道政党との結びつきを形成している。

キリスト教

キリスト教の信者数はカトリック、プロテスタント合わせて154万人（『宗教年鑑』平成6年版）とされる。これは、新宗教などの信者数に比してきわめて少ないといえる。その原因は、キリスト教の唯一絶対神への信仰が、日本の基層宗教の特性であ

第Ⅱ部　日本宗教の構造と諸相

図7　日本宗教の諸形態

	神道	仏教	修験道	新宗教	キリスト教
政治宗教	天皇制 (国家神道)	(鎮護国家) (寺請制度)		(弾圧) 変革性・保守性	(規制) 批判性・受動性
成立宗教	神社神道 教派神道 その他	仏教諸宗派	天台宗派 真言宗派 その他	教派神道系 日蓮系 新新宗教	カトリック プロテスタント系
民俗宗教	地域祭祀	祖霊祭祀 寺社参詣	山伏，祈禱師	オカルト・ミステリーブーム	教会結婚式 クリスマス
基層宗教	アニミズム×シャーマニズム ハレ－ケ－ケガレ					

注：(　)内は過去の形態を示す

るアニミスティックな宗教観およびシャーマニスティックな神人連続観と基本的に矛盾し、教団の側でそれとの習合を拒否しているからだと思われる。しかし成立宗教としての完結性が高く、その普遍主義的な宗教理念の立場から社会や生活の現実に対して緊張を保ち続け、とくに教育や社会福祉の面で大きな寄与をするなど、独自の文化的機能を果たしている。政治権力に関しては、おおむね、消極的で受動的な態度をとってきた。

　一方、民衆の側では、キリスト教の中核的教義部分を受け入れることなしに、そのユーザーの論理によって、教会結婚式、クリスマスなどを民俗宗教的な習俗として取り込んできているのである。

　上図（図7）は、日本宗教の諸形態についての概略を整理したものである。

第4節　現代の宗教状況

　社会の近代化に伴う宗教の変化を欧米の宗教社会学では「世俗化」として捉えてきた。既成教団の活力低下をはじめとして、そこで指摘されたいくつかの状況は日本においても類似のものが見出される。しかし世俗化論は社会変動との関係を単に経験的に記述するものではなく、神の超越性、聖俗の分離といったキリスト教の内的論理の歴史的展開として理論的に説明しようとするものである。よって、日本の

宗教の諸形態の変化をこのような内的論理の一貫した展開という形で説明しうるとは思われないのである。

そこで本節では、「宗教回帰」という現代的トピックスが、どのような状況展開と関わっているかを、前述の構造枠組（図6）をとおして考えてみることにしよう。民俗宗教レベルでは私化・市場化の一層の進展が指摘でき、成立宗教レベルでは伝統教団の停滞性、新宗教の既成化の一方で、「新新宗教」と呼ばれるさまざまな運動の活性化が観察される。そして政治宗教のレベルでは、宗教と政治をめぐる新たな問題がクローズアップされてきたことをあげなければならないだろう。

(1) 私化・市場化の進展

現代大衆の民俗宗教領域での活動は、地域社会やイエといった伝統的で集団的な宗教慣習の比重低下と、私人としての自由な選択に基づいて行われる領域の拡大に特質がある。初詣での人出の増大、宗教書・ミステリー雑誌のブーム、水子供養の隆盛、札所めぐり、巡礼の復興などさまざまな活動の展開に、「宗教回帰」現象を見出しうるかもしれない。これらは広い意味での呪術的活動であるが、だからといって日本の現代社会が、M. ウェーバーのいう「呪術の園」にとどまっているというわけではない。呪術的行為や思考は、すでに社会の中心領域を支配することをやめ、功利的原理に基づく日常生活世界の周辺に位置づけられ、それを部分的に補完しているにすぎないのである。そしてその限りで、呪術、現世利益宗教や大衆参詣の対象となる寺社は、かなり大規模な自由市場的状況をつくりだしているといえる。宗教は今日では有力な情報産業の一角を占めているのである。

(2) 新新宗教

新宗教既成化以後の新たな宗教運動形態は多様である。宗教というより、倫理生活や心身の健康を目標とする擬似宗教的なもの（実践倫理宏正会、ヨガ・スクール、断食道場等）もあるが、いわゆる新新宗教とよばれるものの多くは、平均的な大衆の宗教行動のパターンとは異質で、少数ではあるが熱烈な若者層をひきつけている点に特色がある (cf. 西山1981)。終末論的な根本主義（現代世界の破滅を予知し、教典を原義どおり信じ実践しようとすること）の立場をとるものとしては、エホバの証人、世界基督教統一神霊協会、日蓮宗妙信講、浄土真宗親鸞会などがある。また神秘主義的呪術的傾向

の強いカルト宗教に分類されるものに、GLA、阿含宗、世界真光文明教団、真如苑などがある。さらに、ベトナム戦争期からアメリカで受け入れられた近代ヒンドゥー教の諸セクトの日本での活動もあげることができよう。オウム真理教はヒンドゥー教系の霊能修行団体であったが、終末論的傾向を強くし、世界の終末予言の実行を企て、1995年には地下鉄サリン事件などを起こし、社会を大きく震撼させた。その他の群小の宗教共同体も数多く現れている。

信者は、これら教団の布教活動に触れて、日常的な価値観の虚妄に気づかせられ、それから脱却して超越的な霊的世界を目指すが、再び教団のドグマの枠に取り込まれ、思考の自由を失って教祖や教団の命ずるがままに行動することが多い。この点は、「旧」新宗教と同じである。宗教運動が、真に救いをもたらすものか、それとももう1つの迷いの世界に人間を閉じ込めるものか、改めて問わなければならない。

(3) 宗教と政治

「宗教回帰」は近年の多様な宗教ブームに現れているといえるが、それはむしろ全般的な規範意識の保守化、伝統文化の再評価、民族意識の高まりと相関していたことも想起されるべきであろう。このような社会意識の動きのなかで、政治宗教の問題を考えてみる必要がある。

靖国神社は、先述(第3節)のように、戦死者を「英霊」として祀るもので、戦前の国家神道の重要な柱をなすものであった。現在は単立の一宗教法人であるが、その国家護持を復活しようとする運動が続いている。「国のために死んだ人を国が祀るのは当然だ、神社参拝は宗教行為というより国民的習俗である」といった論理によって、保守政党による国会での法案化運動が繰り返され、閣僚の公式参拝が既成事実化されようとしている。上記の論理は、保守化、民族主義化の社会意識の動向において民衆のなかにもかなり浸透してきていると思われる。しかしこれらの動きは、憲法の保障する信教の自由、政教分離の原則をなしくずしに侵害しようとするもので、憲法を守る立場や、諸教団の信教の自由を守る立場からの活発な抵抗を惹き起こしている。

1995年の「オウム真理教事件」をきっかけに、「宗教法人法」の改訂が急遽行われ、所轄庁による調査権が認められた。今後、宗教団体の政治活動への規制、優遇税制の見直しなども論議の対象になってくると思われる。

政治宗教が、民衆の曖昧で日常的な宗教意識のなかに浸透することによって、民衆支配の一手段として機能してきたことは、歴史にみるとおりである。ポスト・モダン（脱近代）、脱戦後社会のイメージが、政治的に戦前社会の論理とつなげられかねないところに、現代日本の宗教状況の問題がある。

第2章
新宗教の日常化
「大本」京都本苑4支部の事例

飯田　剛史[1]

芦田　徹郎

第1節　対象と調査の概要

(1) 戦後の「大本」

　現在、新宗教は概括的にみて、発生期、拡大期を経て定着期に入りつつあり、再定位の方向を模索する段階にあると思われる。今なお、新しい中小教団で著しい拡大を示すものもあるが、明治から昭和戦後期までに勃興し、100万以上の信者を有する大教団に関しては、急激な拡大は限界に達しているようにみえる。また「新興宗教」の語感が有していた"違和感""偏見"は大幅に緩和され、一定の確固とした地位を占めるものとして、現代社会のなかに浸透している。

　大本教は、幕末期に興った天理教、金光教などに次いで、日本の近代化（独占資本主義化）過程のなかで発生し、組織的な大衆運動として大発展を遂げた最初期の教団である。また大本教は、出口なお（1837〜1918）と出口王仁三郎（1871〜1948）という2人の強烈なカリスマ指導者と2度にわたる弾圧事件によってとくに著名である。戦後、大本は昭和21年（1946）「愛善苑」として再出発し、24年（1949）「大本愛善苑」、そして27年（1952）「宗教法人・大本」と改称し、今日に至っている。

　戦前の大本についての研究は、社会思想史、社会運動史、および宗教思想史の立場によるものがすでにいくつか発表されている（安丸1977、鹿野1973、栗原1976、村上1963a；1973等）。それらは総じて、《国家権力対民衆》という対立軸の上に、独占資本主義、軍国主義政策の下で精神的・物質的剥奪（アノミー）に苦しむ民衆の宗教的な形態をとった抵抗運動として、大本を位置づけている。艮（うしとら）の金神による「立替え立直し」の終末論的救済観（これらは仏教的伝統のミロク信仰とつながれる）、スサノオと

図1 出口家略系図

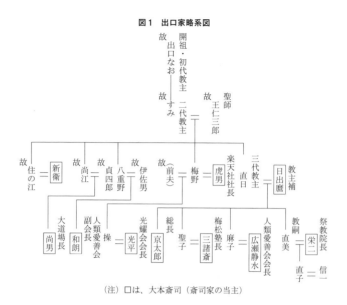

（注）□は、大本斎司（斎司家の当主）

アマテラスの意義づけを逆転させた「国祖退隠神話」に、民衆独自の反権力、反国家神道への思想的基盤を見出し、昭和神聖会運動にファシズムとの奇妙な類似性を認めつつ、大きな社会的・政治的運動にまで発展した民衆の宗教的ユートピアへの願望の噴出を認めている。すなわち、戦前の天皇制への民衆からの内発的な思想的批判性と、自由主義的知識人や左翼がなし得なかった相当規模の社会運動の結びつきに関心が寄せられ、高い評価が与えられてきたのである。戦後の「大本」に対しても、弾圧に屈せず、戦争協力に与せず、戦後当初、平和運動等に積極的に取り組んだことなどによって、好意的に評価されている（梅棹1960等）。

　現在、「大本」は本部を綾部市および亀岡市にもち、信者数は公称16万人である。分布は、地域的なムラはあるが、ほぼ全国にわたっている。現教主（1980年現在）は三代目・出口直日（1902生）であり、執行部は出口京太郎（1936生）が総長をつとめている。教主は開祖なお以来、その「お筆先」の命ずるところにより女子が継ぎ、執行部を男子が受けもつことになっている。聖師・王仁三郎は二代教主すみの「教主補」として自らを位置づけていた。現在は、直日の婿である口山麿（1897生）が昭和2年（1927）の結婚以来「教主補」となっているが、氏は第二次大本弾圧時の拷問に

よる精神疾患のため行政力をもたない。このことも一因となって、戦後執行部のリーダーシップの変化はやや複雑であり、今日においても問題を残している。

　昭和21年 (1946)「愛善苑」発足より、出口伊佐男 (1903～1973) が委員長、そして会長となり、「大本愛善苑」改称時より総長となって大本再建につくし、昭和33年 (1958) まで務めた。その後、出口栄二が総長を継ぎ、昭和37年 (1962) にこの地位を失った。伊佐男、栄二両総長のリーダーシップの下で、大本は世界連邦運動、原水爆禁止運動、再軍備反対運動等、一連の平和運動の先端に立って積極的な大衆運動を展開したが、昭和37年の人事はその政治的「左傾化」に対する内部からのクーデターといわれている。その後、出口家の者は執行部より退き、本部長制がとられた。教主直日は教団活動の「政治化」を避け、信仰の内面性を深めるべく「脚下照顧」を説き、また茶の湯、生け花、作陶、染織、能楽等、芸術と宗教生活との一体化を唱道している。昭和51年 (1976) よりは、前記のごとく出口京太郎が総長に就任している。氏は王仁三郎紹介の講演会を各地で行い、欧米では王仁三郎芸術展を開催し、またイギリス国教会派との合同礼拝を行うなど、大本の芸術主義、国際主義を強調している。しかし、それらが必ずしも一般信徒層に一定の宗教的目標を提示し、それに向かって彼らを鼓舞し動員するという形態をとっていないところが、大本のかつてのリーダーシップのあり方との相違であると思われる。また「世界宗教者倫理会議」への積極的な取り組みなど、政治的保守化の傾向を示しているといわれる (cf. 室生 1980)。出口栄二は昭和48年 (1973) より祭教院長となっており、総長執行部との確執を深めている。反執行部の動きは総長の地位、財産処分権、教団解散権のからんだ「大本教則」「大本規則」改定問題を機に、昭和55年 (1980)、出口和朗をリーダーの一人とする「いづとみづの会」設立として表面化した。教嗣 (次代教主) 直美の婿が栄二であり、現教主が高齢であることからも、対立の一層の激化が予想される。

　カリスマ的創唱者により形成された教団は、その没後、彼の教えや実践を体系的に再構成し教義化せねばならないとされる。「大本」においては、開祖の「お筆先」に基づいて編集された『大本神諭』2巻 (1919～1920)、および聖師の『霊界物語』82巻 (1920～1935) が根本教典とされている。前者は押しこめられていた神 (艮の金神) による世の「立替え立直し」を繰り返し説くものであり、後者は量的に厖大で、かつ内容も体系化されないまま、極めて多岐にわたるものであり、今日の感覚からその

意義を汲みとることは容易ではないと思われる。このような意味で、現代の立場からの教典の解釈、その体系的意義づけが教団として要請されているが、今日においてそれは、いまだよくなされているとは言い難い。リーダーシップをめぐる内部葛藤についても、人脈的対立、政治路線の対立以外に、信仰や教義の原則をめぐる争点を求めるとなると、明快にはとらえ難いものとなる。いずれにせよ、少なくとも、戦後状況に対する教団側の教典解釈による適応が十分統一的になされないまま今日に及んでいるのであり、これは戦後「大本」の教勢、および後にみるごとく一般信徒層の構成変化と相互的に結びついていると考えられる。

(2) 京都本苑および調査の概略

本章は現代における大本信仰の実態の一端として、京都市内4支部の一般信徒への信仰意識調査の結果を提示しようとするものである。それは、これまでの研究で示された大本像と著しく異なるものであり、カリスマ的指導者亡き後の信仰の日常化の様態を端的に示していると思われる。

京都本苑は、京都市および府下同市以南を管掌する「大本」の一地方単位で、今日その下に27組織（1分苑、21支部、5会合所）、502世帯（提示された「信徒カード」による）を有している。調査対象は京都市内にある24組織のうち、対象として不適なもの2つを除く22組織から無作為抽出された4支部に属する87世帯、213名（16歳以上）の信者である。調査は教団本部、京都本苑での幾度かの聞きとりの後、1979年10月中旬より約1ヵ月間、当該対象に対して質問票を用いて、原則として面接法により、補助的に留め置き、郵送法を用いて行われた[2]。調査の各段階において、関係の方々は極めて開放的・協力的であり、回収率も満足すべきものを得た[3]（次頁表1参照）。京都市の4支部を対象としたのは主としてわれわれの調査能力の制約からくるものであり、京都市での信仰のあり方が現代の大本信仰の典型を示す保証はない。また4支部での実態が統計的に忠実に京都市内における傾向を代表するものでもない。あくまで1つの事例研究である。しかし、地域的特性より時代的制約性、すなわち現代の一般的社会意識状況と大本の戦後のリーダーシップの変化という観点からとらえるならば、今日の大本信仰のありようをうかがう一材料たりうると思われる。

ここで、京都本苑の略史を支部数の増減を中心に、教団史上の事件をはさんで、年譜的に示してみよう（〇印の項は、現京都本苑管掌区域内の事柄を示す）。

第 2 章　新宗教の日常化

表 1　対象数および回収率

①	「信徒カード」では	108 世帯	268 名（注 1）
②	調査対象数	87 世帯	213 名（注 2）
③	調査票回収数	76 世帯	181 名（注 3）
	回収率　$\left(\dfrac{③}{②}\right)$	世帯単位……87.4%	
		個人単位……85.0%	

(注 1)　16 歳未満者 26 名は除かれている。
(注 2)　各支部長からの聞きとりにより、22 世帯を実質非信者世帯として除外。3 世帯が独立分離、2 世帯が親戚と同居し、それぞれ 1 世帯となっていた。
(注 3)　調査不能または拒否は 11 世帯とそれに含まれる 21 名、および他に個人で 11 名あった。

　明治 25 年（1892）出口なお綾部で開教。
　明治 32 年（1899）上田喜三郎（王仁三郎）入教。
○明治 33 年（1900）梅田信行（白生地問屋、後、大本大幹部）京都市より参綾。京都市での大本信仰の草分けである。
　明治 43 年（1910）地方組織はまだ京都府下に限られ、7ヵ所あるのみ。
○　　　　　　　　　上のうち、現京都本苑管掌区域には 5 組織（京都市、伏見、嵯峨、宇治、木津）あり。
　大正　5 年（1916）近畿以外にはじめて地方機関ができ、以後、全国的な大拡張期に入る。
　大正　7 年（1918）出口なお死去。
　大正　9 年（1920）京都府下で 27 の支部、会合所あり。
　大正 10 年（1921）第一次大本弾圧。組織形態をかえて、ただちに教勢再興を計る。
○大正 13 年（1924）1 分所 9 支部あり
○昭和　4 年（1929）京都分院発足（管事・大和通仲・医博）。その下に 1 分所、29 支部あり。
○昭和　6 年（1931）1 分所、25 支部あり。
○昭和　7 年（1932）1 分所、35 支部あり。
○昭和　8 年（1933）1 分所、50 支部あり。
　昭和　9 年（1934）昭和神聖会発足。
　昭和 10 年（1935）第二次大本弾圧、以後昭和 20 年まで法廷闘争以外の教団活動停止。
○　　　　　　　　　弾圧直前時、1 分所、58 支部あり（分院管事・竹山祥三郎・判事）。

昭和21年（1946）大本教は「愛善苑」として復活。
○昭和22年（1947）京都市内に組織復興準備のための連絡所設けられる。
昭和23年（1948）出口王仁三郎死去。
○　　同年　　　約16の会合所成立。
○昭和24年（1949）約20の支部成立、京都主会発足（主会長・三木善建・弁護士）。
昭和27年（1952）二代教主出口すみ死去。
○昭和28年（1953）独立の礼拝所（現在本苑地）を得て京都分苑成立。
昭和32年（1957）大本信者数公称約10万人。
昭和37年（1962）公称信者数12.5万人。出口栄二、総長を辞職。
○　　同年　　　支部、会合所、30を数える。
昭和51年（1976）出口京太郎、総長となる。
○昭和54年（1979）京都分苑は京都本苑に昇格（本苑長・谷幸太郎）。1分苑、22支部、
　　　　　　　　4会合所を有す。

　昭和10年の第二次弾圧前は2〜3年のうちに支部数でほぼ倍増しているが、現在では支部数は再びその半数であり、大拡張期以前の数にもどっている。戦前における所属世帯数は不明である。資料は、『大本七十年史』上・下、「大本瑞祥会分所支部一覧」「皇道大本分所支部一覧」で、他は聞きとりによる。
　対象となった4支部については、1支部が弾圧前組織から復興されたもの（昭和25年（1950））であり、他は別支部から分離独立した（昭和24年、25年、26年）ものである。
　京都本苑は宗教法人をなしており、その組織は下記のようになっている。

　　本苑長
　　　次長（2名）
　　　宣教部長
　　　祭務部長
　　　財務部長
　　　芸術部長
　　　庶務部長
　　　婦人部長

第 2 章　新宗教の日常化

　青少年部長
　事務局長
　相談役（2名）
　監事

　最高議決機関は支部長会であり、上記の役員の多くは支部長によって兼務されている。相談役は分苑長を務めた人々であり、長老格である。本苑長は原則として役員の合議により推挙され[4]、教主によって任命される。支部長は支部員の話し合いによって推薦され、総長によって任命される。任期は現在ともに 3 年である。実際に支部長を務める期間は長く、4 支部で発足から昭和 54 年までの 29 年間に 11 人の支部長が在任し、1 人当たり平均して 11.5 年務めている。交代の理由は、転居、老齢引退、死去等で、中高年の篤信の男子が支障のないかぎり続けることになっている。

　昭和 54 年本苑昇格に合わせて新築された本苑の建物は北区紫野の閑静な住宅地にあり、2 階建て、延べ約 100 坪の外観は一般住宅とさほど変わらない。2 階に礼拝所、1 階に事務局その他の部屋があり、事務局長が専従者として管理にあたっている。支部の会合、礼拝はたいてい支部長宅で行われている。

　本苑・支部では月に 1 度、それぞれ定まった日に月次祭がもたれている。また、家庭でも月次祭を行い、毎日の朝拝、夕拝の勤行がすすめられている。各祭りの形式、すなわち次第・祝詞・動作・祭壇・衣服等は「古神道」の様式にのっとって細かく規定されているが (cf. 大本本部編 1963)、場所や状況に合わせての改変は当然許されている。司祭は聖職者によらず[5]、平信徒のうち祭式諸規定を修得している者が行う。

　一般信徒は、毎月の「更生奉仕金」およびその他随時の奉仕金を挙出し、本苑はそれらをとりまとめて全額、本部に納入する。本苑および支部には納入金から、それぞれ 10% が交付金として還付される。本苑および支部はこれらの奉仕金とは別に、それぞれの祭りにおける「玉串料」を維持費に加えることが許されている。

第 2 節　社会的属性

　新宗教の担い手である一般信者を構成している社会層を解明することは、新宗教

の社会学的考察にとってきわめて重要と思われるが、その実証的研究はほとんどなされていないのが実状である。社会学者ではないが、村上重良 (1980, 43) は、「一連の新宗教は、中下層農民、都市の中小零細経営者、俸給生活者、家庭婦人等を主要な基盤に、教勢を拡大した」としている。そうすると、「中下層」とか「主要な」とかの意味をどのように限定するかにもよるが、大部分の社会層が新宗教の基盤になるわけで、そうならないほうがむしろごく少数の特別な社会層ということになる。さらに村上の指摘するところの新宗教の主要な社会的基盤には含まれない富農、大資本家、知識人層というのは元来少数なわけである。彼らが信者の多数派にはならないとしても、信者層の一端を構成する可能性を否定することにはならない。結局、新宗教の信者に特有の社会階層の記述あるいは説明としては何をいったことにもならない。また小口偉一 (1954) は、「一般的にいうならば、新興宗教の担い手は、最下層の人々ではなくして、中間層以上である。下層民は新興宗教に入信し、その信仰を維持するだけの、経済的余裕をもっていない」とするが、これがいったいどれほど根拠のある指摘なのか、はなはだ疑わしいのである。

　新宗教の社会的基盤といっても、当然それは教団によって多様であろうし、また同一教団であってもその発展史のさまざまな局面によって異なってくるであろう。「大本」の信者層について村上 (1963b) は、開教期においては資本主義の成立期にあって貧困、病気、精神的不安に悩む「救いのない地方都市細民と農民」(同, 208)、明治から大正にかけての発展期においては「従来の農民・小市民層に加えて、知識人」(同, 233) としている。その他「大本」の社会的基盤として「青年層や農民層」(小口 1954)、大正・昭和にかけては「都市の中間層」(高木 1969) などの指摘があるが、現在の大本の信者層についてはわれわれの知る限りでは参考にするべき報告や資料はない。

　今回のわれわれの調査はごく限られた局地的なものにすぎず、新宗教一般についてはもとより、現在の「大本」に限ってもその全体的な信者構成上の特性を明らかにしうるような性格のものではない。ただ、こうした実証的データを積み重ねる以外に新宗教の社会的基盤を解明する方法はないであろう。

　われわれの調査の対象者と京都府におけるなんらかの宗教の自覚的信仰者 (NHKの県民意識調査において「何か宗教を信仰している」と回答した者 (NHK 1979a)) との年齢構成を比較してみると、26～35歳層と36～45歳層との割合が逆転しているほかは、ほぼ同じ分布がみられる。ただし、われわれの「大本」調査では、入信がほとんど家

第2章 新宗教の日常化

表 2 年齢構成

% (実数)		16〜25	26〜35	36〜45	46〜55	56〜65	66〜	計
大 本	男	6.5 (5)	31.2 (24)	14.3 (11)	15.6 (12)	16.9 (13)	15.6 (12)	42.5 (77)
	女	11.5 (12)	17.3 (18)	11.5 (12)	19.2 (20)	20.2 (21)	20.2 (21)	57.5 (104)
	全	9.4 (17)	23.2 (42)	12.7 (23)	17.7 (32)	18.8 (34)	18.2 (33)	100.0 (181)
京都府の信仰者		11.0	12.9	25.4	19.6	31.1		
*京都府総人口 (昭和50年)	男	22.6	24.7	19.0	13.8	9.5	10.5	48.5
	女	19.0	23.4	17.8	15.0	12.1	12.8	51.5
	全	20.7	24.0	18.4	14.4	10.8	11.7	100.0

* =京都府総人口の年齢区分は15〜24歳から10歳区分
『京都府統計書』昭和53年 (1978) より作成

表 3 職業構成

(A) 業 種

	大 本	*京都市
農 業	0.0 (0)	1.4
林業、狩猟	0.0 (0)	0.1
漁業、水産	0.0 (0)	0.0
鉱 産	0.0 (0)	0.0
建 設	5.1 (5)	6.5
製 造	32.7 (32)	29.8
卸小売	31.6 (31)	28.7
金 融	2.0 (2)	2.9
不動産	0.0 (0)	0.8
運輸通信	5.1 (5)	5.6
電気ガス水道	1.0 (1)	0.5
サービス	17.3 (17)	20.4
公 務	4.1 (4)	2.7
分類不能	1.0 (1)	0.6

VALID CASES=98

(B) 職 種

	大 本	*京都市
専門的技術的	8.3 (8)	8.4
管 理 的	5.2 (5)	5.5
事 務	10.4 (10)	16.7
販 売	22.9 (22)	17.0
農林漁業	0.0 (0)	1.8
運輸通信	2.1 (2)	3.8
技能工、生産工程	32.3 (31)	36.4
単純労働	7.3 (7)	
サービス	11.5 (11)	10.1
分類不能		0.1

VALID CASES=96

(C) 就業形態

	大 本	*京都市
事業主 (有雇用)	6.3 (6)	4.3
個 人 主	17.7 (17)	14.7
役 員	0.0 (0)	4.6
家族従業員	11.5 (11)	12.6
公 務 員	8.3 (8)	
民間常雇など	47.9 (46)	63.6
臨 時 的	8.3 (8)	
不 詳		0.2

VALID CASES=96

(D) 事業所規模 (民間常雇)

従業員数	大 本	*京都市
1〜9	20.5 (8)	40.6
10〜29	20.5 (8)	20.6
30〜99	12.8 (5)	16.8
100〜299	10.3 (4)	
300〜999	17.9 (7)	22.1
1000〜	17.9 (7)	

VALID CASES=39

* =京都市 (府):昭和50年 (1975)、『京都市統計書』昭和53年より作成

第Ⅱ部　日本宗教の構造と諸相

表4　学歴構成

% (実数)	旧小 新中	旧中 新高	短大 高専	大学	在学	未就学	不明	VALED CASES
大　本	41.1 (65)	45.6 (72)	3.2 (5)	4.4 (7)	5.1 (8)	0.6 (1)	／	(158)*
NHK	37.6	39.5	6.7	7.1	8.4		0.6	

＊　ミッシングケースが23（全サンプルの12.7%）と多く問題が残る。

族ぐるみであること[6]と、第二世代以上の信者の大部分が25歳までに入信手続きを済ませている傾向[7]とを考慮に入れれば、自覚的信仰者に限らず総人口の年齢構成に接近してしかるべきと考えられる。しかし、京都府 (1975) の15歳以上の総人口の年齢構成との比較では、若年層 (24歳以上) の割合が小さく、高年層 (55歳以上) の割合が大きくなっている (表2)。その理由については確定することができなかった。

職業では、民間常雇者のうち比較的大規模な事業所への勤務者が多い点をのぞけば、京都府もしくは京都市の就業構造にほぼ正確に対応している (表3)。学歴については、1978年のNHKによる「日本人の意識」調査 (NHK 1979b) のサンプル構成とくらべると、われわれの調査対象の高専・短大・大学の卒業者および高校以上の在学生の占める割合が小さくなっている (表4)。

以上の信者の存在形態の整理からは、「大本」という新宗教の信仰と関連づけて論ずべき特別な社会的属性は認められない、というべきであろう。社会一般の人口構成との対比では、強いていえば相対的に年齢構成が高いこと、大規模事業所への就業者が多いこと、高学歴者が少ないこと、をあげることができる。だが、このことをもってただちに老人の宗教であるとか、中間層以上が主要な担い手であるとか、あるいは低学歴者をひきつけているとか、結論するのはむずかしい。他の教団との比較も興味をひくところであるが、実証的研究の蓄積がほとんどなく、比較すべきデータをもたない宗教社会学の現状では、今後の研究をまつ以外に方法はない[8]。

第3節　信仰の定着と家の宗教化

(1) 基層レベルにおける大本信仰の定着

大本の教義は、周知のごとく顕著な特性をもっている。それは集約すれば、「みろ

くの世」への「立替え立直し」とその根拠である「国祖退隠神話」の教えであろう (cf. 出口 1958)。それは日本神国観に支えられて、民族主義と国際主義の両極を含むさまざまな運動形態をとる教えとなって展開されてきた。しかし、神道系創唱宗教としての大本は、日本庶民の「基層宗教文化」(cf. 宗像 1979) と底部を共有するものである。日本の基層宗教文化の特質は、遍在的な「霊」への信仰にあるという宗像巌の指摘 (同, 42) をうけ入れよう。これは、歴史的文化形成や外来文化のため日本人の宗教文化は重層的なものとなっており、その基底に上記のような特質をもつ文化層を仮定するということであり、すべての日本人がそのような意識された信仰をもつというわけではない。ここでは、上記の基層宗教文化に対応する大本教の基層信仰部分にだけ絞って、当該信徒の信仰受容状況をみてみよう。そして、大本教徒としての形式的要件 (「大神奉斎」「祖霊復祭」) との2点から、当該信徒における大本教の定着度をとらえよう。大本の特色をなす教えについての解釈は、教団内部でも多様である。一般信徒においても、意識レベルでの教義解釈の受容と、生活のなかでのその位置づけとの隔たりも相当あるため (第5節参照)、大本信仰としての最大公約数は基層的信仰の意識的受容という点にまで還元せねばならなかった。

　「霊」への信仰とは、あらゆる生命にその肉体とは区別され、そして肉体の死後も存続する「霊」を認め、それらは神性と本質を同じくするものとして連続している、という信念である。大本では、その神は現在「大神様」とよばれ、家族の「祖霊」を含む諸々の霊や神々とともに「現界」から区別される「霊界」を形づくっている。「神」「霊界」「死後の世界」「祖霊」は、基層信仰において、そして大本においても1つの信念のような側面を示すものであり、表5 (次頁) において読みとれるごとく、いずれもかなり高い比率で信じられている (より具体的に聞いた問③では「わからない」が増えているが)。一般に「入信届」があるからといってその個人が信仰をもっているとは限らないのであるが (名目的信者、または一時的「通過者」が含まれているのが通例)、当該対象の場合、8割近い人が最小限の信仰箇条を受容していることがわかる。

　一方、形式面において、実質的な大本教徒としてのメンバーシップの基礎となっているものは、更生奉仕金の月々の納入、および「大神奉斎」「祖霊復祭」である。ここでは、後二者についてのデータをみてみよう。これらは、家単位で行われるものであり、家庭内に場所を定めて2つの祠がまつられる (次々頁図2参照)。「大神奉斎」は綾部本部でまつられる「大神様」の分霊をまつるものであり、「祖霊復祭」は

第Ⅱ部　日本宗教の構造と諸相

表5

	(1)はい	(2)わからない	(3)いいえ	(4)NADAK	TOTAL
① あなたは大神様の存在を信じていますか。	78.5%	16.6	2.8	1.7	100
② あなたは霊界があると思いますか。	79.0	16.6	2.2	1.1	100
③ あなたは死後霊界にいくと思いますか。	65.7	28.7	2.2	2.2	100
④ あなたは先祖の霊が霊界にあると思いますか。	79.0	17.1	1.1	1.1	100

(N＝181)

それまで通例仏壇にまつられていた祖霊を本来の形にまつり直すというものである。父方系譜のみならず、母方、妻方の祖霊も「復祭」することが奨励されている。祖霊の姓名や命日は綾部本部でも登録され、かつまつられることになっており、年忌祭の通知なども本部から出される。

「奉斎」「復祭」の実施状況は表6のとおりである。「祖霊復祭」について未復祭15世帯の内容をみてみると、

　　①親の家でまつっている……………………………8
　　②同居親戚世帯でまつっている…………………2
　　③婚出先でいまだ大本教が受容されていない…3
　　④その他の理由……………………………………2

となり、「家」を単位に考えて①②の10世帯を含めると、70世帯92.1％が「祖霊復祭」を行っているとみなされる。現代日本で既成仏教が衰滅することなく存続している最大要因の1つが檀家制を通して寺院が家の葬儀、死者霊供養を職掌している点にあることを考えれば、この「祖霊復祭」は信仰意識内容の多様性や変化はともかく、少なくとも形式面で大本教団への所属を持続的に保障する機能的代替であるといえるだろう（なお、葬儀が大本の祭式にのっとって平信徒によってすべて執り行われることは、地域レベルでの他の大本の儀式と同じである）。そして、表6の数字は、当該対象における大本教団所属のきわめて高い定着性を示しているといえる。

第2章　新宗教の日常化

図2　　　　　　　　　　表6
祖　　大　　　　　「大神奉斎」　82.9%（63世帯）
霊　　神　　　　　「祖霊復祭」　78.9%（60世帯）
祠　　祠　　　　　　（N＝76世帯、内不明　1）

八足台の3段の棚の上には、2つの祠の他に、松、神酒、玉串、燭台、供物等が置かれる。棚の形態はスペースに応じて種々ある。

(2) 成員の補充
家族単位メンバーシップの固定性

　「新興」教団の活力のバロメーターの1つとして信者数の増大があげられるが、当該対象ではどうだろうか。直接のデータはないので、まず宣教への意欲について、つぎに入信年次、復祭年次などから成員補充について検討してみよう。

　大本では、教義をよく理解し、信仰活動に熱心で、宣教の使命を自覚した信者に「宣伝使」の名称が与えられる。「正」「准」「試補」の3段階の資格があり、4支部には正宣伝使3名、准宣伝使14名、宣伝使試補25名、計42名がいる。表7（次頁）でみると、これまで熱心に勧めたことがない人（(3)＋(4)）は全体で78.4%、宣伝使をとってみても42名のうち23名、54.7%にのぼり、布教活動においてとくに積極的であるとはいえないだろう。

　つぎに対象信者を、入信年次別、入信世代別に分けてみると、表8（次々頁）のような構成となっている。多少の増減はあるが、人数の上では一定数のリクルートがな

135

表7

問：あなたはこれまでに大本への入信を人に勧めたことがありますか、また今後勧めたいと思いますか。

	全　体	宣伝使
(1) 今までにも積極的に勧めたし、今後もそうしたい。	13.8% (25)	35.7% (15)
(2) 今までは積極的に勧めたことがあるが、今後はあまりしようとは思わない。	1.7 (3)	4.8 (2)
(3) 今までは熱心に勧めたことはなかったがこれからは積極的に勧めたい。	20.4 (37)	19.0 (8)
(4) 今まで、熱心に勧めたことはなかったし今後もそうだろう。	58.0 (105)	35.7 (15)
(5) NA・DK.	6.1 (11)	4.8 (2)
	100 (181)	100 (42)

されていることが分かる。しかし、表8で第一世代にあたる家での最初の入信者(FE)の数や、家単位での入信を示すとみられる祖霊復祭を年次別にみた表9によると、1955年（昭和30年）～1959年（昭和34年）以降、既入家族以外からの入信はごく少数であることが読みとれる。京都本苑の役員によると、信者数は漸増しているとのことであるが、リクルートは大部分が既入家族からのものであり、家族単位でみればここ25年間はかなり高いメンバーシップの固定性を示しているといえる。

(3) 入信時状況と入信動機

新しい教団への入信過程が問題にされるとき、宗教社会学では従来しばしばきわめてドラスチックな「剝奪」―「回心」の図式によって説明されてきた。すなわち、

急激な社会変動
　↓
庶民の生活基盤の危機
　↓
物質的精神的剝奪（アノミーあるいはアイデンティティの危機）
　↓
新宗教による新たな価値体系の提示
　↓

第2章　新宗教の日常化

表8

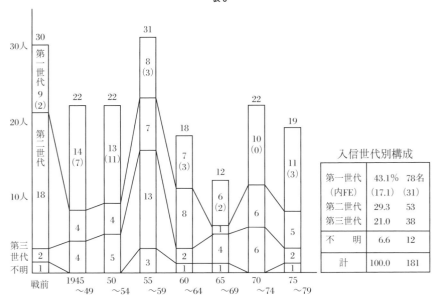

（　）内は、一世代目でかつその家で最初の入信者数。
以後FEであらわす。

表9

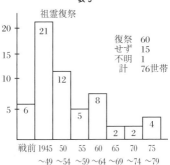

第Ⅱ部　日本宗教の構造と諸相

　　パーソナリティ変容
　　　↓
　　新たなアイデンティティの統一

　というわけである（Glock & Stark 1965 等、日本では森岡・西山 1976 等）。戦後大本の場合における当該対象についてはどうであろうか。表 10 でみると、入信時に困難や悩みがとくになかったと答えた人は、延べ 180 名中 131 名、72.8％を占める。日本の新宗教への入信時における剥奪経験としてとくに「病貧争」が通例あげられるが、この場合、それに当たる（2）（3）（4）（5）を合わせると 26 名、14.4％となる。また孤独や精神的悩みをもって入信した人（(6)(7)(8)）は 8 名、4.4％である。（2）から（8）までを合わせて「剥奪組」とよぶとすると、それらは延べ 34 名、18.9％を占めるが、それだけでは多い比率とはいえないだろう。悩みなし組は入信年次別にみても戦後つねに約 70％から 80％を占めており変化はあまりなく、一方、剥奪組は明確な減少を示している。

　では、彼らは直接にはどのような「動機」によって「入信」したのであろうか。表 11（次々頁）でみると家族の影響がきわめて大きく、（1）（2）を合わせると 56.0％となる（配偶者の意志による入信の場合には若干の例でトラブルをおこしているケースがあった）。また多少とも明確に意識された動機の第一のものは「祖霊まつり」とされている。現世利益や現実的な苦悩からの救いを求めたもの（4）（7）、および「求道的」動機（5）は、合計しても延べ 38 名、18.2％と多くはない。そして（4）（5）は顕著な減少を示している。さらに（5）のケースについては、戦後ではすべて第一世代家族の最初の入信者（FE）に占められている。

　ここで第一世代家族の最初の入信者（FE）について検討してみよう。延べ 35 名中 17 名、48.6％が「剥奪組」に入る（表 10 参照）（また、実数で 31 名のうち 15 名、48.4％が宣伝使となっている。次々頁表 12 参照）。この 17 名のうち、病気を動機とするものが 12 名と大きな比重を占め、また昭和 21〜30 年（1946〜1955）に 11 名が集中している。この 2 つの条件のうちのどちらかを満すものは、17 名のうち 16 名、94.1％にのぼる。入信時の剥奪状況は「剥奪―回心」図式の十分条件ではなく必要条件にすぎないが、その理論適応の条件は少なくとも戦後大本の当該対象に関しては、上のごとくかなり明確に限定づけられているといえる。

第 2 章　新宗教の日常化

表 10

問：入信時、困ったことや悩みごとがありましたか。（ ）内は、FE 数、下段は%

入信年次	～1945		1946～55		56～65		66～79		不明	計	
(1) とくになかった	18 58.1	(1) 50.0	34 69.4	(9) 40.9	36 81.8	(1) 16.7	39 76.5	(1) 20.0	4 80.0	131 72.8	(12) 34.3
(2) 自分が病気だった	7		7	(7)	5	(4)	2	(1)	0	21	(12)
(3) 家族が病気だった											
(4) 生活が苦しかった	0		2	(2)	1		1		0	4	(2)
(5) 人間関係のもつれやさかいがあった	0		0		0		1		0	1	
(6) 親しい人やたよれる人がいなかった	0		1	(1)	0		0		0	1	(1)
(7) 人生や生きがいの問題で悩んでいた	1	(1)	2	(1)	1		1		0	5	(2)
(8) 世の中、社会のあり方に疑問をもっていた	1		0		0		1		0	2	
(9) 正しい宗教のあり方をもとめていた	1		3	(2)	1	(1)	4	(2)	0	9	(5)
(10) その他	3		0		0		2	(1)	1	6	(1)
計	31	(2)	49	(22)	44	(6)	51	(5)	5	180	(35)
(2)～(8)の計（剥奪組）	9 29.0	(1) 50.0	12 24.5	(11) 50.0	7 15.9	(4) 66.7	6 11.8	(1) 20.0	0 0.0	34 18.9	(17) 48.6

対象は 181 名だが回答に一部重複がある。NA・DK＝8。合計はすべて延べ数。

第Ⅱ部　日本宗教の構造と諸相

表11

問：あなたの入信の動機は次のうちどれに当たりますか。（　）内はFE数　下段は%

入信年次	～1945		46～55		56～65		66～79		計	
(1) 家族の者が信仰していたので自分もだんだんと信じるようになって	12		11		21		17		63 30.1	(0) 0.0
(2) 自分の意志というよりむしろ親や配偶者の意志によって	8		13		16		15		54 25.8	(0) 0.0
(3) 祖霊を正しくまつることができるので	3		5	(3)	3	(2)	8	(3)	20 9.6	(8) 25.0
(4) 病気がなおるなど不思議な「おかげ」を見たり経験して	7		5	(4)	3		1		16 7.7	(4) 12.5
(5) 開祖様、聖師様の教えにひかれて	6	(2)	6	(6)	2	(2)	1	(1)	15 7.2	(11) 34.4
(6) すすめてくれた人や信者の人々がよい人だったので	2		3	(2)	2	(1)	3		11 5.3	(3) 9.4
(7) 悩みごとや問題の解決を願って	2		2	(3)	1	(1)	2	(1)	7 3.3	(5) 15.6
(8) 義理などでことわりきれずに	0		0		1		2		3 1.4	(0) 0.0
(9) その他				(1)					20 9.6	(1) 3.1
計		(2)		(19)		(6)		(5)	209 100.0	(32) 100.0

対象181名、無回答4、重複回答あり、計は延べ数。

回答は全数計の多いものから順に並べかえた。FEの(9)項は、本来回答数6であるが、その内容から1を(7)に、4を(5)に移した。そして(5)はFEに関しては「大本の教えや指導者にひかれて」という意味が妥当することになる。全体における年次別変化は(4)(5)項のみで有意性がみられる。

表12　　　　（　）内はFE数

A		B		$^B/_A \times 100$
第一世代	78 (31)	そのうち宣伝使	20 (15)	25.6 (48.4)
第二世代	53	〃	13	24.5
第三世代	38	〃	9	23.7

第2章　新宗教の日常化

第4節　コミットメントの強さによる信者類型

　第2節で述べたような信者層の社会的属性にとりたてて注意をひくような特異性が無いという特性は、信者のリクルートが家族のなかから行われること、信者にとっては「大本」がイエの宗教化していることとおそらくもっとも関係があると考えられる。第3節でもふれられたように、二世代目、三世代目にあたる家族にとっては、「大本」への入信（信徒名簿への登録）にあたって特別な契機が必要なわけではなく、ごく自然に「大本」信仰になじんでいくのかもしれないし、場合によっては自分の意志に関わりなく、時には本人の知らぬ間に、あるいはその意に反して入信手続が家族によってなされることもあろう。そうすると、信徒名簿への登録者を信徒と認定することがいちおう理にかなっているとはいえ、彼らが必ずしも自覚的な信者であるとは限らない。このことはわれわれの調査に際して、信徒名簿には登録してあるにもかかわらず、支部長が実質的信者とは認めていないケースがあったこと（第1節参照）からも明らかである。そこでわれわれは、「大本」へのコミットメントの強さに応じた信者の分類を試みた。

　宗教のなかでもいわゆる「自然宗教」のごく素朴な形態などは別にしても、いわゆる「創唱宗教」の場合には、それぞれそれなりに「教義」と「儀礼」とを整備している。したがって、それぞれの宗教へのコミットメントの強さは、教義に関してのいわば内面的な信念の強さと、儀礼に関してのいわば外面的な実践の程度との両面から測定するのが望ましい。しかしながら、内面的な信仰の篤さといった微妙な性格のものを測定する基準を部外者があらかじめ設定しておくことは困難であるし、そもそも僭越であろう。そのためにわれわれは、便宜上、主としてもっとも基礎的と思われる儀礼の実践の頻度をコミットメントの強さの指標として採用し、その後でこれもまたごく基礎的と思われる事柄についての信念の強さとの適合性の検討を試みた。

　われわれが作業を進めるうえでコミットメントの強さを示す指標として採用したのは、各家に祠ってある「大神様」および「祖霊」に対する朝の礼拝（朝拝）と夕の礼拝（夕拝）というごく日常的な儀礼の実践である。それは、神名称呼、祝詞等、祭式規定通りにすれば、15〜20分程かかるが、適宜の簡略化が許されている。まず、

141

第Ⅱ部　日本宗教の構造と諸相

表13　コミットメントの強さによる信者構成

(仮) % (実数)　VALID CASES＝175

	朝・夕拝を毎日 する宣伝使 A	朝・夕拝を毎日 する一般信者 B	朝・夕拝をとき どきする信者 C	朝・夕拝を全く しない信者 D
男	28.8 (21)	23.3 (17)	20.5 (15)	27.4 (20)
女	18.6 (19)	37.3 (38)	24.5 (25)	19.6 (20)
全	22.9 (40)	31.4 (55)	22.9 (40)	22.9 (40)

　朝拝もしくは夕拝のいずれかを毎日行う信者グループ、いずれかを時々行うグループ、いずれをもまったく行わないグループに分け、さらに朝拝あるいは夕拝を毎日行うグループのうち、正・准・試補のいずれでも、ともかく「宣伝使」資格をもつグループを分離した[9]（表13）。宣伝使資格を有していることは、信者仲間あるいは教団から強いコミットメントをいわば公的に認定されてもいると考えたからである。

　このような4類型が、果たして信者のコミットメントの強さに対応していると考えるのが妥当か否か、また妥当だとしても各類型間にはどの程度の差があるのかを検討しておく必要がある。各家、支部、本苑それぞれの月次祭、過去1年間における本部での大祭への参加状況をみると、全体としては本苑から支部、各家にかけて月次祭への参加率が高くなっており、信仰実践の重点が日常生活に身近なところにおかれていることを示している。それとともに、半数以上が過去1年のあいだに本部（綾部あるいは亀岡）での大祭に少なくとも一度は参加しており、距離的に近いせいもあろうが、教団中央（聖地）とのつながりも失われていないことがうかがわれる。また、いずれの祭事への参加率も、朝拝か夕拝かを毎日行いかつ宣伝使資格を有するAグループがもっとも高く、朝拝も夕拝もまったく行わないDグループがもっとも低い。のみならず、支部と本苑の月次祭ではAグループの参加率の高さが、またいずれの祭事にしてもDグループの参加率の低さが、それぞれ他のグループの参加率に比してきわだっている。他方、宣伝使資格はもたないが朝拝か夕拝かを毎日行うBグループと朝拝か夕拝かを時々行うCグループとのあいだでは、祭事によって参加率の高低に差が認められなかったり、あるいはそれが逆転しており、一貫した傾向を見出すことはできない（表14・15・16・17）。

　「大本」の聖典は、開祖出口なおの「お筆先」にもとづく『大本神諭』と聖師出口王仁三郎の口述になる『霊界物語』であるが、「大本」信者にとってこれらもっとも基本的な書物の読書状況をたずねた（表18・19）。ここでも祭事への参加状況と同じ

第 2 章　新宗教の日常化

表 14　家の月次祭

% (実数)

	いつも参加	時々参加	参加せず	VALID CASES
A	95.0 (38)	2.5 (1)	2.5 (1)	40
B	83.3 (45)	9.3 (5)	7.4 (4)	54
C	67.5 (27)	22.5 (9)	10.0 (4)	40
D	15.0 (6)	15.0 (6)	70.0 (28)	40
全	66.7 (116)	12.1 (21)	21.3 (37)	174

表 15　支部の月次祭

% (実数)

	たいてい参加	時々参加	参加せず	VALID CASES
A	80.0 (32)	15.0 (6)	5.0 (2)	40
B	41.8 (23)	32.7 (18)	25.5 (14)	55
C	20.0 (8)	70.0 (28)	10.0 (4)	40
D	0.0 (0)	25.6 (10)	74.4 (29)	39
全	36.2 (63)	35.6 (62)	28.2 (49)	174

表 16　本苑の月次祭

% (実数)

	たいてい参加	時々参加	参加せず	VALID CASES
A	42.5 (17)	35.0 (14)	22.5 (9)	40
B	3.6 (2)	34.5 (19)	61.8 (34)	55
C	7.5 (3)	57.5 (23)	35.0 (14)	40
D	0.0 (0)	17.5 (7)	82.5 (33)	40
全	12.6 (22)	36.0 (63)	51.4 (90)	175

表 17　いずれかの大祭 (過去一年)

% (実数)

	参加	不参加	VALID CASES
A	75.0 (30)	25.0 (10)	40
B	63.6 (35)	36.4 (20)	55
C	66.7 (26)	33.3 (13)	39
D	27.5 (11)	72.5 (29)	40
全	58.6 (102)	41.4 (72)	174

表 18　『大本神諭』を読んだか

% (実数)

	全巻	部分	読まず	VALID CASES
A	65.0 (26)	35.0 (14)	0.0 (0)	40
B	13.2 (7)	45.3 (24)	41.5 (22)	53
C	2.6 (1)	61.5 (24)	35.9 (14)	39
D	2.6 (1)	26.3 (10)	71.0 (27)	38
全	20.6 (35)	42.4 (72)	37.1 (63)	170

表 19　『霊界物語』を読んだか

% (実数)

	全巻	部分	読まず	VALID CASES
A	55.0 (22)	45.0 (18)	0.0 (0)	40
B	5.6 (3)	61.1 (33)	33.3 (18)	54
C	5.1 (2)	74.4 (29)	20.5 (8)	39
D	2.6 (1)	36.8 (14)	60.5 (23)	38
全	16.4 (28)	55.0 (94)	28.7 (49)	171

傾向がみられる。CグループとDグループのあいだのみならず、AグループとBグループとのあいだにも顕著な切断がみられ、Aグループの半数以上がぼう大な聖典を読了しているのに対し、Dグループではもっとも基本的な書物にさえ一度も目を通したことのない「信者」が多い。BグループとCグループとのあいだは若干微妙で、『大本神諭』を全巻読んだ信者もまったく読んでいない信者もBグループの方が多くなっており、『霊界物語』を全巻読んだ信者の割合はBグループとCグルー

143

表20 「大神様」の存在

% (実数)

	信じる	わからない	信じない	VALID CASES
A	100.0 (39)	0.0 (0)	0.0 (0)	39
B	88.9 (48)	11.1 (6)	0.0 (0)	54
C	87.2 (34)	10.3 (4)	2.6 (1)	39
D	41.0 (16)	48.7 (19)	10.3 (4)	39
全	80.1 (137)	17.0 (29)	2.9 (5)	171

表21 「霊界」の存在

% (実数)

	信じる	わからない	信じない	VALID CASES
A	97.4 (38)	2.6 (1)	0.0 (0)	39
B	92.5 (49)	5.7 (3)	1.9 (1)	53
C	77.5 (31)	22.5 (9)	0.0 (0)	40
D	51.3 (20)	41.0 (16)	7.7 (3)	39
全	80.7 (138)	17.0 (29)	2.3 (4)	171

プとのあいだではかわりはないが、まったく読んでいない信者はむしろBグループの方が多くなっている。

　さらに第3節でも指摘されたように、調査対象がすべて一応「大本」の信者であるということからすれば当然とはいえ、「大神様」の存在であるとか「霊界」の存在であるとか、「大本」信仰の基礎に位置する観念の受容はきわめて高い数値であらわれてきている。それでも特徴ある傾向をみることができる。すなわちDグループにおいては、信念のもっとも基礎に位置すべきものにさえ、半数前後が明確な肯定の回答をためらっているのである（表20・21）。

　さらにわれわれは、生活のなかに占める信仰の位置を尋ねてみた（表22・23・24）。健康、仕事、信仰、社会、家族のなかで一番大切なものとして回答されたものをみると、Aグループのみが信仰をもっとも大切なものとして他のいずれの項目よりも多く回答しており、かつ半数に達しているが、ここでもAグループとBグループのあいだ、CグループとDグループのあいだで落差が認められ、BグループとCグループとは接近していることがわかる。また、全体としては、一番大切なものとして健康が圧倒的に多数回答されており、信仰、家族がそれに続くが、健康と家族の平和とを「大神様」や信仰のおかげとする回答も、CグループとDグループとのあいだに顕著な開きがみられ、BグループとCグループとが接近しているのである。

　結局、われわれがはじめに仮説的に設定したところのコミットメントの強さに対応した4つのグループは、3つのグループに再編されることになる。すなわち、全信者の4分の1弱を占める宣伝使層は、宣伝使資格という形式においてのみではなく、信仰意識、実践の実質においても他の信者から区別することができ、信者集団の中核をなしている。それを半数強を占める一般信者の大きなかたまりがとりまき、さ

第 2 章　新宗教の日常化

表22　最も大切なもの

「次のことがらのうち、あなたが大切に思われるものの順に番号をつけて下さい。それぞれ結びついていて分けて考えることはできないものですが、あなたが現在感じられるままにお示し下さい」(一番大切と回答されたもの)。

% (実数)

	健康	仕事	信仰	社会	家族	VALID CASES
A	38.5 (15)	2.6 (1)	51.3 (20)	2.6 (1)	5.1 (2)	39
B	67.3 (37)	0.0 (0)	20.0 (11)	1.8 (1)	10.9 (6)	55
C	65.0 (26)	0.0 (0)	17.5 (7)	0.0 (0)	17.5 (7)	40
D	60.5 (23)	5.3 (2)	5.3 (2)	5.3 (2)	23.7 (9)	38
全	58.7 (101)	1.7 (3)	23.3 (40)	2.3 (4)	14.0 (24)	172

表23　健康

% (実数)

	大神様のおかげ	合理的理由	VALID CASES
A	90.3 (28)	9.7 (3)	31
B	73.1 (38)	26.9 (14)	52
C	72.2 (26)	27.8 (10)	36
D	32.4 (11)	67.6 (23)	34
全	67.3 (101)	32.7 (50)	153

「大神様のおかげ」健康にすごせるのは、なによりも大神様のおかげと思う。
「合理的理由」健康にすごせるのは、神様のおかげというより、医学の発達や栄養や適度の運動によるものと思う。

表24　家族の平和

% (実数)

	信仰のおかげ	個人的・社会的条件	VALID CASES
A	94.6 (35)	5.4 (2)	37
B	82.7 (43)	17.3 (9)	52
C	72.2 (26)	27.8 (10)	36
D	44.4 (16)	55.6 (20)	36
全	74.5 (120)	25.5 (41)	161

「信仰のおかげ」家族が平和にくらせるのは、信仰のおかげと思う。
「個人的・社会的条件」家族が平和にくらせるのは、社会的条件や個人の人格によるものと思う。

表25 コミットメントの強さによる信者類型

実数 列% 行% 全%	宣伝 使層	一般 信者層	周辺 信者層	全
男	22 29.7 52.4 12.4	32 43.2 33.7 18.1	20 27.0 50.0 11.3	74 41.8
女	20 19.4 47.6 11.3	63 61.2 66.3 35.6	20 19.4 50.0 11.3	103 58.2
全	42 23.7	95 53.7	40 22.6	VALID CASES 177

$\chi^2 \text{Sig}=0.061$

らにその外部には名目的な色彩の濃い周辺的信者層がある。また、有意性には若干問題が残るが、宣伝使層、周辺的信者層とも男女比率はほぼ均等であるのに、信者の大部分を占める一般信者層においては、女性信者が3分の2を占めていること(表25) と、周辺層から指導者層にかけて年齢層が高くなる傾向が顕著である。とくに宣伝使層、なかでも女性の宣伝使層において高年者の割合がとりわけ高いことにも特色がみられる (表26)。

高齢化した宣伝使層、大きな比率を占める一般信者、特に女性信者層が、比較的少数にとどまっている名目的信者層といった信者構成上の特色も、現在の「大本」が未信者への働きかけなど外に向かっての活動性の面では停滞的であること(第3節参照) を裏づけるとともに、他方では、少なくとも地方信者レベルでは、日常生活に信仰が溶け込み、相対的に安定した段階にあることを思わせるものである。

さて、それでは何が信者のコミットメントの強さを規定しているのであろうか。厳密な意味での因果関係を解明しようとするものではないが、各信者の属性とのある程度の親縁性をみてみたい。

われわれは、性別および現在 (調査時) の年齢の他に、まず、入信年代、入信時年齢、入信世代、学歴、職業とコミットメントの程度に依る信者類型との相関について検討した。その結果、入信時年齢、入信世代、職業に関しては信者類型とのあいだに有意の相関を見出すことができなかった。性別については順位相関はみられな

第2章　新宗教の日常化

表26　信者類型×性別×年齢

実数（列%）（行%）		年齢	16〜30歳	31〜45歳	46〜60歳	61歳〜	全
男	宣伝使		0 (0.0)(0.0)	5 (22.7)(22.7)	8 (36.4)(42.1)	9 (52.9)(52.9)	22 (29.7)
	一般		10 (31.3)(62.5)	9 (28.1)(40.9)	7 (21.9)(36.8)	6 (18.8)(35.3)	32 (43.2)
	周辺		6 (30.0)(37.5)	8 (40.0)(36.4)	4 (20.0)(21.1)	2 (10.0)(11.8)	20 (27.0)
	全		16 (21.6)	22 (29.7)	19 (25.7)	17 (23.0)	VC74 G=−0.463
女	宣伝使		0 (0.0)(0.0)	0 (0.0)(0.0)	3 (15.0)(10.7)	17 (85.0)(50.0)	20 (19.4)
	一般		11 (17.5)(52.4)	14 (22.2)(70.0)	24 (38.1)(85.7)	14 (22.2)(41.2)	63 (61.2)
	周辺		10 (50.0)(47.6)	6 (30.0)(30.0)	1 (5.0)(3.6)	3 (15.0)(8.8)	20 (19.4)
	全		21 (20.4)	20 (19.4)	28 (27.2)	24 (33.0)	VC103 G=−0.748
全	宣伝使		0 (0.0)(0.0)	5 (11.9)(11.9)	11 (26.2)(23.4)	26 (61.9)(51.0)	42 (23.7)
	一般		21 (22.1)(56.8)	23 (24.2)(54.8)	31 (32.6)(66.0)	20 (21.1)(39.2)	95 (53.7)
	周辺		16 (40.0)(43.2)	14 (35.0)(33.3)	5 (12.5)(10.6)	5 (12.5)(9.8)	40 (22.6)
	全		37 (20.9)	42 (23.7)	47 (26.6)	51 (28.8)	VC177 G=−0.521

VC=VALID CASES　G=GAMMA

いが、先にふれたように一般信者層に占める女子の割合が高くなっている。それらに対し、現在の年齢の他に入信年代とコミットメントの強さとのあいだにも顕著な（次頁表27）、また学歴とコミットメントとのあいだにはかなりの相関がみられ、入信年代が古いほど、現在の年齢が高いほど、学歴が低いほどコミットメントが強くなる傾向がうかがえた。ただ、このうち学歴については、近年になるほど高くなっているのであるから、当然に現在の年齢とのあいだに大きな相関があるわけで、知的な訓練を受けていない者ほど（新）宗教に凝りやすいなどと早合点しないほうがよい。事実、現在の年齢を加えて三重クロスを行った場合には、低学歴ほど強いコミットメントの傾向がみられたのは31〜45歳層のみであった。61歳以上層では逆転し

表27　入信年代とコミットメントの強さ（信者類型）との相関

	〜'45年	'46〜'55年	'56〜'65年	'65年〜	全
宣伝使	61.3 (19)	34.8 (16)	13.0 (6)	2.0 (1)	24.4 (42)
一般信者	32.3 (10)	58.7 (27)	56.5 (26)	61.2 (30)	54.1 (93)
周辺信者	6.5 (2)	6.5 (3)	30.4 (14)	36.7 (18)	21.5 (37)
全	31 (18.0)	46 (26.7)	46 (26.7)	49 (78.5)	VALID CASES =172

％（実数）GAMMA＝0.629

て高学歴者ほどコミットメントが強くなる傾向が若干みられ、他の年齢層では有意の相関はみられなかった。要するに学歴とコミットメントの強さとの関連については一義的に取り扱うことができない。

　他方、入信年代および現在の年齢とコミットメントの強さとのあいだには、性別、入信時年齢、入信世代、学歴、職業にかかわらずおおむね相関関係をみることができた。もちろん入信年代が古ければ現在の年齢も高くなる傾向にあるわけで、事実両者のあいだには強い相関がみられるのであるが、現在の年齢にかかわらず入信年代が古いほど、また入信年代にかかわらず現在の年齢が高いほどコミットメントは強くなる傾向がみられるのである[10]。すなわち入信年代と現在の年齢とは、相互に独立して、また相乗しあってコミットメントの強さとのあいだに相関関係を有しているといえる。

　高年齢者ほど一般に宗教（的なもの）へのかかわりが強くなる傾向は、これまでのいくつかの調査によっても指摘されてきたところである[11]。この傾向の分析それ自体が宗教社会学の1つの重要なテーマとなるべき性格のものと考えられるが、あまりにも常識化しているためか、その原因または理由についてさらに深く検討した実証的研究はほとんどなされていないのが実状である[12]。われわれもこのテーマに関しては残された問題として後日を期すことにして、ただこの宗教的コミットメントの一般的傾向が現在の「大本」の信者にもあてはまることを指摘するにとどめたい。

　入信年代とコミットメントの強さとの関連についてはどのように考えるべきであろうか。ひとつにはコミットメントの弱い信者、すなわちあまり熱心でない信者は

表28 入信動機とコミットメントの強さ
（信者類型）との相関 ％（実数）

％（実数）		宣伝使	一般信者	周辺の信者	
動機1	はい	18.3（11）	68.3（41）	13.3（8）	VC＝173 χ² Sig＝0.023 GAMMA＝0.062
	いいえ	26.5（30）	46.9（53）	26.5（30）	
動機2	はい	14.8（8）	44.4（24）	40.7（22）	VC＝173 χ² Sig＝0.000 GAMMA＝−0.481
	いいえ	27.7（33）	58.8（70）	13.4（16）	
動機3	はい	25.0（5）	75.0（15）	0.0（0）	VC＝173 χ² Sig＝0.034 GAMMA＝0.363
	いいえ	23.5（36）	51.6（79）	24.8（38）	
動機4	はい	40.0（6）	60.0（9）	0.0（0）	VC＝173 χ² Sig＝0.063 GAMMA＝0.548
	いいえ	22.2（35）	53.8（85）	24.1（38）	
動機5	はい	60.0（9）	33.5（5）	6.7（1）	VC＝173 χ² Sig＝0.002 GAMMA＝0.649
	いいえ	20.3（32）	56.3（89）	23.4（37）	
動機6	はい	30.0（3）	60.0（6）	10.0（1）	VC＝173 χ² Sig＝0.627 GAMMA＝0.256
	いいえ	23.3（38）	54.0（88）	22.7（37）	
動機7	はい	42.9（3）	28.6（2）	28.6（2）	VC＝173 χ² Sig＝0.339 GAMMA＝0.152
	いいえ	22.9（38）	55.4（92）	21.7（36）	

VC＝VALID CASES
動機1「家族の影響で自然に」動機2「自分の意志ではなく」動機3「祖霊をまつるため」動機4「不思議な経験をして」動機5「教えにひかれて」
動機6「信者の人柄にひかれて」動機7「悩みの解決を願って」

信仰が持続せず時の経過とともに脱落してゆき、コミットメントの強い信者、すなわち熱心な信者ほど信仰を持続する結果であるとも考えられる。しかしまた、時の経過とともに信仰が深まり名目的で周辺的な信者が実質的信者となり、さらに指導者的信者となってゆく可能性も否定できない。われわれの今回の調査では、脱落者あるいは脱退者についてはまったく対象とすることができず、また現在の信者に関してもその信仰生活のライフヒストリーの側面にまではほとんど探究が及ばなかったために、この点についてはコメントできない。

しかしながら第3節で考察されたような入信年代と入信動機（契機）との関連から入信年代とコミットメントの強さとの関連を考えてみることもできる。「教え」とか「不思議な体験」のように、惰性的な日常的生活態度に衝撃を与えてその見直しを迫

第Ⅱ部　日本宗教の構造と諸相

表29　入信動機と入信年代との相関

動機		〜'45年	'46〜'55年	'56〜'65年	'66年〜	
動機1	はい	38.7 (12)	23.9 (11)	45.7 (21)	34.7 (17)	VC=172 χ^2 Sig=0.178 GAMMA=−0.056
	いいえ	61.3 (19)	76.1 (35)	54.3 (25)	65.3 (32)	
動機2	はい	25.8 (8)	28.3 (13)	34.8 (16)	30.6 (15)	VC=172 χ^2 Sig=0.843 GAMMA=−0.072
	いいえ	74.2 (23)	71.7 (33)	65.2 (30)	69.4 (34)	
動機3	はい	9.7 (3)	10.9 (5)	6.5 (3)	16.3 (8)	VC=172 χ^2 Sig=0.492 GAMMA=−0.150
	いいえ	90.3 (28)	89.1 (41)	93.5 (43)	83.7 (41)	
動機4	はい	22.6 (7)	10.9 (5)	6.5 (3)	2.0 (1)	VC=172 χ^2 Sig=0.018 GAMMA=0.565
	いいえ	77.4 (24)	89.1 (41)	93.5 (43)	98.0 (48)	
動機5	はい	19.4 (6)	13.0 (6)	4.3 (2)	2.0 (1)	VC=172 χ^2 Sig=0.025 GAMMA=0.575
	いいえ	80.6 (25)	87.0 (40)	95.7 (44)	98.0 (48)	
動機6	はい	6.5 (2)	6.5 (3)	4.3 (2)	6.1 (3)	VC=172 χ^2 Sig=0.968 GAMMA=0.041
	いいえ	93.5 (29)	93.5 (43)	95.7 (44)	93.9 (46)	
動機7	はい	6.5 (2)	4.3 (2)	2.2 (1)	4.1 (2)	VC=172 χ^2 Sig=0.830 GAMMA=0.156
	いいえ	93.5 (29)	95.7 (44)	97.8 (45)	95.9 (47)	

り、それ故にいったん人の心をとらえれば強いコミットメントを促すと思われるものに関わる動機は、もともと少ないところに加えて近年になるほど顕著に減少している。それに対し、特定の創唱宗教の性格であるよりは基層宗教的性格が強く、その分日常的生活態度に適合しやすくて人々に受け入れられやすいけれども、その反面においてコミットメントの強さとの相関はそこそこにとどまると思われる動機(祖霊祭祀)は、入信年代の新旧とのあいだに相関が認められない。また、入信にあたっての主体性が欠けており、それ故にコミットメントを促さないと思われる「動機」(自分の意志ではなく) や、コミットメントの強さとのあいだにほとんど相関が見出せないその他の動機あるいは契機も、入信年代の新旧とのあいだに相関が認められない (表28・29)。

　コミットメントの強さに大きな影響を与えると思われる積極的な入信動機が減少する傾向は、社会一般が脱宗教化していることをあらわしているのか、あるいは単に現在の「大本」が直面している現象であるのか、にわかには判定し得ないが、それらの動機の絶対数がそもそも少ないにもかかわらず、現在の「大本」の宗教的雰囲気の推移を象徴的に表明していると理解できるのではあるまいか。しかしながら

第2章 新宗教の日常化

現年齢（16〜30、31〜45、46〜60、61〜）とコミットメントの強さ（信者類型）との相関

性別	男	女					
VALID CASES	74	103					
GAMMA	0.463	0.748					
入信年代	〜'45年	'46〜'55年	'56〜'65年	'66年〜			
VALID CASES	31	46	46	49			
GAMMA	0.359	0.391	0.522	0.329			
入信時年齢	0〜15歳	16〜25歳	26〜35歳	36〜45歳	46歳〜		
VALID CASES	52	40	40	24	16		
GAMMA	0.597	0.787	0.604	0.828	0.0		
学歴	旧小	旧高小 新中	旧中 新高	短大 高専	大学	高以上 在学	
VALID CASES	17	47	71	5	7	8	
GAMMA	−0.063	0.665	0.643	0.667	0.200	／	
職業	自営	事務技術 管理	サービス 販売	生産工程 一般作業	主婦 家事手伝	学生 生徒	無職
VALID CASES	31	18	18	76	48	8	14
GAMMA	0.614	0.700	0.183	0.652	0.735	／	0.333
入信世代	第一世代	第二世代	第三世代以上				
VALID CASES	77	54	41				
GAMMA	0.662	0.513	0.633				

入信年代（〜'45、'46〜'55、'56〜'65、'66〜）とコミットメントの強さ（信者類型）との相関

性別	男	女					
VALID CASES	72	100					
GAMMA	0.586	0.691					
現年齢	16〜30歳	31〜45歳	46〜60歳	61歳〜			
VALID CASES	36	40	46	50			
GAMMA	0.609	0.146	0.391	0.540			
入信時年齢	0〜15歳	16〜25歳	26〜35歳	36〜45歳	46歳〜		
VALID CASES	52	40	40	24	16		
GAMMA	0.731	0.705	0.422	0.793	0.915		
学歴	旧小	旧高小 新中	旧中 新高	短大 高専	大学	高以上 在学	
VALID CASES	16	45	69	5	7	8	
GAMMA	0.932	0.398	0.580	0.714	0.636	0.0	
職業	自営	事務技術 管理	サービス 販売	生産工程 一般作業	主婦 家事手伝	学生 生徒	無職
VALID CASES	31	17	18	24	47	8	14
GAMMA	0.605	0.893	0.477	0.636	0.656	0.0	0.455
入信世代	第一世代	第二世代	第三世代以上				
VALID CASES	77	50	40				
GAMMA	0.559	0.687	0.613				

他方では、ある程度のコミットメントを促すと思われる動機あるいは契機とコミットメントをほとんど促進しないと思われる契機とはいずれも年代による増減が認められないことからすれば、「大本」信仰が衰微しているとは必ずしもいえないのである。

第5節　信仰意識と日常生活の適合

われわれが信者との面接でおおむね共通して受けた印象は、常識人のもつ人柄の温厚さであった。それは、ごくわずかの例外をのぞいて、われわれの調査に対するきわめて協力的な態度にも、新宗教を含めて他の宗教、宗派に対する寛容な態度にも、また、バランスのとれた生活感覚をおもわせる話の内容にも感じとれるものであった。この印象は、特定の宗教、とくに新宗教に自覚的なコミットメントを行っている人々に対して、そうでない一般の人々とは異なるイメージを、明確な形ではないにしろ、また無意識のうちにしろ、われわれが抱いていたことの裏返しでもあることはもちろんである。

100万の信者を数える新宗教が珍しくない今日において、信者数ではそれほど有力とも思われない「大本」が人々のあいだで、とくに知識人のあいだで少なからぬ関心をひいているとすれば、それは日本の急激な上からの近代化（資本主義化）の過程で諸々の社会的矛盾が噴出した大正・昭和初期において、「世の立替え立直し」を叫んで、広く民衆・知識人を糾合したといわれる、近代宗教史上数少ない社会変革志向のイメージと、天皇制権力によるこれまた類例をみないような徹底的な弾圧の前にその理想が挫折せざるを得なかったという苦難の教団史のイメージによるものであろう。事実、「大本」を論じてその「立替え立直し」の思想と2度にわたる大弾圧について語らぬものはまずないといってよい。われわれもまた、新宗教とよばれるもののなかでも特筆すべき思想と歴史とを背景にした特異な教団というイメージを、戦後の再発足後すでに30余年を経た1980年現在においても暗黙のうちに描いていたことは否定できない。

本節は、「立替え立直し」の教義に端的に表明されているとされる「大本」の変革志向性と、現在の一般信者にうかがえる人柄のおだやかさとが、どのようにして結びあっているのかについて若干の考察を行おうとするものである。

第2章　新宗教の日常化

　天皇制権力によって信仰活動の停止を余儀なくされ、敗戦による天皇制権力の崩壊をまって再発足の機会を得た「大本」にとって、戦前の大弾圧をいかに意義づけるかという問題は、新生日本における新生「大本」の方向を占うものとして決定的な重要性をもっていたといえる。世界の出来事はまず「大本」に現れるという「大本」独特の「型の思想」にもとづく「神の経綸説」、すなわち敗戦による国家民族主義の崩壊が神のおしくみ（経綸）によってまず「大本」弾圧という形で現れたとする「信仰的な理解」は別にしても、「誤解説」すなわち『大本神諭』や『霊界物語』などに対するまったく当局側の誤解から弾圧がおきたとする見解を「問題の本質をとうてい把握することはできない」ものとして斥け、弾圧は「大本」の本質と権力の志向する方向とが相容れないものであったがための必然的帰結であるとするのが、『大本七十年史』のとる立場である。

　　……大本事件は、大本立教の精神にもとづき、世の立替え立直しをはげしい宗教情熱にもえて宣布したことにたいする、治安当局の弾圧であって、それはおこるべくしておきた事件であった。いわゆる非常時の激動期に、民衆的基盤にたって多彩な活動を展開し、社会の耳目をあつめた大本および大本系諸団体にたいして、当時の権力が、運動内容からさらに大本の神観・世界観を調査し、国家治安の上から鉄槌をくだすにいたったこの事件には、昭和史をいろどるファシズムの実態と矛盾とがはっきりと露呈されている。そこでは大本の教義・運動にみいだされる現状打破の欲求が、民間ファシズムの動きと対応しながら、権力内部の抗争にまきこまれたところに、事件を必然たらしめたものがみいだされる。運動の形態とその拡大には、まさに眼をみはらせるものがあった。運動から教義への当局による調査には、故意な曲解がふくまれていたが、にもかかわらず大本の本質には、権力の志向する方向とは相容れないものがあった。むしろ大本が弾圧され、そのなかに発揮された信仰の光にこそ大本のかがやける伝統がやどされている。（大本七十年史編纂会編 1964-67 下, 709）

　このように『大本七十年史』は、民衆的基盤にたった「立替え立直し」の思想と国家権力とのあいだの基本的な異質性を強調し、弾圧を受けたことにむしろ積極的な意義を付与して弾圧「必然説」の立場にたとうとしているのである。このこと自

表30　弾圧観

「あなたは現在、戦前の大本弾圧事件をどのように考えていますか。お考えに近いものを1つ選んで下さい。」　　　　　　　　　　　　　　　　　　　　　　　　　　　％（実数）

- (1) 大本の教えが、当時の政府の方針と合わない点があったため、必然的に弾圧をうけた……33.1 (60)
- (2) 大本教への誤解や中傷によってひき起こされたものである……………………………18.8 (34)
- (3) 社会的な原因より、むしろ、神の御経綸として起こされたものである……………14.4 (26)
- (4) わからない………………………………………………………………………………22.7 (41)
- (5) あまり関心がない…………………………………………………………………………3.3 (6)
- (6) その他の意見………………………………………………………………………………6.6 (12)
- (7) N. A. ………………………………………………………………………………………1.1 (2)

N=181

体、「大本」内部において弾圧の意味をめぐる意見が必ずしも統一されていないことを示唆している。われわれの調査でも明確な回答をなしえないケースが多数あることは別にして、「必然説」がもっとも多く、「誤解説」「神の経綸説」がそれに続く（表30）。だが、このことをもって現在の信者に権力への抵抗の思想、体制の変革志向が受け入れられていると結論することは、早計である。

　理想社会である「みろくの世」の実現に至る「立替え立直し」の過程についても、弾圧観と同様、信者のあいだでとらえ方が異なることは、当然に予想される。これは必ずしも信者の教義理解に深浅があるからというだけではなく、長い教団史における教義の整序過程において、きわめて終末観の強いメシア主義的な主張から、一人一人の心の変革といったものまで、さまざまな解釈を可能にするような契機が多数含まれているからである。われわれの調査では、「大本」初期の神秘主義的で終末論的な色彩の強い「立替え立直し」観や、逆に「みろくの世」を実現しえない永遠の理想とするような解釈はさすがに少なかった。しかし、信者が連帯して積極的に社会変革に関わろうとする態度よりも、開祖、聖師、教主の神的・霊的な力への依存の姿勢や、個人のレベルでの心のもち方の問題としてとらえようとする傾向が顕著にみられるのである（表30・表31）。

　ところで、先にみた三種の弾圧観と「立替え立直し」観との関連をみれば、どちらについても明確な判断を行ったケースが約半数と少ないことに問題は残るが、いずれの弾圧観を採用しようとも、それは「立替え立直し」観とはほとんど何の関連もないことがわかる。すなわち、「必然説」「神の経綸説」「誤解説」のいずれに立とうとも社会変革への志向性は小さく、心の「立替え立直し」説に与するケースが多いのである（表32）。このことは、弾圧必然説に立つことが必ずしも『七十年史』が

第2章 新宗教の日常化

表31 「立替え立直し」観

「あなたは『みろくの世』についてどのように思っていますか。あなたの考えに近いものを1つ選んで下さい。」   ％（実数）
(1) この世は悪の世であり、神様がそれをいちどに立替え立直しされて、みろくの世が実現する ………………… 5.5（10）
(2) 信徒が力をあわせて神の御用をすれば、みろくの世は必ず実現する……………………… 11.6（21）
(3) 開祖・聖師・三代教主様の御神格、お働きによって、この世はすでにみろくの世に近づいている ………………… 12.7（23）
(4) 心の立替え立直しができれば、その人にとってこの世はみろくの世である…………… 32.6（59）
(5) みろくの世とは完全に実現することは不可能な、永遠の理想である……………………… 5.0（9）
(6) あまり関心がない……………………………………………………………………………………… 5.5（10）
(7) わからない……………………………………………………………………………………………… 12.2（22）
(8) その他の意見…………………………………………………………………………………………… 13.3（24）
(9) N. A. …………………………………………………………………………………………………… 1.7（3）

N＝181

表32 弾圧観と「立替え立直し」観との相関

弾圧＼立替え立直し	1	2	3	4	5
1	9.3 (4)	14.0 (6)	20.9 (9)	46.5 (20)	9.3 (4)
2	10.3 (3)	17.2 (5)	17.2 (5)	48.3 (14)	6.9 (2)
3	11.1 (2)	11.1 (2)	16.7 (3)	55.6 (10)	5.6 (1)

％ VALID CASES＝90
（実数） χ^2 Sig＝0.998

＊「弾圧」「立替え立直し」の番号は、それぞれ表30「弾圧」観、表31「立替え立直し」観についての質問の選択肢番号である。

強調するような弾圧への意義づけを行っていることにはならないことを示しているといえよう。信者によって選択された「弾圧必然説」そのものの内容を問うてみるという課題が今後に残されるのである。

ただ『神諭』は「立替え立直し」の具体的な方策として「われよし強い者勝」の風潮を激しく責め、「改心」を強烈に迫っている。しかしそれは「型の思想」とも関連して、世界の「立替え立直し」のためには日本の「立替え立直し」を、日本の「立替え立直し」のためにはまず「大本」のそして個々の人々の「立替え立直し」を、という論理となっているのであり、自分の心を変えればそれで十分というわけでは決してなかったろうと思われる。心のもちようで世界も変わるという考え方は日本の民衆宗教一般に認められるところであるが、「大本」がそうした新宗教からは突出

表33 関心のある話題
(支部祭に参加する信者129ケースのうち各話題につき関心あると答えたものの割合)

「支部祭などであつまったとき、主にどのような話題に関心をおもちですか」
(1) 毎日のなりわいのこと……………………………25.6 (33)
(2) 政治や社会のこと……………………………… 7.0 (9)
(3) 大本の教えや霊界のこと………………………37.2 (48)
(4) 開祖さまや聖師さまのこと……………………18.6 (24)
(5) 現教主や日出麿先生のこと……………………27.1 (35)
(6) 本部や本苑で役についておられる方のこと…… 3.9 (5)
(7) 本部の方針や伝達事項…………………………28.7 (37)
% (実数)

した存在として評価されてきたからこそ、多くの人々の興味と関心とをひいてきたはずである[13]。

　以上のように、現在の末端の「大本」信者には「立替え立直し」の思想は必ずしも社会の変革との関連では受容されていないといえるのであるが、この傾向はさらにいくつかの調査項目をみることによっていっそう明確になるであろう。支部の月次祭で強い関心をもっている話題に関する回答では、政治や社会への関心はきわめて小さい (表33)。われわれの参与観察でも、支部の月次祭の集まりで時事問題が話題になることはまずなかったことを経験している。さらに現在の「大本」信仰の理由になっているか否かを6項目について尋ねた場合にも、「立替え立直し」は信仰理由としてはもっとも少ない部類に入るし (表34)、「大本」信者でない人に対して「大本」の良さを「宣伝」するのに主として何を強調するかという質問にも、「立替え立直し」をあげた回答はあまり高い順位にないのである (表35)。こうした傾向は「立替え立直し」が心の持ち方の問題として考えられているという以上に、「大本」の中核的思想であろうと予想されたこの思想そのものが、現在の「大本」信仰にとってはそれほど大きな位置を占めていないことを示しているといえる。

　さらにこれらの質問への回答傾向には、現在の「大本」信仰の別の性格もみてとることができる。すなわち、一般に新宗教においては大きな要素をなしていると考えられている「おかげ」や悩みの解決といった現世利益の占める位置は小さく、逆にその具体的内容は明らかではないが、「心の支え」「人生の目的生きがい」といった人生への意味付与的要素や、「先祖祭祀」「家の宗教」「家族の平和」といったイエあるいは家族に関わるものの占める割合が大きくなっているのである。また、開祖、

第2章　新宗教の日常化

表34　大本信仰の理由
（それぞれの項目について全対象者に対する割合）

「あなたが今、大本を信仰しておられる理由についておたずねします」	「はい」への回答者
(1)　心の支えになるから	77.3　(140)
(2)　おかげがいただけるから	51.4　(93)
(3)　家の宗教だから	69.1　(125)
(4)　先祖をおまつりするため	78.5　(142)
(5)　死後霊界に行けるから	49.2　(89)
(6)　世の立替え立直しの御神業に参加できるから	53.6　(97)
	%（実数）

表35　「大本」の良さ
（それぞれの項目について全対象者に対する割合）

「未信者に大本の良さを宣伝されるとすれば、何をもっとも強調したいですか。」
(1)　病気や生活苦や人間関係のいざこざなどが解消すること　6.1　(11)
(2)　親しい人やたよれる仲間ができること　8.8　(16)
(3)　人生の正しい目的や本当の生きがいが見出されること　35.4　(64)
(4)　先祖の霊を正しくおまつりすることができること　30.4　(55)
(5)　死後も霊界にすめること　7.7　(14)
(6)　正しい信仰を得て、世の立替え立直しのための神の御用に参加できること　13.8　(25)
(7)　家族が日々平和に暮らせること　24.3　(44)
(8)　王仁三郎聖師の未来予言や霊的能力のこと　7.7　(14)
(9)　とくにない　11.6　(21)
%（実数）

聖師に関わる事柄の比重が小さいことも案外であった。

　一般的にいえば、現世利益など新宗教を特徴づけるとされるものや、「大本」を他のいかなる宗教でもなくまさに「大本」たらしめているはずのキャラクターや教義の比重が小さくなり、逆に一方においては日本の基層宗教的要素、他方においては宗教、あるいは特定の宗教を必ずしも特徴づけるものではない性格のものの比重が大きくなっているといえるのである。

　「心の支え」や「人生の目的生きがい」が強調される傾向があるといっても、そのことをもって「大本」信仰が信者の人生観や世界観の中核として確固とした位置を占めているともいいがたい。自己の宗教的信念を非妥協的に保持していこうとするよりも、他信者との融和を優先させようとする傾向のほうが顕著であるからである（次頁表36）。この点についてはインテンシブな調査を行っていないので確かなことはいえないが、「心の支え」「人生の目的生きがい」といったものも「大本」の教義と密接に結びあった明確なものではないのではないかと推測される。

157

第II部　日本宗教の構造と諸相

表36　信仰の堅固さ

「もし、信仰について、誰か他の信者の方と意見のあわないようなことがあったら、あなたはどうなさいますか。」	%（実数）
(1)　不和のないように相手にあわせるだろう	39.2 (71)
(2)　信仰が第一なので妥協しない	14.9 (27)
(3)　相手による	24.3 (44)
(4)　その他	13.8 (14)
(5)　DK. NA	7.7 (14)

表37　信者のつきあい

%（実数）	なし	形式的	部分的	全面的	VALID CASES
支　部	21.8 (36)	31.4 (60)	26.7 (44)	15.2 (25)	165
親　戚	2.8 (5)	16.9 (30)	49.2 (87)	31.1 (55)	177
職　場	／	36.6 (34)	46.2 (43)	17.2 (16)	*93
隣近所	0.0 (0)	37.8 (65)	45.9 (79)	16.4 (28)	172

＊＝就労者のみ

　それに対し、既成、新興を問わず、日本の宗教に共通してみられる性格のものは、「大本」信者のあいだでもきわめて大きな位置を占めているようである。われわれの調査票の質問項目には用意されていなかったけれども、聴き取りにおいてある支部長が強調したのは、信者あるいはその家族に死者が出た際に、支部員はもっともよく集合しよく活動するということであった。すなわち、「大本」信仰も死者の祭祀にもっとも活性化するというわけである。

　それに対し、生者たちどうしの交渉は、それほど緊密ではないようである。「大本」信仰の良さとして「親しい人やたよれる仲間ができること」を強調するケースが少なかったことからもうかがわれることであるが、信者どうしの日常生活でのつながりは、親戚とのそれとはもちろん、仕事仲間や近隣集団でのつきあいと比較してもとくに強いとはいえない。全面的なつきあいはもちろん、さらに部分的なつきあいを加えても、つきあいがないか形式的なつきあいにとどまる場合のほうがかなり多くなっているのである[14]（表37）。支部員は相互に親類縁者である場合が多く[15]、そのために親戚間の緊密な結びつきが支部員間の交渉の程度を示す数字に反映している可能性を考慮すれば、純粋に同支部員としてのみのつきあいは、実際にはさらに希薄なものにとどまっているのではあるまいか。

第2章 新宗教の日常化

表38 教団への満足度

現在の大本教団についてどうお考えですか。次のうちから近いものを選び、さらにご自由に意見をお聞かせ下さい。							
(1)満足	(2)やや満足	(3)やや不満	(4)不満	(5)あまり関心がない	(6)わからない	(7)N.A	計
30.4	21.0	7.2	2.2	16.6	19.3	3.3	100%
(55)	(38)	(13)	(4)	(30)	(35)	(6)	(181)

　これまでの考察をまとめれば、現在の「大本」信仰はその特異性もしくは独自性をほとんど欠落させ、逆に日本の宗教的伝統に接近して、信者以外の人々と共有する生活領域に特定の（新）宗教を信仰することにともなう違和感をもちこむことなく、日常生活によく適合するものとなっているといえる[16]。信者間のつながりが他の生活領域でのつきあいに比べてとりたてて緊密というわけではなく、また信者どうしあるいはその家族どうしの婚姻もわずかである[17]ことは、信者集団が閉鎖的でないことを示している。われわれの出会った「大本」信者の圧倒的多数が、部外者をして時には嫌悪の情をもよおさせるであろう「狂信」ぶりをみせることはなく、また時には畏敬の念を喚起するであろう宗教的情熱を感じさせることも少なく、ただ生活人の円満な人柄を印象づけるのもこのためであろう。現在の「大本」教団に対して満足している信者と特別な感情をもたない信者が多く、不満を表明する信者がごく少数である（表38）のも、かえって現在の「大本」信仰が慣性化していることを示していると理解されるべきものではなかろうか。

　教団史の長さからしても、突出したところのない信仰意識・実践からしても、また低い布教意欲（第3節参照）からしても、新宗教というよりもむしろ既成宗教的な色あいの濃い現在の「大本」が堅実な安定期にあるとみるか、あるいは歴史的使命を終えて衰退期に入ったとするか、はたまた再生賦活をめざす自己変革の胎動を隠した一時の静けさにあると考えるかは、評価の分かれるところであろう。ただ、社会（変革）志向性が著しく後退していると思われる現在の「大本」が今なおひとつの社会的勢力として機能する可能性を検討しておきたい。

　昭和54年（1979）10月の衆議院議員総選挙における京都1区の各政党得票率と同区在住の調査対象信者の政党別投票率とを比較すると顕著な特徴がみられる。公明党への投票が少ないことは、公明党の支持母体である創価学会の会員が「大本」信者にはいないことからして当然であるにしても、新自由クラブへの投票率が1区全体のそれにくらべてきわだって高くなっているのが注目をひく（次頁表39）。実は、

第Ⅱ部　日本宗教の構造と諸相

表39　投　票　(1)

%
(実数)

	自民	新自ク	民社	公明	社会	共産	その他
大　本	21.8 (19)	37.9 (33)	8.0 (7)	2.3 (2)	8.0 (7)	21.8 (19)	0.0 (0)
京都1区	24.3	7.5	13.3	15.3	10.6	27.2	1.8

表40　投　票　(2)

%

支部	甲	乙	丙	丁
新自ク	25.0	14.3	53.8	45.5
その他	75.0	85.7	46.2	54.5

VALID CASES＝87
χ^2 Sig＝0.0142

　この選挙での新自由クラブからの立候補者は「大本」と関係が深い人物であった。京都本苑では、組織だってではないが、幹部役員が縁者の「よしみ」(ある幹部の言葉)で信者に対し投票を働きかけているのである。それが一定の効を奏したといえるのであるが、さらに興味深いのは、新自由クラブへの投票率を支部のあいだで比較した場合、かなりのバラつきが認められるという事実である。新自由クラブへの丙丁両支部の投票率は 50％前後に及ぶのに対し、甲乙両支部のそれは、それほど高くない（表40）。

　この投票率のバラつきの依って来たる原因を確定することは困難であるが、1つの仮説を立てるデータはある。というのは、新自由クラブへの投票率が相対的に高い丙丁両支部では両支部長とも新自由クラブに投票しているのに対し、相対的に低い甲乙両支部では両支部長とも新自由クラブには投票していない、という事実が判明しているからである。もとより推測の域を出るものではないが、丙丁両支部では支部長による信者への積極的な働きかけが行われ、甲乙両支部ではそれほどではなかったと考えるのは、そう強引とはいえないであろう。

　仮にこのような推論が当たっているとするならば、さらに次のような仮説を設定することができよう。まず、既成宗教的色彩が強くなっているとはいえ、仏教教団のような純粋な既成教団とはちがって、現在の「大本」は信者の日常生活での選択的行為に対しても一定の実質的影響力を発揮しうること、したがって仮に集票機能のようなある限定された領域でではあっても、なおひとつの社会的勢力となりうる、

第2章　新宗教の日常化

ということである。さらに、一般信者への影響力は、支部長クラスを媒介としなければ十分とはなりえないということと、それにもかかわらず影響力行使の分野によっては支部長が必ずしも上部組織と信者とをつなぐパイプとして機能しない、ということである。

　教団本部・本苑と一般信者とのパイプ役としての支部長の役割が大きいと考えられるにもかかわらず、支部長が必ずしも忠実なパイプ役として機能しないとすれば、それは現在の「大本」では、少なくとも地方レベルにおいては、既成化の傾向にもかかわらず、おそらく組織化あるいは官僚制化がそれほど進んでいないことによると思われる[18]。支部は厳密には地域割ではなく、主として入信過程における人的なつながりから構成されている。第1節でもふれられたように、支部長も形のうえでは教団本部の総長によって任命されるとはいえ、実質的には支部員間の合意によってのみ選定されている。つまり、支部長が教団組織の管理機構の一端をにない、一般信者に対して支配・統制を加えるといった性格はごく小さいといえるのである。

　上から下へのパイプとしては必ずしも十分に機能しない非官僚主義的な支部長のあり方は、かえって一般信者にとっては、人間関係的によそよそしいものではないわけで、そのエネルギーを逆に下から上へと導くパイプとしてはむしろいっそう有効なものとなる長所をもっていると考えられる。それにもかかわらず、下から上へとエネルギーがわきあがることなく、時々はパイプがつまりながらも上からの働きかけによってのみ結集される社会的勢力というのは、国家権力をして恐怖あるいは嫌悪せしめた民衆宗教のかつてのチャンピオンというイメージにはなかなか重なりがたい。

　最後に本節の分析から生じるかも知れない誤解を避けるために一言しておきたい。すなわち、従来「大本」のもっとも顕著な特徴のひとつとされてきた社会（変革）志向性が少なくとも現在ではほとんど見出せないことを指摘してきたのであるが、われわれにはこのことをもって（現在の）「大本」を貶価する意図は、当然ながらまったくないということである。要するに今回の調査によって得られたデータからは、従来の「大本」像は浮かんでこないことを指摘したにすぎない。われわれは、現在の「大本」信仰における社会（変革）志向性の少なさを、社会（変革）志向性の後退、すなわち「大本」信仰の変容という方向で一応とらえてはいるが、もともと「大本」がそれほど社会（変革）志向性の強い宗教ではなかったのかも知れないという可能性も含めて、あくまでも「事実」の分析に関わる報告であることを断わっておきたい。

161

第Ⅱ部　日本宗教の構造と諸相

第6節　まとめ

　戦後の大本および京都本苑について略述し (第1節)、つぎに、当該信者の社会的属性について、それが格別の特異性をもたないことをみた (第2節)。第3節では、日本の伝統的な信仰の基層にあり、かつ大本のそれとも共通であると考えられる信仰パターンが、対象において高い比率で意識化され実践されていることをみた。それは、連続し永続するものとしての霊への信仰であり、神および祖霊を家でまつることであった。信徒数の減少はないが、家族単位でのメンバーシップはほぼ固定化していた。入信時の状況および動機をみると、いわゆる「病・貧・争」の剥奪体験からの救済を求めての入信は少なく、現在に近づくにつれ皆無に近くなってきている。そして、自らはとくに悩みをもたないまま、家族の影響で、家の宗教としての大本を受容する者が戦後、各時期を通して大部分を占めたのであった。第4節では、コミットメントの強さによる信者の類型化が試みられた。活動において、熱心層ともいいうる宣伝使層が四半分をなし、朝夕の礼拝・祝詞を通して日々の生活のうちに信仰を浸透させている堅実な一般信者層が半数強を占め、信仰不熱心といいうる周辺信者層は残りの四半分弱をなしている。宣伝使層は高年齢で入信年代の古い者が多く、一般層では女性の占める割合が大きい。第5節では、当該信徒の信仰意識と今日の日常生活との適合状況が明らかにされている。すなわち「大本弾圧事件」についての認識は観念化され、「みろくの世」「立替え立直し」の教えについては、それをまず「心の立替え立直し」の問題ととらえる解釈を受け入れることを通して、日常生活における実践的意味をほとんど無化しているのである。この「解釈」自体が誤ったものとはいえないのであって、それを受け入れつつ、生活者たちはさらにそれを実践的に無化しているのである。

　上記のような現代の大本信者像は、従来の研究によって示された大本像とは著しく異なるものであろう。従来の研究が多く戦前を対象とするものであったことを理由に、この相違をそのまま歴史的「変化」としてとらえてよいものであろうか。しかし、研究方法の違い——すなわち、従来のそれは指導者の言説やティピカルな事件を中心とする文献資料によるものであった——の意味は大きく、この2つの大本像はそのまま同一の時間軸の上には並べられないものかも知れない。一般信徒レベ

第2章　新宗教の日常化

ルにおいては、大本信徒のあり方は戦前も戦後も顕著な相違がなかったという可能性も否定できない。この問題についてわれわれはここで結論を見出すことはできないが、現在もいまだ数多くおられる戦前からの信者を対象とする新たな調査により有効な回答が見出せる可能性があるだろう[19]。

　上記のような大本信徒像[20]をわれわれはどうとらえるべきであろうか。「民衆」のうちに「土着的」な「反権力」や「変革」の思想を期待する人々は失望するであろう。「究極的関心」によって宗教を定義する人々は、そこに矛盾や自己欺瞞を見出すであろう。しかしそこに、「聖」をも包含していく今日の日常性のありようが顕著にあらわれていることを見落とすべきではないだろう。それは、デュルケムのいうごとき「聖」を隔離したものとしての「俗」ではない。教義の「究極性」が「解釈」と「実践」を通して貫徹されるのでもなく、「聖」と「俗」が二元的世界を構成しているのでもない。聖性は、まさに一般信徒の「解釈」と「実践」を通して、日常性のうちに抱きとられている。そしてこの状況は、本部における「指導」権の争いをはるかに置き去りにして進行しているともいえるのである。

　現代における1つの新宗教のこのような信仰のあり方は、さらにそれを包含するものとしての、われわれの日常性のもつ力動性、歴史性の把握を要求しているように思われる。

第Ⅱ部　日本宗教の構造と諸相

付記

和歌山大学・池田昭教授には、教団への紹介の他、種々のアドバイスをいただいた。改めて御礼申し上げたい。

注

1) 執筆分担は、第1・3・6節—飯田、第2・4・5節—芦田である。しかし論文全体について両者が共同で責任を負う。
2) 調査の計画・実施には、飯田・芦田の他、安野早巳、増川利博が共同であったった。他に若干名の学部学生の協力を得た。
3) 京都本苑の谷幸太郎氏、故・児島一統氏、教団本部の出口三平氏、植村彰氏、他協力をいただいた方々、面接に応じてくださった方々に改めて御礼を申し上げたい。
4) 投票選挙は「最悪の場合」すなわち話し合いで円満に結論の出ない場合に行われる。
5) 教主および斎司家の当主（図1参照）以外はすべて平信徒とされている。
6) 1世帯平均の調査対象年齢該当者2.86名に対し、信者は2.57名。
7) 第二世代以上の信者は、15歳までに58.1%が、また25歳までに76.4%が入信手続きをしている。
8) 鈴木広(1970)の福岡市における創価学会研究は、信者の社会的属性について具体的データを提供している数少ない実証的研究の1つである。そこで鈴木は、創価学会を「都市下層」の宗教集団（1970, 276）と規定している。しかし残念なことに、鈴木の調査対象者が各世帯における「信仰の中心者」であるのに対し、われわれは各世帯の全信者を対象としたため、ただちに比較検討することはできない。
9) 宣伝使42名のうち、朝・夕拝を毎日行っていないのは2名である。
10) 現年齢および入信年代とコミットメントの強さとの相関については第4節末尾の表を参照。
11) たとえば、5年ごとに行われている統計数理研究所の「日本人の国民性」調査、およびNHK放送世論研究所の「日本人の意識」調査を参照。
12) われわれが知りえた唯一のものは、山梨県下の一集落で試みられた老齢生活調査にもとづく森岡清美の報告である（1975, 120-130）。彼は、老人の宗教性を「若い時に受けた宗教的環境の感化」、老人にとっての「家庭内の役割分担」（主な仕事は、仏壇・神棚の世話、寺詣り、子守りなど）の2要因、とくに後者との関連で論じ、逆に老後の生活の支え、意味付与といった要因にはあまり重要性を与えていない。しかし森岡みずからも認めているように、調査の規模が至って小さく、一般化するには無理があろう。
13) たとえば森岡清美（1978, 9）は、「適応し順応する態度が卓越しやすい」わが国の宗教のなかでも、社会変革性をもった「突出した例」として、「天理本道」「灯台社」とともに「大本」をあげている。
14) 「全面的つきあい」とは、支部、親戚、職場、隣近所とも「なにかにつけ相談したり助けあえるようなつきあい」。「部分的つきあい」とは、支部では「支部の行事以外にも、互いに友人・知人としてのつきあい」、親戚では「気軽に行き来できるようなつきあい」。職場では、「仕事以外にも話しあったり遊んだりするようなつきあい」、隣近所では「あ

まり堅苦しくなく話しあえるようなつきあい」。「形式的つきあい」とは、支部では「おまつりなど行事のとき顔を合わせて話をする程度のつきあい」、親戚では「一応の礼儀をつくす程度のつきあい」、職場では「仕事に直接関係する範囲のつきあい」、隣近所では「会ったときあいさつする程度のつきあい」。これらのワーディングについてはNHK世論調査（NHK放送世論調査所編 1979b）の「人間関係」を参考にした。

[15] 49世帯115名（63.5％）が親戚に大本信者がいると答えているが、それらの大部分が同支部員である。信者の子弟が独立あるいは婚出によって別居することになっても所属支部が変わることはほとんどなく、同支部にとどまる。

[16] 柳川啓一は、「（新興宗教という言葉が）一般の人びとの蔑視的な感覚と結びつくのは、信者の人たちの熱狂的な信仰態度や、指導者たちの献身的な布教への情熱、さらにはそこにみられる宗教的ダイナミズムが、外部の人たちのなにか違和感・不安感をよびさますからじゃないでしょうかね」と述べている（桜井・柳川・森岡 1979, 10）。

[17] 信者どうしあるいはその家族員どうしの婚姻は8例が確認されたのみであった。

[18] 森岡清美は、新宗教教団の既成化による活力の喪失過程の1つに、教団維持に必要な組織化、制度化の進展にともなう官僚制化をあげている（日隈編 1978, 56-57）。

[19] われわれの調査においても戦前からの入信者がおられたが、戦後の入信者と比較して顕著な相違を示す項目はみられなかった。しかし、その事例は少数であるため、有効な言説はなしえない。

[20] 例外的な少数者について、本章ではほとんどふれえなかった。

第3章
生駒の宗教・探訪

第1節　民俗宗教・都市・生駒

　これまで、「民俗宗教」あるいは「民間信仰」は、主として伝統的な農（山漁）村の生活慣習の一部門として研究されてきた。しかし、戦後の高度経済成長によって村落共同体は解体の度を速め、「農民」は激減し、都市生活との平準化が顕著なものとなってきた。かくして「民俗宗教」は今日の平均的な大衆の生活慣習から消えてゆき、「都市化」「近代化」のいまだ十分に及ばぬとされる山間僻地ないしは島嶼部に研究対象を求めざるを得なくなってきた。「前近代」社会や村落生活と結びつけて考えるかぎり、「民俗宗教」は滅びゆくものであり、その研究も先細りとならざるを得ないであろう。

　しかし近年、都市における宗教民俗を固有の対象としてとらえてゆこうとする立場があらわれてきた（米山 1974; 1979、宮田 1981; 1982 等）。奈良・京都はいうにおよばず、東京・大阪・金沢等々、豊かな庶民生活の伝統をもつ都市は枚挙にいとまがない。したがって、このような諸都市においても多様な宗教民俗が観察されるはずであり、それらが現代都市民の生活とどのように関わっているかをみることは興味深い社会学的課題でもある。

　このような状況にあって、多種多様の信仰形態が雑居する生駒は、研究対象としてかなりユニークな位置を占めうると思われる。生駒山地が大阪という日本第二の大都市圏に包含される地域であることから、まず現代の大都市住民の生活状況と密着した信仰活動が見出しうる、という点があげられる。これまでいくつかの都市民俗研究が近世都市の宗教民俗ないし現代におけるその残存形態の調査に向けられてきたのに対し、よりヴィヴィッドな対象がそこにある。またそこは、現代都市一般というより、「日本の下町」ともいわれる大阪文化の独特のローカリティをも帯びているのである。

第Ⅱ部　日本宗教の構造と諸相

　つぎに、生駒山地は、古代からの神奈備信仰、神社信仰、修験信仰の交錯する歴史をもちながら、都市の雑駁な俗臭がつねに吹き寄せられるためか、伝統的権威といったものはそれほど尊重されず、とくに近世以降、時代時代でもっともマッチした方法で現世利益を提供しうる社寺が栄え、浮沈をくりかえしてきたのである。行者、霊能者による多くの中小教会はもちろん、今日、大寺社とよばれうる寶山寺、信貴山朝護孫子寺、石切神社でさえ、成立宗教としての教義、組織体系の上に安住するものではなく、非組織、不特定の都市大衆のもっぱら現世利益的な信仰欲求に支えられて繁栄しているのである。いわば生駒全山が現世利益信仰の一大マーケットであるということができる。

　生駒の民俗宗教についての研究は、これまできわめて乏しい（ここで「生駒の民俗宗教」というとき、生駒山地において基層宗教文化の上に展開する諸信仰活動であって、成立宗教化したものを除き、地場町村をこえて広い地域からの信者をひきつけているものをさす。また基層宗教文化とは民族のなかで共通でかつ潜在的な宗教的心性であり、アニミズムとシャーマニズムの2つの基本要素からなる、と仮定しておく）。生駒全域の民間信仰調査としては、戦前期の栗山一夫氏による一連の踏査記（栗山 1932; 1933; 1934-35）が今日でも唯一のものである。他には、小論文、エッセイが散見しうる（岡崎 1966、梁 1982、米山 1982）のみである。

　宗教社会学の会（代表、大阪大学教授・塩原勉）では、1981年度より生駒の民俗宗教の調査に取り組み、中間報告書『生駒の神々──現代都市の民俗宗教』（創元社、1985）を準備している。小論はこの会での共同調査と討議に負うものであり、生駒の神々がはらむ問題に読者の注意を喚起できれば幸いである。

第2節　生駒の神々・探訪

　生駒山地は、大阪平野の東にほぼ南北に連なり、その稜線は奈良県との境をなし、北端は京都府に接している。最高所でも生駒山頂の642メートルであり、とても深山幽谷とはいえない。大阪側は急な傾斜でいくつもの狭い谷をきざみ、麓まで都市化が完了している。奈良側は緩やかな起伏を示し、稜線近くまで田畑がつくられているが、山麓部へは少し遅れて大規模な宅地開発の波が押し寄せつつある。交通は鉄道、自動車道ともに利便であり、大阪の中心市街から20～30分で達することができる。寶山寺、生駒山頂および信貴山へはケーブルカーが通じ、稜線にはスカイラ

第3章　生駒の宗教・探訪

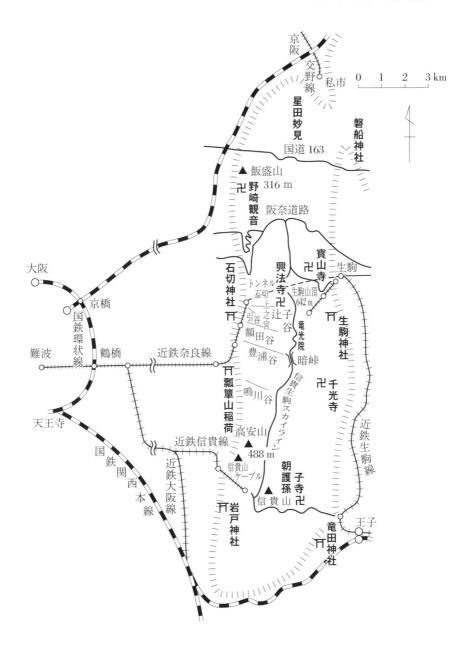

インが走っている（地図参照）。

　このような生駒山地はまた古くからの信仰の対象であり、かつ民俗的宗教活動の場でもあった。両山麓部には延喜式に記録される古社がベルト状にならび、古代の神奈備（神体山）信仰、水分（水源）信仰の歴史を示している。またそこは古くから修験信仰の場でもあった。役小角が葛城、大峰に赴く前の最初の修行地であったとされ、役行者を開基とする修験寺院（千光寺、興法寺等）や、彼が籠ったとされるいくつもの滝行場が今日も存在している。山中に数多くある自然のまたは人工的にもうけられた小滝の行場こそは、アニミスティックな山岳信仰に修験のシャーマニスティックな動態的要因を加えて、多様な民俗宗教を発展させる契機となってきたのではないか、と考えられる。

　生駒山地全域に民俗宗教施設が分布するとはいえ、いくつかの地域での多種の民俗宗教の蝟集、共生もまた顕著な現象である。石切神社、寳山寺、朝護孫子寺といった大寺社を中心とする地域、大阪側の辻子谷、額田谷、豊浦谷、鳴川谷の各谷筋、近鉄信貴山口駅付近一帯などがとくに密度の高い地域である。全容を紹介することはもとより不可能である。ここでは、そのうちもっとも密度が高い、石切神社から辻子谷を経て寳山寺に至る山越えのルートを辿ることによって、生駒の民俗宗教の特質を伝えることができればと思う。

　「デンボの神さん」、腫れものないし病一般の治癒の利益によって知られる石切神社（石切劔箭神社）は、近鉄奈良線石切駅から参道を約800メートル西へ下ったところにある。石切駅へは大阪ミナミの中心難波から鶴橋を経て20分あまりである。狭くうねりながら下る参道には、飲食店、日用衣料品店、易占店、和漢薬店などがつらなり、そのあいだには北向地蔵、耳なり地蔵、漢方薬店発願の「日本三番目大仏」「石切大天狗」などが点在する。この参道には有名観光寺社の門前とは異質な、ある種土俗的ともいうべき雰囲気がただよい、「現代都市」の表層下の隠された気流にふれる思いがする。

　参道は神社の正面にはつながらず、大鳥居・絵馬殿と本殿とのあいだに横から貫入している。本殿前で眼をひかれるのは、数十名の人々が真剣な表情でお百度めぐりをしている光景である。お百度以外にも絵馬、願かけ石、加持祈禱依願などの信仰行為もあるが、単に参詣のみの人々も多い。われわれの調査によると、祈願内容は家内安全、商売繁盛、入試合格といった一般的なものも多いが、やはり中心は本

人または家族の病気平癒である。また参詣者の多くは月参りなどの定期的、固定的な「石切さん」の信者であった。彼らは現世利益を機として、感謝のお礼参りを続けることによって、今後の無事息災、家内安全を祈っているのである。

さて、信仰活動の熱心さに比して、参詣者の中にこの神社の正式祭神名を知る人がほとんどいないという調査結果は興味深い。彼らにとって石切神社は御利益あらたかな「デンボの神さん」「石切さん」として有難いのであって、祭神名や由緒にはまったく関心がないのである。

この石切劔箭神社は延喜式神名帳に記載されている古社であって、饒速日尊(ニギハヤヒノミコト)、可美真手命(ウマシマデノミコト)二柱を祭神としている。記紀神話によると、天孫ニギハヤヒは生駒の哮峯(タケルガミネ)(諸説あるが生駒山頂とみるのが一般的)に降臨し、子神ウマシマデとともに物部氏の祖神とされている。またこの地は神武天皇が東征の途上、大和への侵入を企てナガスネヒコに退けられた孔舎衛(クサカ)(日下)坂のあたりとされる。ニギハヤヒはジンムが紀州をまわって大和へ進軍した後、義兄であるナガスネヒコを討って、ジンムに帰順したとされる。

神社の宮司は今日まで代々、物部氏の一支族木積氏によって継がれてきている。石切神社はその後、物部氏一族の神から地場諸村落の産土社へと性格を変え、維新後国家神道下では村社として位置づけられ、今も地元に氏子圏をもっている。

神社が腫物治癒の利益によって知られるのは幕末期からである。この時期に、現世利益と結びつく、修験的な祈禱や護摩の要素が習合され、大阪庶民の信仰をひきつけてくるのである。石切への参詣者は大正3年(1914)の大軌鉄道(今日の近畿日本鉄道)開通を機に飛躍的に増大し、参道街の形成もこのときよりはじまる。第二次大戦後は神道石切教として単立の宗教法人となり、戦後の世相にプラグマティックに対応して今日の発展をみている。この点、江戸中期より発展し、戦前まで生駒地域の代表的存在に数えられた星田妙見と瓢簞山稲荷の戦後の退勢は興味深い対照をなしている。

さて、参道を引きかえし近鉄線ガードをくぐって辻子谷方面へ探訪の足を向けよう。辻子谷とその支流である引谷、宮川谷の谷口付近には中小の諸教会が簇生し、その多くは滝行場をもつが、衰退しているものや実体不明のものもある。辻子谷と引谷のあいだの上鞍部には石切上之宮がある。背後の宮山とよばれる地は降臨したニギハヤヒを最初に祀ったところとされ、上之宮の地は宮山と本社との中間地点に

あたる (小林 1984, 238-239)。かつては石碑のみであったが、昭和 47 年 (1972) に社殿が再建され、参詣者が増えているという。引谷にまわると、入口付近、猫額の敷地に白光大神、浪切不動、水子地蔵が祀られている。その奥にはいくつかの滝行場があり、神道石切教会 (石切神社の神道石切教とは別)、明正教白光分教会、熊繁大神と刻まれた石塚などがあり、谷影の地形と滝の湿気とが一種異様な雰囲気 (行者や信者からすれば「霊気」というものになろうか) をかもし出している。滝では験力修行や祈禱、憑きもの落としが行われているという。さらに谷筋をたどると日蓮宗大安寺があり、その 200～300 メートル奥には滝を備えた石切金剛寺があるが、今は廃屋で麓部に移ったという。白光分教会から山腹沿いの道をたどると、落ち着いたたたずまいをみせる明正教本部がある。明正教は教派神道神習教の一分派である。神習教は中臣系の神道家に生まれた芳村正秉によって明治 14 年 (1881) にひらかれたもので、尊王思想と修験道をとり入れた独自の教義をもっている。今日の明正教本部では滝行は行われておらず、行場としての性格はむしろ白光分教会の方に移っている。

　さて辻子谷の谷口にもどろう。この付近には世界たすかるみち月日之宮本宮、天津三神宮といった小教会があるが、現在未詳である。辻子谷は修験の古刹である興法寺への参道にあたり、大正 3 年の大軌・生駒駅の開設前は寳山寺へ至る主要な山越えルートの 1 つであった。生駒西面の各谷筋には明治期以後、薬種等製粉加工のための水車動力の小工場が数多く発達した。辻子谷はそのなかで最多の水車を有し、昭和 18 年 (1943) には麓部まで含めて 37 を数えた (立命館大学地理学同好会編 1944, 335-353)。戦後これらの水車工場は急減し、現在では一基も動いていないが、水車を電力に変えた薬種製粉の小工場などがあり、谷筋に漢方薬の臭いをただよわせている。

　このような水車跡に戦後、在日朝鮮人の巫者 (ムーダン) たちが住みつき、水車を人工滝につくりかえて、朝鮮寺とよばれる小寺院を造っていった。辻子谷にはこのような朝鮮寺が 11 ある。下流から挙げていくと、白雲寺、明徳寺、成田の滝宝光寺、清谷寺 (真言宗)、妙覚寺 (真言宗醍醐派)、一成寺、慈雲寺 (高野山大師教会)、仁徳寺 (曹渓宗) となり、他に無名称の 3 寺がある。曹渓宗は韓国仏教のものであるが、これは自称であろう。日本仏教の宗派名はそれらの宗派から祈禱免状などを受けていることを示す。

　われわれが最初に辻子谷を訪れたとき (昭和 57 年 (1982) 7 月)、白雲寺では病気治しの巫儀を行っていた。太鼓やドラを伴うにぎやかなものである。おばあさんが、病気の孫と 3 名のポサル (菩薩) とよばれる巫女とスニム (僧任) とよばれるお経を読む

男僧をつれてこの谷に来て、寺を会場として借り、2～3日泊まりがけで行っているとのことであった。なお、白雲寺は今の持ち主である朴さん（釜山出身・女性）の母が昭和10年（1935）にこの谷のさらに奥に建てたものであり、例外的に古い歴史をもつ。朴さんは巫儀は行わず、寺はもっぱら貸し会場にしている。

　一方、清谷寺は持ち主の大村さん（忠清北道生まれ・女性、現在帰化）が、昭和27年（1952）ごろ亡夫とともに建てたものであり、自ら強い霊能をもつ巫者としてこの寺ばかりでなく大阪を中心に広く活躍している。寺の敷地は広いとはいえないが、建物、境内の諸施設などはよく整備されている。本尊釈迦像ほかの諸仏をまつる本堂、巫祭場、2棟の住居・宿泊施設が中心であり、滝、水子地蔵、観音堂、地蔵堂、鐘楼、土地神である巳（ミー）さんの小祠が付属し、本堂うらの小橋をわたると七星神をまつる堂、山神・海神をまつる小堂などがある。

　生駒には今回の調査によって、このような朝鮮寺が60ヵ寺余り見出された。持ち主・住職者の機能などはさまざまであるが、おおむね共通する特性は、機能的には朝鮮の民俗宗教の伝統につながる巫祭を行うことであり、形態面では、基本的には本堂、巫祭場、三神閣（七星神、山神、海神をまつる）、住居宿泊施設（巫祭場をかねる場合もある）と小滝を有する点である。一地域でのこのような密集は日本では他になく、韓国本国でも稀である。また仏寺としての外観（伝統的な寺院建築とはいえないが）と巫祭場としての内実の結合など、韓国でも報告されていない独自の類型を構成していると思われる。全国68万人の在日韓国朝鮮人のうち約18万人が大阪府に在住し、彼らの集住地区である大阪市生野区の鶴橋駅から交通利便の地であることが、このような生駒への朝鮮寺の集中の条件となる。

　しかしここでも、生駒山地のもつ宗教的雰囲気、「霊気」といったものがこれらの活動をひきつけ、朝鮮寺を形成させる要因になっていると考えることもできよう。アニミズム、シャーマニズムといった基層的宗教心性、山を霊地とする見方など、両民族のあいだの宗教意識の共通性に加えて、シャーマニックな修行のための小滝を造りやすいという自然的条件もあろう。戦前から生駒は、修験系、日蓮宗系、その他諸教の多くの行者が滝行をして籠るところであったが、このような滝行場や廃寺の跡に朝鮮寺がつくられる例も見出されるのである。辻子谷では妙覚寺がそれにあたる。住職の梁さん（済州島出身・男性）は修験行者としての性格が強く、生野区鶴橋の住所から通ってきている。

第II部　日本宗教の構造と諸相

　朝鮮寺のクライエントは、在日の中高年の婦人たちである。家族内の病気やトラブル、商売の繁盛やその他の障害など、生活上の切実な願意をもって巫儀を依頼するのである。現世の諸々の問題は、不幸な死に方をしたり、まつられない祖先や近親の死者霊の障りによると信じられ、巫儀はこのような諸霊への供養の形をとり、口寄せや病者からの悪霊払い、諸神の前での死者霊の審判、救いといったさまざまな祭次をもっている。韓国巫俗は地域によりいくつかの類型に分けられているが、生駒でわれわれが観察しえたものは、済州島出身の巫者たちによる同島での巫儀のパターンが基本となっているものであった。巫儀は短いものもあるが、生駒では長時間のものが多く、2～3日から10日近くかけて、泊まりがけで行われるのである。

　さて、辻子谷で車が入れるのは谷から約1キロ奥の砂倉橋あたりまでである。橋の右手の薄暗い支谷には2つの滝行場と無名の朝鮮寺があるが、いずれもふだん人気はない。橋の正面および左手には一成寺と慈雲寺があり、さらに径を辿るとこの谷筋で最後の朝鮮寺である仁徳寺がある。

　谷の最奥には氷室の滝と興聖院 (真言宗醍醐派) があり、同滝は左手山腹上の古刹興法寺の行場であったものである。興法寺は役行者開基と伝え、真言宗醍醐派の準別格本山である。「日本最初」の大聖歓喜天があり、役行者が氷室の滝で感得し弘法大師が見出したものとされる。本尊に行基作といわれる千手観音像を有し、生駒山中でも屈指の由緒を誇る。しかし、今日では修験の場としてより檀那寺としての機能を強めている。これに対し、興聖院は氷室の滝の行者で滝守でもあった人物が興したもので、今日も滝を中心に修験の行者や信者を集めている。また歓喜天の信仰は江戸中期創建の寶山寺において今日の都市大衆をひきつけているが、その本元ともいうべき興法寺は山中の静寂のうちにある。

　ここからさらに山頂をめざして登りつめると、信貴生駒スカイラインの駐車場と山頂大遊園地に出る。遊園地に接して八大龍王龍光院と鬼取山八大龍王社があり、それぞれ河内側、大和側の地元農耕民の古い水源神信仰の名残を示している。龍光院は修験行者によって再興され、宗派を転々としたあと現在は単立寺院として護摩祈禱、写経道場、結婚相談所や奉讃会の発足など、積極的な経営に乗り出している。

　生駒聖天寶山寺へは山頂から奈良側の中腹までケーブルカーで下ることにしよう。寶山寺は今日では石切神社とならぶ現世利益信仰のメッカであり、年間およそ300万人の参詣者を集めるという。付近には岩屋の滝、清涼の滝、般若の滝などの古い

滝行場、修験系の小教会である大龍院（五流修験道）、一乗院（法相宗）、新宗教的性格をもつ天地教道会、朝鮮寺の大仁寺（高野山大師教会）、神道生駒教会などの宗教施設、また断食道場や修養道場などが密集している。ケーブルの宝山寺駅からはじまる石畳の門前町は、貸席をかねた小旅館、飲食店、易占店などが軒をつらねている。

　寶山寺の本尊は不動明王であるが、庶民の信仰の対象は前述のとおり大聖歓喜天である。歓喜天はインドの民俗信仰のなかから密教に摂取されたもので、象頭男女抱擁の秘仏とされ、愛欲煩悩の姿そのままでの救いを表現している、と説かれる。真剣に祈念すれば、人間のあらゆる願望を必ずかなえてくれる効き目の強い神であると信じられている。ここでは断ちもの祈願がさかんであるが、生半可な信心や誓約を違えたりすれば、かえって聖天様の怒りを招くとされ、恐ろしい神様でもあるのである。佐藤、田村両氏の小絵馬の調査（佐藤・田村1978, 154-167）によると、祈願の証としての断ちものは、聖天様の好物の大根のほか、茶、コーヒー、タバコ、酒、ラーメン等がある。祈願内容では賭事禁止、禁酒、禁煙、病気平癒、学業、就職成就、商売繁昌、浮気封じ、縁切り、家内安全、薬物（覚醒剤等）断ち等があり、現代都市大衆の生々しい願望がみてとれる。境内に立ちならぶ寄附額を示した石柱をみると、500万円、1千万円以上のものも多く、きれいごとの世界をこえた、俗世と密着した信心の有り様をうかがわせるのである。

　寶山寺は江戸中期の傑僧・湛海によって、延宝6年（1678）に創建された。湛海は諸方で密教の学識を深め、47歳で真言律宗の僧籍を得ている。彼はまた、生駒山内のいくつかの滝行場にも足跡をとどめ、強力なカリスマ的行者としての性格をあわせもっていた。この地は般若窟と呼ばれる火山性巨岩突起を背後にもつが、これは大和側の麓にある古社生駒神社が太古より神体山と仰いできた山容であり（北島1982, 10-16）、また役行者以来の修行地でもあった。このことは古代的な神社神道と修験信仰、および近世的な現世利益信仰との興味深い接点を示している。聖天信仰は湛海がとくに重視したところで、現在に至るまで歴代住職によって、毎朝2時より浴油供祈禱が厳修されている。湛海は天皇家および将軍家の皇子・嗣子誕生祈願に験力を顕し、一代で今日の寶山寺の基礎を築いたという。近代以後においては石切神社と同じく、大正3年の大軌鉄道生駒駅の開設が都市からの参詣者を増大させ、これは今日の生駒市の門前町としての発展をも促した。大正7年（1918）には寺へのケーブルカーも開通し、都市民衆の接近を一層容易にした。参道筋には色街も形成

され、大阪近郊の遊興地としての性格が加わった。この傾向は山頂へのケーブルカーの延長、遊園地の開設（昭和4年（1929））、生駒ドライブウェイ（昭和34年（1959））、さらに近年の信貴生駒スカイラインの開通へと展開していく。寶山寺では近年でも大師堂、信徒会館文殊堂の建設など着実な発展をみせている。密教と民俗信仰の融合した寶山寺の信仰は、清浄界にあって孤高と権威を保つのではなく、俗界の欲望を吸収し、社会変化に積極的に対応していくことによってつねに活性化されてきたのである。

石段の参道は麓まで通じており、その途中にもいくつかの宗教施設があるのだが、今回の探訪は生駒聖天で終え、ケーブルカーで街まで下ることにしよう。

第3節　おわりに

石切神社から生駒山上をはさんで寶山寺まで直線距離にしてわずか4キロメートルほどであるが、ほぼ1日の行程を辿った。このあいだに現代都市の大衆をひきつける多種多様な民俗宗教の形態をみてきたわけである。

これまで社会学の「近代化論」の立場では、産業化、都市化の進展とともに人々の意識は合理化され、呪術的思考から「解放」されていくとみるのが一般的であった（ヴェーバー 1955/1962）。しかし生駒では、われわれは大都市圏の発展のただなかに、多様な民俗宗教が生きつづけ、形を変えながら再生産されているのをみることができた。科学技術の発展と、社会の目的合理的管理の進行は疑いえないことであり、一方「呪術」や「民俗宗教」の伝承、再生も事実なのである。両者のあいだに背反性はなく、むしろ相補性を見出すべきではないかというのが、われわれの1つの仮説である。人々は今日、無知や貧困から生駒の神々を訪れるのではない。深刻な生活上の危機に直面した人々が、常識で思いつくかぎりの諸々のてだてを尽くし、それでも解決できないとき、民俗宗教を思い起こしそこに接近するのである。そこでは日常生活とは別種の「リアリティ」（バーガー 1977）と人間関係が存在している。また、現代社会の過剰合理化のなかで、半日行程で「山にまいる」という手軽な脱日常行為そのものが、人間性回復の小さな息抜きになっているのではないだろうか。

人々が日常生活と民俗宗教を生活世界の多元的なリアリティのなかで使い分けているとすれば、「神々」は合理化の防げにはならず、また「神々」が新たな理念を通

して社会変動の能動的要因になることもないであろう。年間で延べ1千万人近い都市民をひきつけるといわれる生駒の神々は、現代都市への強いインパクトを発揮しえないままバラバラな大衆への宗教的雑居マーケットにおわるかもしれない。

ともあれ、生駒の神々は現代都市の深層に流れる基層信仰のマグマを生々しい形でみせてくれるのである。

付記

生駒の宗教をめぐる研究は宗教社会学の会において続けられ、『生駒の神々——現代都市の民俗宗教』（創元社、1985）のほか、文部科学省科学研究費報告書として『日本宗教の複合的構造と都市住民の宗教行動に関する実証的研究——生駒宗教調査』(1987)、および『宗教行動と社会的ネットワーク』(1992) がある。

生駒の朝鮮寺の報告では、Helen Hardacre, "The religion of Japan's Korean minority" (1984, *Institute of East Asian Studies*, University of California, Berkeley) があり、『生駒の神々』以後の変化をフォローしたものとして、曺奎通「生駒・宝塚の韓寺をゆく（前・後）」、『済州島』No. 3・4（新幹社、1990・1991）がある。

第4章
今東光と生駒・八尾の宗教文化

第1節　今東光の作品にみる生駒・八尾の民俗宗教

　今東光（1898～1977）は、川端康成らとともに第6次「新思潮」に加わり1920年に作家としてデビューしたが、1930年に天台宗で出家し文壇を離れた。1951年に生駒山の麓、河内八尾の天台院住職となり、1957年に小説『お吟さま』で直木賞を受賞して以降、多くの作品を発表して人気作家となった。テレビにもよく出演し「毒舌和尚」として親しまれ、1968年には参議院議員となり、天台宗大僧正にも上った。

　今東光の作品群は歴史小説もあるが、天台院をめぐる八尾の人々を題材にとった長短編が多い。「下劣で、ケチン坊で、助平で、短氣で、率直で、つまりは僕自身に似た人物、それが河内者なんだろうが、僕は彼等を限りなく愛する」（『闘鶏』角川書店、1957）。映画シリーズとなった『悪名』（新潮社、1961）をはじめとする「河内もの」は、彼の作品世界の重要部分を占めている。そのうちには1950年代1960年代のさまざまな民俗宗教活動のエピソードを見出すことができる。『こつまなんきん』（講談社、1960）には、地元の少女が霊感を得て滝業場に小新宗教を興す話が語られている。

　『山椒魚』（文藝春秋新社、1958）は、天台院の先住の山伏を主人公にした長編作品である。

　　『山椒魚』は、書かれるべくして遂に書かれた小説だつた。と言ふのは昭和二十六年九月四日附で僕は天台宗當局から、河内国若江郡中野の天台院の特命住職に任ぜられた。聞いてみると天台院は力の強い山伏に占據されて、どうすることも出來ないといふ話。大東亞戦争などもはさまつて、彼此十五年以上も手がつかなかつたらしい。つまり僕は整理住職といふわけだ。……

　　しかしながら九月に交渉に下阪して、十一月きつちり、三ヶ月で解決した。一時その山伏は僕を怨んでゐたらしい。けれども人の子だつて狐のやうに巣は

與へられるのだ。彼は信貴山麓に瀧行場を開いたのである。
　或る日、河内山本の錢湯の中でばつたりと山伏と顔を合せた。すると彼は、あなたを恨んだりしましたがすんまへん、お陰で瀧行場は盛つて居ります。今では瀧行場に寺名を頂いて、一カ寺の住職でおます、と言ふ話だつた。僕は人ごとながら嬉しいと思つた。その山伏が昨三十二年の大晦日、ぽつくりと死んだ。僕は彼の半生を綴るべき日が來たと思つた。（今 1958, 497）

　この主人公は亀井という本名だが、作品のなかでは越智平助・丹海という名が与えられている。このあらすじをたどってみよう。
　平助は四国宇和島の農家に生まれ、25歳で大阪に出て人夫となる。無学だが力自慢、おひとよしの性格である。人夫頭の女房に誘惑されて所帯をもつ。四天王寺に隣接する清光院音羽の滝に当たるうちに滝守を頼まれる。山伏の弟子となって大峰山峰入り修行をし、熊野三山も踏破する。四天王寺門前で人力車夫となる。清光院住職は、友人梅原が住職を兼任している天徳院（天台院）の留守坊役に平助を推薦する。彼は丹海の名を与えられ、一家4人で天徳院に住み込む。寺で護摩祈禱をし、生駒山麓の弁天谷に無人となった滝行場を見つける。梅原は丹海が寺で酒盛りをし賭場に貸したことで彼を叱責し罷免しようとするが、喧嘩沙汰となる。支那事変から続く戦争のため、寺は葬式で潤う。戦後数年たって、梅原は千葉俊澄（今東光）を天徳院特命住職に任命し、丹海を立ち退かせようとする。
　丹海に、朝鮮人李は弁天谷滝行場の開設寄進を申し出る。李は人夫時代の知り合いで、戦後、ブラシ製造で金持ちになっていた。丹海一家は天徳院を出て滝行場に住み込む。

　李さんが心配してくれたのか、ぽつりぽつりと瀧に打たれる人が参つて來たが、大方、それは半島人だつた。彼らは瀧に打たれるだけで、充分なほど金を置いて帰つて行つた。殆ど庫裏にあがって、出來かけの本尊さんにお参りして行く人はなかつた。……もつと都合の好いことは半島人等は何といふ祈禱をするのか、自分達で太鼓や鉦を持ち込み、瀧壺に散米して、勝手に呪文をとなへてをがんでゐた。その間、のべつに瀧に打たれるのである。（同, 468）

第4章　今東光と生駒・八尾の宗教文化

『山椒魚』はまた、四天王寺界隈が各種宗教の群棲センターとなって、近傍の新世界・ジャンジャン横丁・飛田遊郭などと結びついて独特の聖―俗複合地域となっていたことを描いている。あるいは生駒山―河内八尾―四天王寺界隈、すなわち山―麓―都市という3項をつなぐ民俗宗教世界を描き出しているといえる。これまでわれわれの認識は、生駒（山）―大阪（都市）という2項から成っていたが、河内・八尾など麓地域の意味をもっと認識すべきかもしれない。

この『山椒魚』のストーリーのどこまでが事実でどこからがフィクションかは分からないが、寺関係の登場人物は現実の人物と符合しており、舞台をなす生駒・八尾・大阪の宗教風俗が活写されている。筆者はここに、調査報告とは異なる生きたリアリティがあるのではないかと考えている。

『生駒の神々』（創元社、1985）では、1980年代初期の生駒の民俗宗教の諸相を報告した。しかしそれ以前の状況は、とくに「朝鮮寺」（在日コリアン寺院）の形成過程については、不明のままである。『山椒魚』は1950年代の生駒・信貴山の滝行場の形成と朝鮮寺化のきざしの状態を描いている。丹海の死後、この滝行場が在日コリアンの祈禱師によって受け継がれれば即、朝鮮寺の誕生となるわけであり、まことに興味深い記述を提供している。

第2節　今東光の文学と天台仏教、真言立川流

1990年代、八尾市服部川の朝鮮寺での巫俗儀礼調査の帰り道に、今東光の住した天台院を初めてたずねたとき、境内の石碑に「文観上人開創」とあるのを見て大変驚いた。『太平記』では文観は、後醍醐天皇の護持僧として鎌倉幕府調伏の祈禱をして硫黄島に流され、建武の中興で返り咲いて東大寺長老、高野山座主などに上ったが、その後、後醍醐が隠岐に流されるとともに失脚した、と描かれている。また真言立川流中興の祖と言われることもある。真言立川流は密教のひとつの流れを汲み、性の交わりの歓喜を通して涅槃の境地に至ろうとするもので、鎌倉期に仁観によって興され、関東立川の行者に伝えられ流行をみたが、邪教として弾圧された。文観はこれを復活させたといわれるが、確かな根拠があるわけではない。

今東光の作品群は、人々の性行動についても生き生きとした描写が多くふくまれている。そのためときに「エロ小説」ともいわれ、本人も「エロ坊主」と呼ばれる

こともあった。しかし彼の作品の「エロ」的要素は、彼の天台仏教と文観および立川流についてのいくつかのコメントを読むことによって、むしろある宗教観に基づくものであることに気づかせられる。

1990年の『毒舌・仏教入門』(集英社、1993) は、天台宗教義の研鑽を示す伝統ある戸津説法を本にしたものであるが、内容は東光が自由自在、ユーモラスに自らの仏教観を語ったものである。このなかに「わが"エロ小説"の精髄」という節がある (今 1993, 118-120)。

源氏物語の底には天台の信仰があり、「こういうものがやわらかく、つまりクリームやチョコレートをかけたようにして、面白く書いてあるのが『源氏物語』なんです。……」(同, 119)。

> わたしもずいぶんややこしいことを小説に書いていますが、あれは読ませるために、おもしろおかしくお色気を入れている。本当は、あれをあぶりだしてみると、天台の思想が入ってまんねんで。それをわからんと、おもしろいところだけ見て、今東光もエロ小説書きよるなんて言う。……本当は天台教学を書きたいけれど、そんなもの書いたって、むずかしくてだれにもわからない……それなら味付けしてやろうというのが、わたしの小説なんです。(同, 119-120)。

また「愛欲」について次のように述べている。

> 愛欲の世界に沈湎してきた僕が、最後につかんだのが、女優上がりの人妻ときた。……二十六歳の若気の過ちは、四十八歳で別れるまで償いをしなければならなかった。……それから一年有半たって僕は再婚した。……それから五年経って僕は河内国の寺に入った。……愛欲とはいえ、欲望という名の発心こそが、回心をもたらし、やがて悟達の境に導くであろうというものだ。(今 1957, 176-178-179)

「愛欲」を信仰に対して全否定すべきものとしてではなく、長い道のりとはいえ、信仰につながる不可欠の契機であったと語っている。

今東光はまた文観や真言立川流について、いくつかの文章で著し強い関心を示し

第 4 章　今東光と生駒・八尾の宗教文化

ている。「天台院小史」(今1953) は、東光が天台院住職となった 2 年後に書かれたものである。前半は文観の事績についての資料に基づき、「南朝の勤皇僧」(同, 7) という評価の視点から、後醍醐天皇配流後も南朝の後村上天皇に仕え、遷座のおかれた天野山金剛寺で手厚く遇されて 80 歳の生涯を閉じたことを記している。東光は立川流との関連については確かな根拠はないとしつつ、文観を誹謗するために立川流中興の祖と付会されたのかも知れないと述べ、実際に「都鄙の群集を動員する」ために「立川流を採用したかもしれない」(同, 13) としている。

　後半は、天台院が文観開創であることについて論じている。これは「天台院縁起」(同, 7) によるとしているが、この縁起が文書としてあるのか、言い伝えであるのかは不明である。さらに天台院本尊の聖天像は文観の護持仏であったとし、つぎのように述べている。

　　奈良の大仏開眼の砌り、大導師となった婆羅門僧正禅師の伝えた聖天尊像は、永らく宮廷の秘府にあつたものを、後醍醐帝の屢々の御動座に際し、北朝方の手によつて紛失せしめられ、勅命によつて文観上人が摸造とはいひながら鎌倉時代末期の尊像は永らく埋れてゐたのが、宿縁熟して天台院に出現ましましたのである。(同, 11-12)

彼はこの説を自坊の本尊の由来として表明しているのである。

　東光の推測によると、天台院は足利時代におそらく戦乱のために消失したが、文禄時代に中野村祇園社とともに別当寺として再建された。その後「天和三年……大僧都法印念海といふ人が現在の天台院を再建した」(同, 18)。天保 9 年 (1838) に入寂した光真妙蓮上人の筆によって「文観上人弘真を以って天台院の開山と伝えたことや、天台院は古来より天台宗に於ける高僧の隠居寺であったといふ事実など」(同, 24) が記されたとのことらしい。

　また、「天台院小史　附録」(今1954) では新たな資料に基づいて、文観の出身地が播磨国氷丘村大野であろうことや、いくつかの寺や場所に足跡を残していることを確認している。

　　四天王寺と西大寺を往復する途中、……八尾中野に草庵を結んだのは如何に

も有り得ることで、天台院はこのやうにして創建されたのである。……天台宗の識者にそのやうな伝説があると聞いただけであるが私がその伝説を疑つて居ないことは「天台院小史」に書いた如くである。(同, 17)

　私として最も興味を抱き、且つ研究欲を唆られるのは立川流真言密教の再興者としての文観上人の教学だ。(同, 19)

ここからも、東光が天台院の文観創建説を積極的に受け止め、立川流にも強い関心を示していることが分かる。
1973年に発表された『毒舌日本史』では、さらに断定的に文観を立川流中興の祖とし、南朝の軍資金獲得のため邪教立川流を民衆に広めたと書いている(今 1996, 238-240)。

　立川流というのは真言密教で謂うところの即身成仏の説をフィジカルに解釈したんです。……それは何だってえと男女が交わって絶頂に達する、その陶酔境は即ち涅槃だと説くんだ。こいつは受けるよね。(同, 238)

　……僕は必ずしも教義に反対じゃないのです。というのは仏教の唯心論は大いに発達しましたが、唯物論は足踏みして仕舞った。……立川流は真言密教の寧ろ迷妄に近い唯心論に対立して、唯物論的論拠を求めたという点で認めて好いのじゃありませんか。(同, 239-240)

　文観上人は当然、聖天さんを信仰しとります。象頭双身の男女像だ。抱き合って交接しているアレだよ。(同, 241)

東光は「文観の聖天の写し」を天台院にもたらし、十一面観音として天台院の本尊とした。「まさか僕の家で立川流を流行させるわけにゃいかねえから、十一面観音さまとしておがんで居ります。聖天さんの御本地は十一面観音ということになってますから」(同上)。
密教学者である真鍋俊照は「立川流を密教の生命感と身体論の関係で考えてゆく

ことが大切だと思う」（真鍋 2002, 322）と述べている。東光の言う天台の「唯物論」を、このように「身体論」と読み替えることは不当ではないだろう。

　酒井森之介は東光の戦後の作品をさして、「そこに仏眼の所在を認め、これらの作品に広義の仏教文学の名を冠してもよいであろう」（久松他編 1962, 441）と述べている。

　このように見てくると今東光の作品世界は、天台や真言立川流の仏教観を下敷きにしつつ、河内八尾の庶民の生きる世界を描いたものであるといえる。そして、ある時代の生駒山麓地域の民俗宗教の貴重な記録となっているのである。

第Ⅲ部

コリアン宗教の諸相

第1章
在日コリアンの宗教
文化創造の過程

　在日コリアンの宗教活動は多様であるが、その社会状況を背景に、とくに大阪に住む済州島出身者社会に焦点をおいて紹介したい。それらは朝鮮の伝統的宗教文化や現代韓国の宗教状況の影響を受けながら、在日の人々が形成してきた固有の行動形態と意味の世界からなっている。そこに社会状況と人間のせめぎあいから生まれる文化創造の過程を見ることができる。

第1節　在日コリアンの社会とネットワーク

　2000年度統計では、日本に在住する韓国籍および朝鮮籍の人々は約64万名で、そのうち永住権をもつ人々は約55万名、他はニューカマーである。日本国籍取得者は累計で約23万名にのぼり、その子孫も合わせると30数万名になる。日本国籍を取得していても韓国人ないし朝鮮人としての自己意識をもっていれば、韓国籍および朝鮮籍の人々とともに「在日コリアン」と呼ぶことができよう。

　日本敗戦時に在住していた約240万名の朝鮮半島出身者の多くは帰還したが、なお50数万の人々が日本に留まった。留まった人々、また戦後入国した人々は、貧困と差別、偏見のなかで、まず経済生活の確保をめざした。多くの人々は零細な製造業、土建業やサービス業などに従事した。彼らは苦闘を経て、ようやく1980年ごろには日本人とほぼ同程度の経済生活水準に達し、子弟の教育水準も日本人に並んだと考えられる。

　経済生活の確立と前後して、70年代からは就職やアパート入居などの差別反対運動がおこった。80年代には外国人登録証への指紋押捺撤廃運動が盛り上がり、1993年に撤廃が実現した。90年代以降は地方参政権獲得運動が焦点になっている。このような権利回復の運動に続いて、80年代以降、文化的な自己表現運動が盛んになってきた。

　在日コリアンの衣食住などの生活文化が日本人のそれと等質化されていく傾向は

第Ⅲ部　コリアン宗教の諸相

避け難い。しかし等質化への対抗運動としての「民族文化」志向の運動が同時展開し、交錯している。本名を名乗る運動、母国語を学ぶ運動、舞踊や音楽などの民族文化運動がそれである。大阪市生野区や川崎市川崎区など在日の集住地域では、同化に対抗するいくつかの先端的な運動が生まれ、各地の在日コミュニティの運動に影響を与えている。

在日コリアンの居住地域は全国の都市部にわたっているが、大阪府の18万名を筆頭に関西地方に約半数が住んでいる。大阪市生野区には区人口の4分の1にあたる約4万名の在日住民が集住し、その7割以上をしめる済州島出身者の濃密な社会的ネットワークが展開している。

在日のさまざまな宗教はこのようなネットワークに支えられつつ、その重要な領域を構成している。

第2節　在日諸宗教の展開

宗教文化は、今日なお伝統色、民族色が強く保持されている領域といえる。しかし、これは過去の民族文化がそのまま残っているということではない。それらは日本社会のなかで独自の選択によって再形成されてきたものであり、集団的な文化創造過程ということができる。

そこには儒教式先祖祭祀、巫俗、民俗宗教、韓国仏教、キリスト教会など、もっぱら在日によって営まれる活動のほか、日本の民俗宗教、仏教、神道、新宗教への参加もみられる。また建墓・墓苑形成、民族文化祭なども数えられる。

まず、儒教式先祖祭祀と巫俗は、朝鮮の伝統的宗教文化を構成するものである。秋葉隆は、朝鮮の文化的伝統は男性本位の儒教文化と女性中心の巫俗文化の二重構造によって成り立つ、と述べた（秋葉1954, 137）。儒教は李朝社会の公式イデオロギーであり、巫俗はそれゆえ迷信視され下級文化に位置づけられてきた。家族生活において、前者は儒礼形式の祖先祭祀（チェサ）として、後者は家族の死者と神々を祀る巫俗儀礼（クッ）として行われる。「在日」社会においても、この基本特性は維持されている。

儒教式祭祀

チェサ（祭事）、茶礼（正月、秋夕）などの儒教式祭祀は、8割以上の家族で行われている（福岡・金 1997, 38）。拝礼されるのは主として渡日後の家族の死者である。祭祀は原則として世帯主がとりしきり、専門的職能者はいない。年に数回、同一父系につながる複数の親戚家族が集まって祭祀を行い飲福（酒食）をともにする場であり、若い世代が伝統的宗教文化に親しむ機会となっている（梁 2004）。また、チェサでの家門（本貫）の確認は、韓国社会では他家門と区別する機能が大きいが、在日社会ではさらに独自の民族文化として認識され、儒教的倫理意識すなわち先祖への孝を重んじ、家門を誇りにする民族であることを自覚させる。

また、少なからぬ親族会（宗親会）も組織されている。

葬儀も重要なチェサの場であるが、一般にはまず日本の葬儀社が仕切る「仏教式」葬儀が寺や会館で行われ、その後に家で親戚が集まりチェサを行う。さらに深夜になって、親族の女性たちが巫者（ムーダン）を呼んで死者霊を呼び降ろす「クッ」を行う。

巫俗、民俗宗教

生駒山および六甲山麓には60余の「朝鮮寺（韓寺）」があり、生野区の街なかにも30余の「寺」がある。山の寺では、済州島に伝わる「クッ」と呼ばれるシャーマニックな儀礼が行われている。女性が願主となってシンバンと呼ばれる霊的職能者に依頼して行う。霊的職能者としては、ほかにポサル（菩薩）、スニム（僧任）と呼ばれる仏教的色彩をもつ男女の祈禱師たちがいる。そこには日本の山岳修験と関わる人々、韓国からの出稼ぎポサルも含まれる。

生活上の不幸や災厄は、不幸な死に方をした先祖の霊があの世へ行けずに生きている人にまとわりつくために起こるとされ、先祖霊を供養しあの世へ送り出すことによって、不幸や悩みが解消すると信じられている。これは、日本の民俗信仰の霊魂観と共通している。「クッ」ではしばしば数日間にわたって、シンバンによる神霊降ろしやドラマティックな死者霊の救済が演出される。「クッ」には願主とその近親の女性たち、若い世代の女性たちも参加し、女性たちの伝統宗教的共同世界が再現される。男性は「クッ」を迷信であるとして反対したり無視したりするのが通例である。ただ近年では経済的に成功した男性が願主となる「クッ」もみられる。「クッ」は、死者とその近親が抱く恨（ハン）をやわらげ、悩みやストレスからの解放をもたらすと

写真1　生駒山の朝鮮寺でのクッ。
神を迎え降ろすシンバン

（撮影：著者）

いう点で、心的な緊張処理機能をもつといえる。

韓国仏教

　純然たる韓国仏教の寺・普賢寺が生野区に創立されたのは1968年のことである。韓国仏教僧が建立した「寺」は、今でも大阪地域には10寺ほどあり、祈禱師たちの「寺」が数十もあるのに対し、多くはない。韓国の曹渓宗を掲げるもの以外では、総連系の統国寺などが数ヵ寺ある。

　寺の信者の多くは主婦層であるが、役員層には男性が多く、男女の二項対立的文化原理は緩和されている。「クッ」と仏教の両方に親しむ信者も多いが、「クッ」の重く暗い「恨」の世界から抜け出して安定した生活を獲得した階層の主婦層も見受けられる。仏教においては、巫俗より穏やかな形で先祖供養が行われ、幸福の確認・

写真2　在日光山金氏共同霊園での合同慰霊祭

（撮影：藤田庄市）

感謝に比重が移ってきているようだ。信者ネットワークは血縁には限られず、同郷縁、近隣縁、友人縁など多様に広がっている。

　普賢寺は韓国曹渓宗と大阪とを結ぶセンター寺院であり、京都府の山中に韓国式伽藍と大規模な墓園をもつ高麗寺を併設している。民衆仏教観音寺は1999年、4,300基の位牌仏壇（各家ごとの仏壇）のスペースを設けた9階建てのビル型寺院を建設した。

　在日韓国仏教のこのような動きは、儒礼と巫俗の二元的伝統宗教文化のあいだから展開した第三の祖先祭祀の形態であり、新たな宗教文化の形成といえる。

建墓、墓苑形成

　在日一世たちの多くは、いつかは帰郷し、死後の墓を郷里に設けることを望んでいたといわれる。しかしそれは容易ではなく、遺骨は街なかの寺に預けられた。

1960年代ごろから日本に墓を設ける人が現れはじめ、在日の墓地や霊園が生駒山地をはじめ都市近郊に集中して設けられるようになった。墓を作ることは日本定住のほぼ最終的な選択を意味する行為といえる。在日の墓は一群のエスニックな文化形態を示している。在日の墓の大多数は一見日本人の墓と同じ形をしているが、そこに刻まれた墓誌、碑文において、家門の来歴と本人の事績を誇らかに記すものから日本人の墓とまったく区別がつかないものまで、日本定住の選択と民族性・民族名保持とのあいだを表現するさまざまなタイプが見出される。

大阪にある在日光山金氏親族会は共同霊園を設立し、霊園の運営と合同慰霊祭を通して、後続世代に家門の誇りと民族意識を伝えようとしている。

在日大韓基督(キリスト)教会総会

キリスト教信者は在日社会では約1%である。これは日本人のキリスト教人口とほぼ同じで、現代韓国の25%と比べると著しく低い。代表的な組織は在日大韓基督教会総会で、プロテスタント諸派の合同からなり、75の教会と約6,500名の信者を有している。この教会組織は在日コリアンの人権回復と民族的アイデンティティの確保を重要な宣教課題とし、さまざまな運動を展開してきた。とくに80年代の指紋押捺撤廃運動では主導的な役割を果たし、日本人の市民運動とも連携して世論を動かすのに成功した。このなかで「寄留の民の神学」が生まれ、「在日」であることの積極的意味が「創造的少数者」という表現によって主張されたことは興味深い。

しかし教会内にはこれら人権運動に批判的な牧師・信者がいて、むしろこちらの方が多数であるといえる。彼らは「社会派」に対して「福音派」と呼ばれることがある。「福音派」の人々は、教会は魂の救いにかかわる場であって、「政治運動」は本来の活動ではない、と主張する。これに対して教会総会は、生野区に「韓国キリスト教センター」、東京に「在日韓国人問題研究所」を設けて、これらが人権運動を集中的に担い、これを教会の有志が支援するという形態を生み出した。筆者は、社会派と福音派は対立しながらも相互補完の関係にある、とみている。すなわち、先鋭な理念をもつ相対的に少数の社会派の運動を、より保守的な多数派が躊躇しつつもバックアップしてきたのである。また、運動面での対立は組織内の強い家族ネットワークによってつなぎ止められてきた、という面もある。

このような内部緊張と模索を通して、この教会組織は運動を展開し固有の思想を

生み出してきたのである。

純福音系キリスト教会

純福音系教会は韓国でのキリスト教の急速な発展のなかで大きな比重を占めるグループである。現世的幸福を重視し、感情の面に強く訴える。日本にも複数の教会がつくられ、数千名の信者をもつという教会もある。礼拝の場は、女性信者たちのエクスタティックな異言（言葉にならない音声）の祈りと嗚咽の涙で満たされる。信者の多くは韓国から「水商売」の出稼ぎにやってきた若い女性である。韓国では「水商売」への蔑視・罪悪観が強い。罪責感をもちつつその仕事を辞められない女性たちは、神の許しの説教と涙による感情の発散とによって心のカタルシスを得るのである。この点で、純福音系教会の機能は伝統社会で巫俗が果たしてきた役割と共通点をもつといえる。

なおこの派の教会は、人権運動、反差別運動にはまったく関心を示さない。

さて、日本の宗教にも、在日コリアンは参加している。修験道に参加する祈禱師、神社や寺に参詣する人々、創価学会など新宗教の信者も多い。

日本民俗宗教

在日の民俗宗教の担い手たちには、済州島巫俗を担うシンバン以外に、日本の山岳修験系仏教の修行を経たポサル、スニムと呼ばれる祈禱師がいる。後者の修行の場は生駒山に散在する修験系滝行場であり、またそれらの本山である高野山や吉野山の参詣や修行にも参加している。生駒山系は近世から大阪近郊の民俗宗教の雑居市場であって、そこでの滝行場から戦後、多くの「朝鮮寺」が生まれた。生駒山の非権威的で開放的な宗教的特性が在日の霊能者たちを招き寄せ、韓日の民俗信仰の混交形態を生み出したのである。

日本仏教

生野区周辺には在日の葬儀を多く扱い、在日専用の大きな遺骨安置室をもついくつかの日本仏教の寺がある。在日住民と日本の寺とのかかわりは一般に葬儀と遺骨

預けに限られ、檀家となることはまれである。仏教式葬儀は日本の葬儀社の媒介を経て、日本の風習に影響を受けて成立したものである。

神社信仰

　生野区の神社には、在日住民の参詣も少なくない。一定地域の住人は在日も含めて皆「氏子」と神社からはみなされている。しかし、氏子会の中核役員層は日本人住人で占められている。生野区の猪飼野、鶴橋といった地域はもともと近世以前から存在した「村」であって、大正時代になって大阪市域に編入されたが、神社を中心とするこの「村」の家々の結合が今も保持されているのである（谷編2002）。

　しかし近年、神社維持にとって在日の参加と寄付の比重はますます大きくなってきている。地元の神社以外にも、多くの在日住民はご利益や観光で有名な神社、寺にとくにこだわりなく参詣している。

新宗教（創価学会）

　生野区には日本のさまざまな新宗教の教会、支部があるが、とくに信者が多いのは創価学会である。創価学会には、一般に地域の約10分の1の世帯が加入しているといわれる。創価学会の関係者が語るところによると、在日世帯でも同様の比率であり、創価学会は在日コリアンが参加する最大の宗教組織ということになる。

　ここでは、朝夕の「南無妙法蓮華経」の唱題・勤行と力強い現世主義の教えが在日の人々に支持され力を与えていることがうかがわれる。学会内では仏法の前での「平等」が説かれ、差別はないと強調される。しかしここで説かれる「平等」は、日本人も韓国人・朝鮮人も区別なく同じという意味であり、在日信者のおかれた歴史・社会状況や民族的、文化的特質といったものは必ずしも顧慮されていない。信者の多くは通名で参加している。このような「区別しない平等」のなかでは、信仰を通して「在日」としての生きかたや「民族」的アイデンティティを求めつづけることは容易ではなく、むしろ日本人との「同化」が無意識のうちに促進されると思われる。「違いを尊重する平等」が、信仰における真の「共生」のために求められるのではないだろうか。

第1章　在日コリアンの宗教

写真3　ワンコリアフェスティバル

（1994年パンフレットより）

民族文化祭

在日の代表的な「祭り」として「生野民族文化祭」、「ワンコリアフェスティバル」、「四天王寺ワッソ」をとりあげたい。これらの内容はそれぞれまったく異なるものであるにもかかわらず、共通の特質をもっている。すなわち、80年代に少数の個人やグループの発意によって始められ、それぞれ独自のしかたで「民族」を象徴的に表現し、やがてボランティアによる大きな広がりを獲得し、そして今日も流動の過程にある、という点である。これらの「祭り」の共通テーマは「民族」である。「民族」は、ここではある宗教性、すなわち「聖」なる特性を付与された象徴的実在と考えることができる。

「生野民族文化祭」は、大阪市生野区で公立学校の校庭を借りて、農楽や伝統遊戯などを中心に催される。1983年から2002年まで続けられたこの祭りは、全国の在日集住地域の若者たちに影響を与え、福岡、福山、神戸、伊丹、尼崎、宝塚、芦屋、箕面、高槻、八尾、東大阪、奈良、京都、川崎などで、それぞれ特色をもつ民族祭りが行われるようになった。ここではいくつかの「民族的伝統文化」が選び直され、再創造される。若い世代にとって「民族文化」はもはや生得的なものでも自明なものでもなく、自覚的に求め、選び、学ぶべきものとなっている。そしてこの自覚的選択と複数グループの参加によって、「祭り」のありかたは多様な創造的展開の可能性をもちうるのである。

197

「ワンコリアフェスティバル」は野外音楽堂でさまざまな分野の在日のミュージシャンや芸術家がパフォーマンスを繰り広げるもので、日本人も参加し、韓国、北朝鮮、中国延辺朝鮮族自治区、アメリカ合衆国からも参加団体がある。目的は、南北対立を越えた「ワンコリア」の意識を、祭りを通して形成しようとするものである。

「四天王寺ワッソ」は、古代朝鮮から多くの渡来人が高度の文化をもって来日したことを、3,000人のパレードと四天王寺での聖徳太子による出迎えの儀式によって表現するものである。2001年度はスポンサーである在日金融機関の経営破綻により中止となったが、2004年に在阪日本企業の支援・参加によって復活した。

これらの「祭り」は、在日コリアンの新しい文化を公共の場で表現し創造する運動であったが、今日では日本人住民も参加し、大阪のユニークな祭りとして幅広く認知されるようになってきた。これらの祭りは、日本人と在日コリアン双方の意識を変革するはたらきをもつ、といえるだろう。

第3節　諸宗教の結合形態と文化機能

在日の諸宗教が指し示す方向は多様で混沌としているようにみえる。しかしここで、宗教集団の結合形態と文化機能の観点から、最小限の整理を試みることにしよう。

結合形態として、フォーマル組織型、ネットワーク型、ネットワーキング型の3つのタイプをあげることができる。

フォーマル組織型とは、メンバーシップ、教義、規約、組織、役職が明確に定まっているような結合である。キリスト教会および日本の新宗教活動があげられる。そこでの活動を行うことは、それまでの血縁ネットワークから切り離されるという結果を生むこともある。たとえば、若い人が家族の反対にもかかわらず教団に入信するとか、キリスト教徒がチェサをやめて親族ネットワークから距離をおくといった事例がある。しかし一方、信者同士の結婚と次世代の入信によって教団とかかわる血縁ネットワークが再形成される面も見逃せない。

ネットワーク型は血縁・地縁が基礎となってなんらかの目標に向って再形成されるもので、さまざまな民俗宗教や伝統宗教の結合形態である。

表1 在日諸宗教の結合型と文化機能

結合型＼文化機能	「同化」志向	「在日」志向	「民族」志向
フォーマル組織型	日本新宗教	在日大韓基督教会 親族会霊addr	純福音系教会
ネットワーク型（原生縁-目標志向）	日本仏教・神道 日本民俗宗教	建 墓 在日民俗宗教	韓国仏教 巫俗／儒礼
ネットワーキング型		民族文化祭	

ネットワーキング型（新しい価値創造をめざすなど社会運動型のネットワーク（塩原1994, 39））として、民族文化祭をあげることができる。これらは、個人や集団の自発的なネットワークが祭りのたびに再編成される結合形態をとる。

一方、宗教が人々に影響を与えるのは、文化機能面においてもっとも顕著であるといえる。ここでは、それが日本文化への「同化」を促進するのか、原初的「民族」文化を保持するはたらきをもつのか、あるいは「在日」としての固有の生き方に向かわせるのか、という3つの志向性を考えることができる。

すると、日本の諸宗教への関与は「同化」志向をもつといえる。韓国の伝統的宗教は原初的「民族」特性を保持させ、また純福音系教会ではニューカマーの女性たちに「民族」的避難所を与える点で「民族志向」を有するといえる。そして大韓基督教会および各民族祭の「在日」志向は、日本社会で自らのアイデンティティを保持しながらこれからの生き方を模索していく方向性を示しているといえる。

これらを整理して図示すると上の表1のようになる。

第4節　在日コリアンの文化創造と日本社会

在日コリアンは経済的生活基盤の確立の後、1980年代以降、社会的・文化的自己表現の時期に入ったといえる。在日コリアンは単に歴史の受動的被害者としてではなく、これからは生活形成者、文化の創造主体としてもとらえ直されるべきである。

在日の宗教文化の研究を通して、つぎのことが明らかになってきた。

1．在日コリアンの諸宗教は、在日社会全体の文化的・社会的統合といった機能はもたず、むしろ宗教ごとに分節化した集団を抱え、それぞれ異なる価値志向に対応し、あるいはそれを創出している。

2．在日の宗教文化は、これまで「内輪」の活動にとどまっていたが、今日では日本の多民族的文化空間の一領域となりつつある。

3．在日コリアンは「創造的少数者」として、今後の日本の社会・文化の活性化、多元化において重要な役割を担いうる。

最後に、「多民族共生」がこれからの日本社会の課題の1つとすれば、在日コリアンによる文化創造と日本人による在日文化の理解、および共同参加による文化創造は、その重要な条件になるであろう。

第 2 章
水辺の賽神(クッ)
龍王宮・箱作・済州島

はじめに

　在日済州人社会では、故郷の巫俗伝統に由来するクッ（賽神）が行われてきた。数時間程度の小規模なものは自宅で、3日以上を要する大規模なものは山の寺（生駒山、信貴山、六甲山に在日の寺、60余を数える）で、1〜2日程度の中規模なものは「龍王宮」で行われた。「龍王宮」では個別的な祈禱の他に定例的行事（海の神を祭る旧暦1月15日、6月7〜8日、11月7〜8日と七星を祭る旧暦7月7日）も行われ、街なかの祈禱センターとして貴重な存在であった。なお在日の祈禱師として、シンバン（神房：済州島巫俗の伝統を受け継ぐ男女の巫者(ムーダン)）、ポサル（菩薩：経文を読む女性祈禱師）、スニム（僧任：経を読む男性祈禱師）と呼ばれる人々がいる。正規の仏教僧が経を読んでクッに参加することもある。

　龍は一般に海の神であり、とくに済州島では漁業など海と密接な生活を送っているので、龍王（海の神さん）を拝むことが多い。巫祭においても「龍王(ヨンワン)迎え」は祭事の一部としてしばしば行われる。大阪では故郷済州島と海・水でつながっている場所でクッが行われるので、建設者が大川端の祀りの場を「龍王宮」と名づけたのも自然の成り行きだったと思われる。龍王宮は戦後のどさくさの時期に作られ、おそらく80年代に最盛期を迎えたが、設備の更新などはほとんどなされないまま、在日の生活変化にも取り残されながら、細々と続けられてきた。消え去ろうという今の時点で、若い研究者の方々が「龍王宮」に関心をもち、「龍王宮祝祭〜もうひとつの「水都大阪2009」〜」というイベントを企画された。龍王宮は消え去りつつあるが、その「現代的意味」については主催者の語るところに耳を傾けたい。

　水辺のクッの場としては、龍王宮以外では、大川端、箱作海岸、そして済州島で行われている。本章では筆者の1980年代の調査ノートや写真を抜き出して、在日コリアン、とくに済州島出身者にとっての「水辺のクッ」の事例を紹介し、その意味

第Ⅲ部　コリアン宗教の諸相

写真1　JR桜ノ宮鉄橋からみた龍王宮（1989年・本章の写真は全て筆者撮影）

について考えてみたい。

第1節　龍王宮

1980年代の「龍王宮」については、『生駒の神々――現代都市の民族宗教』（宗教社会学の会編1985, 293-296）の記述があるが、詳しい来歴は分かっていない。ここでは筆者が1989年に先代の経営者・宋吉夫（高田義男）氏に短いインタビューをした記録を、一部修正のうえ掲載させていただくことにする。

龍王宮……宋吉夫（高田義男）／大阪市都島区中野町 4-15-8

[管理者経歴] 1945年大阪生まれ。早稲田大学に合格したが、朝鮮大学校に入学した。卒業後、朝鮮新報社に勤めていたが、龍王宮の管理者であった父が亡くなったので、1982年に後を継いだ。この時から金属回収業の高田商店の経営と龍王宮の管理を兼ねている。自分では宗教活動はまったくしない。

[活　動] 龍王宮は、大川（淀川分流）に張り出したクッや祈禱専門の貸会場であり、街なかにある在日の祈禱センターである。プレハブ平屋数棟からなり、大部屋2、小部屋4を備え、同時に複数の祈禱を行うことができる。常設の祭壇や

第2章　水辺の賽神

写真2　この看板は近年大風で吹き飛ばされたという（1989年）

写真3　供物流しのあと（1989年）

写真4　龍王宮と JR 桜ノ宮鉄橋（1989 年）

仏像などは何もない。毎日祈禱師と客がやってきて部屋を借りる。入場料 2,000 円。祈禱は 1〜2 時間から丸一日かかるものまである（もっと規模の大きな祈禱は生駒山の寺で行う）。来る人は済州島出身の女性で、二〜三世もいる。先祖祭りや病気治しのために祈禱をしに来る。済州島では先祖は海にいると考えられており、ここも海とつながるところとして供物などを流す。

　年中行事として、1 月 15 日は海の神を拝む日で、150 組くらい来る。旧暦の 6 月 7〜8 日は夜通しで海の神を拝む。これには 200 組くらい。7 月 7 日は七星の日。11 月 7〜8 日も海の神を拝む。ここへ来るポサル、スニム、シンバンは 40〜50 人くらいいる。

［創　立］あちこちの川べりで在日の人々が祈禱を始めたのは大正 13〜14 年（1924〜1925）ごろから。次第に便利のよい、ここ桜の宮に集まるようになった。戦後になってバラックを建てて拝み屋が住みついた。この人が初代。二代目もシンバンで清浦という人。現経営者である宋氏の父（在日）が三代目で、寄せ場をやるため権利を買い取った。ここは河川敷で、占拠状態が続いていることになる。先代は橋をかけたり、土地をかさ上げしたりして投資してきた。大阪府から立ち退きと代替地提供の話が何度もきたが、条件が折り合わない。韓国人の宗教の場をなくすわけにはいかない、と宋氏はいう。（調査：1989 年 2 月 12 日、飯田 2002, 178-179）

第 2 章　水辺の賽神

写真 5　近辺の古鉄街（1988 年）

　もっと詳しくお聞きしておけばよかったと思うが、宋氏は、行事の内容については とくに関心は持たず、管理者の役割に専念されているようであった。その後「龍王宮」の看板が台風で飛ばされたりしたが、建物や設備は変わることなく、すなわち老朽化するまま今日に及び、在日の祈禱師（シンバン、ポサル、スニム）や依願者の高齢化および世代交代などで、祈禱の回数もだんだん減少してきたようだ。2009 年に宋氏は急逝され、ご遺族は大阪府との立ち退き交渉に応じられたとのことである。
　筆者はここまで老朽化した龍王宮が消滅するのは時の流れとも思うが、水辺でクッを行う済州島出身者の信仰は無くならないであろうし、この付近でもなんらかの形で復活するのではないかと考えている。

第 2 節　大川端での賽神儀礼（1988 年 9 月 2 日）

　ここで紹介する事例は、生駒山の朝鮮寺（大興院）で催された大規模なクッの「賽神」儀礼が、大川端で舟送りの形で行われたものである。このクッは、シンバン金萬宝氏による大興院の開創儀礼として行われた。巫者であるシンバンが寺を開くことはこれまで例がなかった。同業者（シンバン、ポサル、スニム）やクライエントら 150 名余りの人々が参加して、7 日間にわたって盛大に催された。「賽神」儀礼はこのクッの最終過程であり、かつ長大なソナン（船王）プリの最終過程にもあたる。ソナンは家庭でも祀られるが、「船ソナンは 2 トン以上の、釣船にでも使える船であれば、ど

第Ⅲ部　コリアン宗教の諸相

写真6　大阪ビジネスパーク付近・大川に船を流す（1989年）

の船でも祀る」（張1982,94）といわれるように、漁業と関係の深い済州島出身の人々にはとくに身近な神である。ソナンはトチェビともいわれ、人に憑いて、富をもたらすこともあれば、急に不幸に突き落とすこともある気まぐれでやっかいな存在である。ソナンプリは、願主に憑いたソナンをもてなしつつ、願主が倒れるまで激しく舞って追い祓おうとする祀りである。7日目の最終日午後から、最終過程の「賽神」が始まった。筆者の調査ノートを引用する。

　　午後5時ごろ、玄金石（ポサル、金萬宝の妻）らが生野区の朝鮮市場で豚肉を買って戻ってくる。儀式用に1匹の豚を4つに切り分け丸ごと煮たもので、あらかじめ注文しておいたものである。「豚を供えるのは、済州島旧左面細花里のオガミの習慣。亡くなったわたし（萬宝）の長兄が細花里の担当シンバンだったので、自分のための儀礼でもこの豚のオガミは必ずする」という。
　　賽神。冥銭を焼き、占う。信貴山の神にも「寺の持ち主が代わりましたので

写真7　川を流れていく船（1989年）

宜しくお願いします」と祈る。豚肉を細かく切り、たくさんの皿に盛り分けて供える。秦富玉シンバンが枕鼓を打ちながらうたう。

　発泡スチロールの3つの箱を3艘の船に見立て、赤黄青の帆を飾り付け、供物を入れる。1つは萬宝の船王、1つは金石の船王、もう1つは萬宝の母が担当シンバンだった兎山里・松堂里の神のためである。供物は飯、卵、モヤシ、餅、焼き魚、精力ドリンク剤などで、船王の船にはさらに豚肉を入れる。秦シンバンが細花里の神のボンプリ（神話）をうたう。細花里の神は海に浮かばないので、船送りはしない。船をミニバンに積み込む。

　午後7時前、金保尹シンバンが小豆を外に撒いて雑鬼にふるまう。これで寺での行事はすべて終了した。お下がりの豚肉をおかずに一同食事。

　午後8時前、萬宝・金石夫妻とシンバン全員がミニバンに乗り込んで大興院を出発。運転は高眞隆シンバンの日本人の妻。午後9時前、高層ビル群がそびえる大阪ビジネスパークの一隅、大阪城を臨む大川のほとりに車を停め、シン

バンたちが船を運び出す。萬宝・金石夫妻は車から出ない。せっかく祓った船王や諸々の霊鬼たちにまた取り憑かれないためだ。シンバンたちはドラを叩きうたいながら、3艘の「船」を運河に放り込む。赤黄青の帆飾りをつけた「船」は、夜の運河のなかをゆっくりと下流に消えていった。(飯田 2002, 132-133)

ここでは水辺のクッは、山の寺で行ったクッの最終過程として、ソナンを祓って送り出すために、水辺の神送りが必然的に要請されたものである。

第3節　箱作海岸

(1) 海の家・幸楽センターでのクッ (1988年7月3・4・5日)

幸楽センターは南海電鉄箱作駅から近い海岸にあって、夏は海水浴客の民宿・休憩所となる。昭和38年 (1963) 8月1日に金宗基 (金盛良夫) 氏 (大正14年 (1925)、生野区勝山に生まれた) によって作られ経営されている。同氏は「無窮正道教」(宗教法人、生野区鶴橋 2-12-7) という小さな新宗教の教祖でもある (cf. 飯田 2002, 170-171)。箱作にはもう一軒「ときわセンター」という民宿兼貸祈禱所がある。これは禅法寺 (生野区中川 2-25-6) の韓公和さんの所有になっている (cf. 飯田 2002, 163)。

今回のクッは3日間にわたって行われた。願主は、Nさん (67歳、女性)、その夫の弟のK氏とその妻で、姉と妹も参加した。家族の人々の病気や不幸を、先祖と神々を祀って平癒、解決するために行われる。

クッを担当するのは、金萬宝シンバンとその妻玄金石、李仲春とその妻韓一春両シンバンと鄭玉順ポサル、金井継奠スニムの6名である。Nさんはかねて親しいポサル鄭玉順さん (63歳) に相談した。鄭さんは大規模なクッはいつも金萬宝氏に頼むので、今回は金氏が中心になって仕切ることになった。金萬宝氏はすでに2回、この人のためにクッをしている。済州島の有力なシンバン李仲春夫妻が来阪していたので、応援を頼んだ。この時期、大阪の済州島出身者のあいだでクッが盛んに行われるので、済州島からシンバンがしょっちゅう訪れている。

初日は、神々と先祖・死者たちを呼び迎える。このとき不幸の原因となった

第2章　水辺の賽神

写真8　箱作・幸楽センター（1988年）

写真9　神霊を迎え入れるシンバン・幸楽センター（1988年）

写真10　踊ってソナンを祓う・幸楽センター（1988年）

死者たちの過失、すなわち祀るべきときに祀りをしなかったことがシンバンを通して語られる。2日目はチルチム、すなわち十王祭である。死者の霊を地獄の十王の裁判を経てあの世に安らかに送る祀りである。3日目はソナンの祀りである。

ソナンはトチェビ（トッケビ）とも呼ばれ（トッケビはソナンの「下卒のような神格」ともいわれる。張1982, 100)、人の運不運にかかわる気まぐれな神である。トッケビに気に入られると大金持ちになるが、機嫌をそこねるといっぺんに没落する。Nさんは海女をしていて、それが原因となって何度も気の病になったので、ソナンの祀りをとくに行う必要がある。そのため今回は山の寺ではなく、この海の家で行われたのである。

(2) 箱作・普賢寺の盆行事（1986年8月26日（旧暦7月15日））

普賢寺は、1968年に大阪市生野区（勝山北5-12-39）に韓国から来た釈泰然師によって創設された寺院で、「宗教法人曹渓宗総本山宗務院」の看板を掲げる。韓国の中心宗派である曹渓宗の最初の日本寺院である。在日の人々に韓国仏教を広めるセンターであるとともに、韓国から来日する僧侶の滞在所となっている。信者との関係では先祖供養が主で、盆行事は重要な位置を占める。2階にある本堂の正面右手に先祖壇が設けられ、旧暦4月15日より読経が続けられ、旧暦7月15日に紙の位牌

写真11　箱作海岸での盆供養（1988年）

写真12　箱作海岸・盆供養（1988年）

と供物とを海に流す。この年は新暦で8月26日にあたる。なお1月15日にも箱作にきて先祖供養を行う。

　午前10時ごろ、50名余りの女性信者が本堂にあつまる。盆行事の意味を説く釈泰然管長の講和があり、先祖壇への読経のあと、先祖壇の紙位牌、飾り、供物が運び出される。昼食後、午後1時過ぎに管長と韓国から来た2人の僧をふくむ約60名が大型バスに乗り込んで出発。午後3時前、箱作に到着。10メートル幅の砂浜が堤防の前に連なっている。大阪府の海岸で自然の砂浜があるの

写真13 海に供物を投げ入れる。箱作海岸の盆供養（1988年）

はここだけという。すぐ海岸に降りる。海岸にござを敷いて紙位牌、供物を置く。一同海に向かって読経。紙位牌、神仏名を書いた札を焼く。めいめいが海に向かい手を合わせながら、供物（花、餅、果物、菓子など）を海に投げる。午後4時に再びバスに乗り、帰路につく。

釈管長によると、盆行事としては、海、山、町で行う儀礼として基本的に変わりはない。ただ信者は済州島出身の人が多く、海で亡くなった人、漁をしていた人、魚への供養の意味もある。また紙位牌などを焼く場所が町中では確保しにくいこともある。参加する信者にとって、海は済州島につながる場所でもあり、望郷の思いを掻き立てられる場所でもあるのだろう。

第4節　済州市チルモリ壇でのヨンドン祭

済州島では、龍王祭（ヨンワンジェ）が重視されていた。龍は海の神、水の神であり、大抵の漁村の堂（ダン）（村の祭祀の場所）で祀られていた。昔は多くの村で行われていたが、1980年代終わりごろには、3〜4ヵ所くらいでしか行われていない。済州市健入洞のチルモリ壇で旧暦2月14日に行われるヨンドンクッは、無形文化財に指定されている。その最後には〈船流し〉が行われる。2隻の船に人々が乗って海上に出て、用意された藁船を流す。(cf. 野村1987, 169-197)

写真14 済州市健入洞ヨンドンクッ。終了時（1983年）

写真15 済州市健入洞ヨンドンクッ。終了時（1983年）

　このように済州島で広まっていた海の神への祀りの記憶が、済州島と海でつながる大阪のいくつかの場所で人々が水辺の祀りを行う素地となっているのだろう。
　筆者は、箱作の海の家には1987年以降行っていない。どうなっているであろうか。
　龍王宮はゲリラ的に作られてきたものであり、いかなる公的団体の承認、後援を受けたものでもなく、「民俗文化」として保護されてきたわけでもない。今般、龍王宮が消滅しても、在日の人々の需要がある限り、水辺のクッは続けられるであろう。大川のほとりでも、祭祀の場は再びゲリラ的に復活する可能性があるだろう。たとえば近辺のホテルや公共施設を借りて、または臨時のテントを張ってクッを行い、

第Ⅲ部　コリアン宗教の諸相

終了時に大川に供物を流すなどの形態もありうるかもしれない。あるいは少し離れた場所でクッを行い、車で川辺にやってきて供物を流すことも現に行われていることである。それがどのような形で復活するのか、期待を持って見続けたい。

付記

　筆者は、宗教関係者（クライエントを除く）のお名前、宗教施設の所番地を公共化された情報として明記することにしています（迷惑がかかることが予想される場合は差し控えます）。それを歴史の一時期の記録として遺し、何年か何十年かあとの研究者に伝えたいと願うからです。

第3章
在日コリアン社会における純福音教会と巫俗
普遍的基層宗教としてのシャーマニズム

第1節　在日コリアン社会における諸宗教

　在日コリアン社会における宗教は、儒教祭祀、巫俗儀礼、韓国仏教、キリスト教に加えて、日本の諸宗教（仏教、神道、民俗宗教、新宗教）への信仰もあり、複合的な様相を呈している。また「在日コリアン」も、オールドカマー（戦前に渡日した人々とその子孫）と1970年代以降に渡日したニューカマーとでは信仰の面でもかなり異なっている。

　これらを、エスニックな文化志向のタイプ（「同化」志向、「在日」志向、「民族」志向）と組織・ネットワークのタイプ（ネットワーキング型、フォーマル組織型、ネットワーク型）によって類別すると、表1（次頁）となる（飯田 2002, 58）。

　このなかで、シャーマニックな宗教またはカリスマ系宗教といえるものは、巫俗儀礼とキリスト教純福音系教会などである。巫俗儀礼は、オールドカマーで高年齢の女性、とくに大阪の済州島出身者社会で盛んに行われていた。それに対し、純福音系教会は主としてニューカマー女性の信者を引きつけている。ただ、2つのグループのあいだで、人的つながりは見られない。

　現代韓国のキリスト教の急速な発展は、伝統的なシャーマニズム信仰が基盤となっている、との指摘が韓国の神学者によってなされている。確かにアジアでは、キリスト教の宣教は主として近代以降になされ、そこではシャーマニズムの民俗文化的伝統が豊富に残っていた。日本では、シャーマニズムは、東北地方、南方諸島、山岳地域のものとして辺境化されたが、韓国では、巫俗は、儒教の男性文化に対して、女性文化として劣位におかれつつ、各地にその宗教的伝統が豊かに保存されてきた。柳東植（ユ ドンシク）(1975) は、韓国のキリスト教は韓国巫俗のハナニム概念との親和性のうえに、依他的信仰、除災招福重視の性格を受け継いで発展したが、このような性格は克服されなければならない、としている。キム・ユンギ (Kim, A. E. 2012) は南山シ

表1　在日諸宗教結合型と文化機能（飯田 2002, 58）

結合型＼文化機能	「同化」志向	「在日」志向	「民族」志向
ネットワーク型 原生縁一目標志向	日本仏教・神道 日本民俗宗教	建　墓 在日民俗宗教	韓国仏教 **巫俗儀礼** 儒教儀礼
フォーマル組織型	日本新宗教	在日大韓基督教会 親族会霊園	**純福音系教会**
ネットワーキング型		民族文化祭	

ンポジウム報告で、現代韓国における幾人かの研究を参照しつつ、両者の密接な関係を論じている。また純福音系教会の断食祈禱院が巫俗との顕著な接点となっている、との報告がある (cf. 渕上 1994; 2010)。

　しかし日本のコリアン社会において、2つの宗教的伝統の直接の接点となるような運動や人的つながりは見出すことはできない。また、純福音系教会に付属していくつか断食祈禱院があり、そこでは教会での礼拝以上に異言や熱烈な祈禱がなされると聞くが、巫俗的伝統との直接のつながりは確認できない。

第2節　在日コリアン社会の巫俗儀礼

　ここで「在日コリアン」を、日本に住む韓国・朝鮮籍の人々を指すこととする。50数万人の在日コリアン人口のなかで、約半数は大阪を中心とする関西に住んでいる。とくに大阪市生野区は日本最大の在日コリアン集住地であり、その大半は済州島出身者によって占められている。伝統的な巫俗儀礼は済州島出身者のネットワークのなかで、おそらく戦前から行われていたのではないかと推測されるが、戦後になってその活動は生駒山系に設けられた「朝鮮寺」(在日コリアン寺院) 群の形をとって現れることになる。これらの寺は60数ヵ寺を数え、仏教寺院の看板を掲げつつ、巫俗儀礼の場としての機能を果たしてきた。

　巫俗儀礼とは、死者霊を供養するために、専門のシャーマン的霊能者によって神々を降ろし、死者霊の口寄せをするものである。生駒山の寺では2〜3日から1週間、ときには10日におよぶ巫俗儀礼が行われるが、在日コリアンの集住地である大阪市生野区ないしその周辺の町のいくつかの寺においても、短い巫俗儀礼が盛んに行

第 3 章　在日コリアン社会における純福音教会と巫俗

写真 1　生駒山中の神徳院（シントクイン）

右手に神々を招き降ろす大竿が建てられている

写真 2　神々を招き降ろす巫者の夫妻

写真3 死者霊の言葉を涙ながらに口寄せする巫者

われていた (cf. 飯田 2002)。しかし 1990 年代以降、世代交代とともに生駒山での在日コリアン寺院の活動は衰退し、済州島直系の巫俗儀礼は担い手（巫者（ムーダン）および依願者）の減少とともに、かつてほどは行われなくなってきている（宗教社会学の会編 2012）。

済州島出身者のあいだでも、プサンやソウルなど陸地から来るポサル（菩薩）と呼ばれる女性祈禱師が受け入れられてきている。ポサルの祈禱には仏教の読経もあるが、死者霊の口寄せや霊感などのシャーマニックな要素も含まれている。しかしここでもポサルの世界とキリスト教世界との直接の人的連関は確認できない。

第3節　キリスト教会の展開

プロテスタント系で戦前から組織的な活動を展開しているのは、大韓基督教会総会である。1908 年に朝鮮からの留学生たちによって設立され、苦難の時代を経て、現在約 100 の教会・布教所を日本全国に持っている。信者数は約 5,000 名である。韓国の長老派やメソディスト派など、メインラインの諸派から宣教師を受け入れている。民族教会として在日コリアンの人権回復・差別撤廃を宣教方針の柱の 1 つとしている。大韓基督教会総会のなかには、このような社会派というべきグループと、内面の救済を重視する福音派というべき 2 つの異なる志向をもつグループがある（飯田 2002, 297）。このうち福音派のなかには祈りにおける聖霊のはたらきを強調する人々もあるが、異言などのペンテコステ派の特質が明確に示されているわけではない。

第3章　在日コリアン社会における純福音教会と巫俗

　カトリック教会にもおそらく数千名の在日コリアン信者が所属しているが、コリアンのみの教会はなく、実数は不明である。在日コリアンとしての民族性はとくに強調されず、大多数は通名（日本名）を名乗っている。個別に聖霊のはたらきを重視する人々はいるかもしれないが、組織的なカリスマ運動は報告されていないようである。

第4節　純福音教会（日本フルゴスペル教団）の宣教活動

　韓国のプロテスタントでペンテコステ派的特質を明確に示して大きな勢力となっているのは、チョー・ヨンギ（趙鏞基）牧師によって1958年に創始された純福音教会のグループである。このグループは急速に成長し、信者数70数万人と言われるヨイド純福音教会を中心として、韓国全土はもとより国外にも宣教活動を展開している。

　チョー・ヨンギ牧師は10代で病を負う体となり、アメリカから来た宣教師によってペンテコステ派の信仰に導かれた。純福音神学校で学び、同期生であり義母となるチェ・ジャシル（崔子実）と協力して独自の宣教活動を開始した。

　チョー・ヨンギ牧師の熱情的な説教と祈禱、チェ・ジャシル牧師の指導する断食祈禱院での活動、および信者による礼拝中の激しい異言など、これらがカリスマ信仰の性質を示しているといわれている。

　日本への宣教は、1964年にチェ・ジャシル牧師が初来日して以来、毎年続けられた。チョー・ヨンギ牧師は当初日本宣教には慎重であったが、世界宣教活動のなかで本格的な日本宣教を決意し、1979年「日本一千万人救霊」を目指す運動を開始した。宣教集会や放送を通じて説教を行い、信者数を急激に増やしていった。

　純福音東京教会は1978年麻布に創立され、その後各地に教会が設立されていった。現在、日本には80の教会がある。全体の信者数は3,500名以上といわれる。信者のうち、多数はニューカマー女性で、オールドカマーの韓国人は少ない。日本人の比率は2〜3割でやはり若い女性からなり、男性は女性信者の配偶者とみられる。日本人およびオールドカマーの在日韓国人への宣教については大きく進展しているとは言い難いようである。

　ただ、日本のキリスト教会活動が一般に停滞的であるのに比すると、純福音教会グループの活動は盛んで、短期間に多くの信者を獲得し、多くの教会を生みだして

きたことは確かである。しかし「一千万人」の目標からは程遠く、近年その「カリスマ」的性格は沈静化してきているように見える。

つぎに、純福音教会グループに関する筆者の調査ノートを略記してみよう。

純福音東京教会

筆者が純福音東京教会 (新宿区大久保 1-2-6、サンセール新宿) を最初に訪問したとき (1988 年 10 月)、このグループは日本国内で 7 教会を開いていた。東京教会はリ・カンフン (李康憲) 牧師のもとに信者約 3,500 名が在籍していた。その時、水曜日の夕刻礼拝が行われており、20〜30 代の女性信者が数十名参加していた。日本のバブル経済期で、新宿などの盛り場で働く若い韓国人女性が多いように見受けられた。牧師は不在だったが、讃美歌の合間に思い思いに祈りながら涙とともに激しい異言を発し、礼拝室は異言と嗚咽の声で満たされた。ベンチの端ごとにティッシュペーパーの箱が置かれ、参加者はあふれる涙をそれでぬぐっていた。その時筆者が購入したリ・カンフン牧師の日本語説教の録音内容は盛り場で働く女性たちを対象とするものだった。牧師は、酒を売ることは罪であろうかと問い、「それは確かに罪である。あなた方はその罪に苦しみながら仕事を続けている。神はそのようなあなた方を哀れみ救い給うのです」と答えるなどの内容であった。

その後、1990 年にリ・カンフン牧師と多数のメンバーは、ヨイド純福音教会グループから離脱して東京中央教会を設立し、1996 年に新しい教会堂 (新宿区大久保 2-18-8) を建て、現在関東地域に他に 4 つの中央教会を設けて積極的な活動を続けている。

純福音東京教会はこの離脱により、信者、建物・財産、宗教法人格を一挙に失うことになった。しかし約 200 名の信者による公園での野外礼拝から再出発して再建活動に着手し、何度かの会堂移転を経て 2002 年に 7 階建ての建物を購入した。これが現在の教会堂 (新宿区歌舞伎町 2-2-4) となっている。

2011 年 7 月の訪問時、チョン・デウォン (鄭大垣) 担任牧師のもとに、8 名の牧師と約 2,500 名の信者が在籍していた。韓・日の信者の割合は 7 対 3 くらいである。秋川に断食祈禱院が設けられている。担任牧師は同年、大阪純福音教会牧師から転任したばかりである。韓国から派遣される担任牧師は約 3 年ごとに交代している。

日曜礼拝は朝から夕刻まで 7 回行われ、午前 11 時からの礼拝の出席者は約 250 名であった (同時通訳、手話付)。午後 1 時からの礼拝は、ヨイド純福音教会でのチョー・

写真 4　純福音東京教会

ヨンギ元老牧師の説教をテレビ同時中継するものであった（日本語と英語の同時通訳付き）。

　筆者が最初にチョー・ヨンギ牧師の説教を聞いたのは、1980 年代始め、大阪のサンケイホールでの伝道会であった。流暢な日本語で神の愛を穏やかに分かりやすく繰り返し説きながらだんだんと熱を帯びてゆき、聴衆の気持ちもそれにつれて高潮し、最後に祈りのなかで病気や体調不順の具体的な症状をひとつひとつあげて、それが癒されることを告げる、というものであった。「肩の痛い人は癒されます……膝の痛い人は癒されます……頭痛のある人は癒されます……。」筆者はこの説教と祈りを聴いて、体に不調のある人々の何人かに一人はおそらく良くなる気がし、ごく限られた数の人々には著しい回復もあるのかもしれない、と感じた。

　2011 年に東京教会の同時中継で聞いたときは、高齢となったチョー牧師の説教の調子はずっと穏やかなままであり、終盤部での「盛り上がり」はあまり強調されたものではなかった。創立者であるチョー牧師への尊敬の念が、巨大なヨイド教会の堂内に満ちているようであった。しかし、ヨイド教会でも東京教会でも、説教のあとの祈禱時に異言を発して強い興奮を示す人はごく少数であった。このように創立期に比べると純福音教会の「カリスマ」的特色は希薄化しているように見受けられた。

　なおチョー・ヨンギ牧師は 2010 年ヨイド純福音教会堂会長を引退し、元老牧師となった。堂会長にはイ・ヨンフン前東京教会担任牧師が就任した。

写真5 大阪純福音教会

大阪純福音教会（大阪市浪速区摂津西2-16-11、2011年7月訪問）

　大阪純福音教会は1988年に創立された。チェ・チュイル（崔洙日）牧師のもとには在籍信者450名がおり、そのうち洗礼者は約300名である。信者は韓国人が6割、日本人が4割という。日曜には7回の礼拝が行われ、中心的な第二礼拝の出席者は100名余りであった。50代、60代が多く、40代、そして30代がこれに次いでいた。礼拝は牧師が韓国語で説教を行い、その内容を横に立つ通訳者が日本語に訳すというものであった。ハングルと日本語の讃美歌の歌詞がテレビ画面に表示された。

　礼拝時に異言が見られなかったことについて質問すると、牧師は「初めての人が異言を見るとびっくりするでしょう。夜の水曜礼拝、早朝の礼拝では異言がありますよ。断食祈禱は信者が自発的にしています」とのことであった。チェ牧師は2ヵ月前に東京教会副牧師からこちらに転任したばかり。前任者チョン・デウォン牧師は7年間ここにいて、東京教会担任牧師として転任した。

　初来者担当の伝道師である日本人のMさん（68歳）はつぎのように語ってくれた。「わたしの家は浄土真宗だった。この教会に入ったきっかけは病気です。肝臓病、ガンにもなりました。キリスト教も仏教ももとは同じ。基本は親を敬いなさいということです。韓国でキリスト教が発展したのは、親を敬うからですよ。」

フルゴスペル京都教会（京都市上京区中立売通堀川西入ル役人町234-4、2011年7月訪問）

　フルゴスペル京都教会は1990年に創立された。チェ（崔）・ヨハネ牧師と約100名

写真6 フルゴスペル京都教会

の教会メンバーからなる。7割が韓国からのニューカマーであり、3割は日本人と在日である。チェ・ヨハネ牧師は、1934年に韓国でメソディスト系教会の信者の家に生まれた。日本には音楽指導のため招待されて来日した。チョー・ヨンギ牧師の説教を聞いて悪魔との戦いに目覚め、純福音教会に移った。東京教会で奉仕していたが、神学校で学んで伝道師になり、ついで牧師になった。開拓伝道で大阪教会、京都教会、神戸教会、茨木教会などを開いた。建物を造ることではなく、各地で信者が集まれる場所を確保することを目指した。チェ牧師は派遣宣教師ではないので、宣教の初期から今日までずっと日本で純福音教会の牧師をしている。来年には引退して名誉牧師となり、京都教会には新任の牧師が来ることになっている。

日曜日には3回の礼拝があり、午前11時の礼拝の出席者は40名余り。年齢構成は、40代、50代、30代、20代の順に多いように見えた。

チェ牧師の話によると、

　　今、日本の純福音教会グループで80教会、宣教師100名、信者3,500名以上です。ニューカマー6割、日本人2割、在日僑胞(キョポ)2割くらいでしょうか。女性が8割。留学生もいます。

　　巫俗とペンテコステ派の関係ですか？　巫俗と教会はまったく違います。何かのデマでしょうね。それは神に反します。呪われているものです。イエス様が来ることにより、巫俗の場所はなくなるのです。

第Ⅲ部　コリアン宗教の諸相

比較的短期間に多くの教会を作りましたが、日本人と在日への宣教は停滞気味ですね。異言は、日曜礼拝ではなく祈禱会に来て見てください。

翌日、早朝祈禱会（午前6時）を訪問した。始めは5名が出席、のちに5名が参加し、アン（安）副牧師（女性）が司式を行った。出席者は女性7名、男性3名、このうち日本人は6名であった。アン副牧師が祈るうちに、「オラバラバラバラバ……」と異言の声が発せられ、体を揺する人、涙をふく人、早口の小声で呟き続ける人が見られた。礼拝後は、パンとコーヒー、トマトでなごやかに朝食会がもたれた。

第5節　その他の教会グループ

カルバリ教会（純福音キリスト教団）

カルバリ教会グループ（純福音キリスト教団）は、松平題摩太（まつだいらテモテ）牧師によって創立された。松平氏は1940年神戸生まれの在日コリアン二世で、韓国純福音教会のチェ・ジャシル牧師の子息キム・ソングァン（金聖光）牧師に出会ったことがきっかけで信仰をもち、カルバリ教会神戸を1967年に開設した。その後、純福音極東聖書学院を開校し、教会を大阪、京都、前橋、和歌山、岐阜などに開き、純福音キリスト教団を1984年に設立した。この教団はヨイド純福音教会の強い影響を受けて成立したが、組織的に所属関係にあるわけではない。

1987年の訪問時、大阪教会は洗礼会員約200名、神戸教会は洗礼会員120～130名、前年開設された京都教会は20～30名で、グループメンバーの総数は400名近くいた。

筆者は同年の夏、京都のホテルで3日間にわたって開かれた夏季修養会に参加した。「ハイセンスなクリスチャンの集い」を主題に掲げ、20～30代の韓国と日本の女性を中心に約140名が参加した。講師は、シカゴ・アセンブリ・オブ・ゴッド教会のキム・ミョンナム（金明南）牧師が務め、モーセが神に命じられて作った幕屋とその歴史についての旧約聖書の記述とその信仰的意味を詳細に講義するものであった。講師による韓国語の講義を松平牧師が日本語に通訳した。松平牧師の礼拝説教のキーワードは「ハイセンスな生活」で、世間から離れた清貧ではなく、世の中どこへ行っても評価され羨まれるようなクリスチャンを目指そう、という主旨であった。

写真7 カルバリ教会の修養会・異言と涙の祈禱

当時、外国人登録法の指紋押捺規定の撤廃を目指す運動が在日社会および日本社会で盛り上がり、大韓基督教会総会はこの運動を積極的に行っていた。これについて松平牧師に聞くと、それは教会の本来の活動ではなく、教会にとっては有害無益だ、との意見であった。

数年前より、カルバリ教会グループ（純福音キリスト教団）は活動を停止しているようである。

京都インマヌエル宣教教会

京都インマヌエル宣教教会は、2012年1月の南山大学でのシンポジウム Pentecostalism and Shamanism in Asia に出席していた中国人留学生Tさんから、京都にあるペンテコステ派教会として紹介された。Tさんは前年9月に東京大学を卒業し、就職が決定した日本企業に入社するまでのあいだ、この教会に住んでいた。

この教会は大韓イエス教長老会のマイアミ・インマヌエル宣教教会に属し、2000年に京都大学内での創立礼拝から始まった。留学生に伝道して出身母国に宣教師として派遣する活動も行っている。パク・モーゼ担任牧師の指導のもとにあるが、毎週の礼拝には、リ・エリア宣教師（東京大学現代韓国研究センター特任教授）が東京から通っている。

筆者は、2012年1月の日曜礼拝を訪問した。礼拝参加者は20名くらいで、韓国と中国の留学生が多く、日本と韓国の大学教授なども出席していた。礼拝時に異言は

写真8　京都インマヌエル宣教教会

なく、落ち着いた雰囲気であった。Tさんはペンテコステ派とシャーマニズムはまったく異なるものと理解している。つまりペンテコステ活動は聖書に書かれた本来のクリスチャンの活動であるが、シャーマニズムは迷信ないし悪霊の関わるもので、混同してほしくない、という意見であった。

　これはフルゴスペル京都教会のチェ牧師の話とも重なっている。研究者はペンテコステ派ないし韓国純福音教会と巫俗の関係を指摘するが、教会当事者は一般にこれを否定すると見て良いのかもしれない。このほかにも、純福音教会以外のペンテコステ派の特徴を示す韓国起源の教会はいくつかあると思われる。

第6節　普遍的基層宗教としてのシャーマニズム

　20世紀後期の韓国でキリスト教、とくに純福音系教会が発展した理由として、韓国の伝統的シャーマニズムがその基盤にあったとする説があることを先述した（柳

1975、Kim 2012、渕上 1994; 2010)。日本の純福音系教会においても信者の多くはニューカマーの韓国人女性なので、現代韓国社会を基盤とする両宗教要素の関係についての説を直接に否定しようとは思わないが、在日コリアン社会における済州島系巫俗と純福音系教会の関係はまったく見出すことはできなかった。筆者はそこで、2つの宗教的伝統の直接の関係というより、シャーマニズムの位置づけについてもう1つ別の仮説を提案してみたい。

　それは、シャーマニズムを特定地域の迷信的な宗教的習俗とみるのではなく、人類に普遍的な基層宗教の一要素とみようとするものである。一般に、礼拝ないし祈禱は聖なる対象に向かう人間主体のはたらきである。礼拝の対象がどのように表現されるか (唯一神、多神、霊、トーテムなど) を問わず、人間主体と聖なる客体との関係において礼拝ないし祈禱の行為がなされる。しかし人間の自我が、強い緊張や危機的状況にさらされて変容を被るとき、エクスタシーないしトランスと呼ばれる状態が起こることがある。ここにおいては、通常の自我は聖なる対象と直接的接触を起こすことがある。すなわち、ここで主体と客体の区別が失われ、主客の一体化が起こる。エリアーデは多様なシャーマニズム現象を脱魂型、憑依型、霊感型、統御型などに分類しつつ、シベリア地域で観察された脱魂型を「純粋」のシャーマニズムとして、その他のタイプを疑似的シャーマニズムとしている (Eliade 1974)。しかし、自我変容によって人間と礼拝対象が直接的に接触する宗教行為をシャーマニズムと定義するなら、さまざまなシャーマニズムのタイプを類型化することは有意義であるとしても、そのうちどれか1つを「純粋タイプ」として他と区別することに大きな意味があるとは思われない。

　自我 (個我) とは、自分の名前と自分の身体をもとに、他者、他存在と排他的に区別される社会心理的存在であり、社会的相互作用のなかで形成され、維持され、展開してゆくはたらきである (Mead 2005)。自我は社会的構成体であり、ひとたび構築されると、日常生活において自己と周囲の他者との関係のなかでの相互行為によって維持されるものとなる。しかしそれが、関係的、心理的、肉体的に極限的ないし危機的状況になると、自我構築の維持は困難となり、自我の統合は揺らぐことになる。そのとき、さまざまな宗教的表象、存在との直接接触、一体化などの現象があらわれやすくなる (Berger 1979)。それが伝統宗教のなかで意味づけられ名前が与えられれば、シャーマン、巫者(ムーダン)、霊媒、祈禱師、魔女、妖術師などと呼ばれるようになる。

第Ⅲ部　コリアン宗教の諸相

　このように考えれば、シャーマニズムは特定地域の特殊な宗教的伝統というより、すべての人類に起こりうる普遍的宗教現象の1つ、ということができる。

　しかし、シャーマン的自我変容はすべての人に無条件的に起こるというわけではない。社会的自我はひとたび形成されると多くの人にとっては容易には壊れにくいものとなる。シャーマニックな変容を起こしやすい素質をもつ人は、通常おそらく数十人に1人くらいのものではないだろうか。ただペンテコステ派の礼拝において参加者の多くが異言を発し、エクスタシー的動作を示すのをみれば、これはまれな素質によって起こるのではなく、状況次第では多くの人に起こりうることかもしれない。

　このようなシャーマニズムの伝統は、シベリアから中国東北部、朝鮮半島、日本列島、沖縄諸島を経て、インドシナ半島、南インドにも広がっており、これらをさして「南方シャーマニズム」とも呼ばれることもある（桜井他編1983）。

　人類学者 I. M. ルイス（Lewis 1985）は、キリスト教世界を含むさまざまな地域で憑霊型シャーマニズム現象が観察されることを報告している。

　初期のキリスト教会では、異言や聖霊による憑依が現れていたことが『聖書』の「使徒行伝」に記されており、これがペンテコステ派の教義的根拠となっている。しかしカトリック教会では、これらの現象は初期教会においてのみ起こった歴史的出来事であり、その後の教会史においてはみだりに起こるべきではないものとされてきた。なぜなら「聖霊」が降りた人がさまざまなことを話せばそれは教会の組織秩序を乱しかねず、教義体系を揺るがしかねないからである。また聖職の階梯を踏まないシャーマニックな宗教者が人々に影響を及ぼせば、聖職者の権威が失われかねないからである。

　キリスト教宣教師はシャーマニズムを未開社会の因習であり反キリスト教的な迷信とみなして否定し、撲滅をめざしてきた。しかし、広くアジア地域や中南米において、キリスト教が布教された地域でも「土着宗教」の生命力は残存し、それぞれの地域のキリスト教信仰に土着信仰の刻印が残っているといわれる。

　ドイツ各地域のキリスト教信仰のなかに、もともとのゲルマン民族の持っていた前キリスト教的宗教要素が残存していることを、H. ハイネ（Heine 1980）は多くの事例を挙げて論じている。

　筆者は中世において「魔女」として宗教裁判にかけられた人々のなかにシャー

第3章 在日コリアン社会における純福音教会と巫俗

ン的行動を示す人々がいたのではないかと推測している。

これらは、特殊な宗教的伝統の残存というより、より基層にある人間の普遍的宗教要素としてのシャーマニズムの遍在とその表現、というレベルにおいて考えることができる、というのが筆者の仮説である。

ここで1つの有名な絵画を例に、そのことを考えてみよう。バチカン美術館にあるラファエロの「イエスの変容」図である（次頁参照）。

これは、福音書（マタイによる福音書17章1〜9節、マルコによる福音書9章2〜8節、ルカによる福音書9章28〜36節）において、イエスが3人の弟子とともに高い山に登ったとき、過去の預言者モーセ、エリヤと出会い、光輝く姿に変容したエピソードと、その後イエスたちが山から下ったとき、てんかんの少年を癒したエピソードに基づいている。

この絵の通常の説明は、これら2つの継続する場面を上下に描くものとしている。しかしこの絵が与える強い印象は、上下2つの場面の統一性である。ラファエロはある修正を加えてこの2つの場面を一体化して表現していると考えるべきであろう。

筆者は、つぎのように理解している。上部のイエスの変容の画像は、下部のてんかんの少年の幻視のイメージである、と。下部では、少年が目をむいて上部の場面を指さしている。下部の画面の他の人々で直接上部をみているものはおらず、左側の人々の視線は少年に向かっている。右側の人々は少年の家族であろうか。少年の発作についてはすでに知っており、彼らの視線は少年ではなく、少年に向かい合う人々の方に向かっている。左側の人々は少年の異変に驚きとまどいながら、そのなかで一人の男が少年に問いかけながら上部を指さしている。「君は上の世界で何かが、不思議なことが起こっていると伝えたいのかね」と。この少年はシャーマンのはたらきをしており、この少年の幻視を通して「イエスの変容」が人々に伝えられる状況を描いている、と考えられる。

この絵の下部では、聖書の記述であるイエスによるてんかんの少年の癒しは描かれず、イエスの変容と同時に山のふもとで起こっている少年の発作のなかに、山上での不思議な出来事の、少年による幻視とその伝達が描かれている、と筆者は解釈している。

イエスの変容がシャーマン的少年の幻視を通して人々に伝えられる、という解釈は、ローマ法王庁にとって不都合なものであるかもしれない。これは上下に2つの

229

第Ⅲ部 コリアン宗教の諸相

写真9　ラファエロ「イエスの変容」、バチカン美術館

第3章　在日コリアン社会における純福音教会と巫俗

場面を描いているとする通常の説明により、この「シャーマン的」解釈が回避されることによって、この絵がバチカンで許容され続けてきたのではないか、と筆者は憶測している。

　シャーマンが不思議な出来事を「見て」人々にそれを伝えるという現象は、日本文化においても共通の事例が指摘できる。能「葵上（あおいのうえ）」の例で示してみよう。重い病気で伏せている光源氏の妻・葵上を癒すため、巫女が呼ばれる。巫女があずさ弓をならすなかで、光源氏の前の恋人・六条御息所（ろくじょうのみやすどころ）の生霊が巫女の幻視のなかに現れる。生霊は葵上に嫉妬の恨みを述べ、襲いかかる。比叡山から高僧が呼ばれ、ようやくこの悪霊を祈り伏せる。このようなストーリーである。ここで興味深いのは、舞台上で主役となる六条御息所の霊を「見」ているのは巫女のみであり、舞台上の他の人々は（高僧でさえ）直接それを見ておらず、巫女の言葉を通してその出現が信じられている、という点である。これはラファエロのイエスの変容図の状況と共通している、ということができる。

　シャーマン（巫者）は、自我変容によって通常状態の人間には経験できない非日常的な聖なる対象との直接接触を通して、なんらかの宗教的役割を果たす人々であると規定すると、このような人々はほとんどすべての社会に存在している（キリスト教世界では異端的に見られることが多いが）と考えることができるのではないだろうか。

　韓国の純福音教会において巫俗的伝統の影響がみられるとしても、それを特殊韓国的要因としてのみとらえなくても、むしろ人間の普遍的な基層的宗教要因の現れと見ることができるのではないだろうか。

　米国の近代ペンテコステ運動のように、巫俗的伝統がとくに見られない場合でも、カリスマ的（ペンテコステ的）キリスト教の発展の基礎に人間の普遍的な基層宗教要素としてのシャーマニズムがある、と考えてよいのではないだろうか。

第4章
宗教的伝統とキリスト教の発展
韓日比較の視点より

　韓国の宗教として歴史的に、巫俗、仏教、儒教、新宗教、キリスト教が展開し、現在これらは重層的に共存している。本章では、これらの歴史と現在を概観し、日本人の宗教との比較を試みたい。

第1節　韓国宗教史の特質
支配的宗教の交替

　「韓国文化史の特異性の1つは、韓国文化を支配する宗教が、時代とともに完全に交替したところにある。」キリスト教神学者である柳東植(ユ ドンシク)は、韓国宗教史の特質をこのように要約する (柳 1975, 9)。すなわち、諸時代の支配的宗教が、巫俗→仏教→儒教→キリスト教と交替してきたということである。土着的な民俗宗教である巫俗以外は外来宗教であるが、これらは時代ごとの熱心な受容期、浸透期を経て、民族文化の根幹を構成するものとなってきた。20世紀後半はキリスト教が急発展を遂げたが、過去の宗教的伝統も消滅することなく、宗教文化の複層構造のなかで生きつづけている。

巫俗

　巫俗は先史時代から続くもっとも古い伝統をもつもので、東アジア・シャーマニズム文化圏に位置づけられている。シャーマニズムは檀君(タングン)の建国神話にも見出され、古代国家の祭政一致体制においても重要な位置を占めていた。しかし統一新羅(668〜935)においては仏教が中心的地位を占め、巫俗は迷信、俗信として卑しまれ、圧迫されるようになった。
　巫俗はシャーマニックな憑依や、激しい歌舞、神々の神話を歌う豊富なポンプリ(本解)など、死者霊供養のための多様でドラマティックなプログラムを有している。クッ(巫俗儀礼)はかつての地域の共同祭祀という性格は薄れ、専門の巫者(ムーダン)に施主がその近親や先祖の死者霊供養を依願して行う私的な性格のものとなってきた。すな

わち、生活上のさまざまな不幸の原因は、恨(ハン)を残して死んだ近親や祖先の霊の迷い、あるいは苦しみに由来し、それを解決するために死者霊をもてなして和らげ、地獄の審判をくぐりぬけさせて、あの世に送るという主題をもっている。巫俗は朝鮮半島各地に地方ごとの特色をもって伝えられ、女性層の強い支持を受け、仏教や道教の要素を取り入れつつ、今日までしぶとく生き延びてきた。

仏教

仏教は儒教とともに、三国(新羅、百済、高句麗)時代、4世紀半ばに中国より伝えられた。とくに仏教は、統一新羅時代および高麗時代(936〜1392)に王朝に保護されて、全盛を誇った。新羅時代には元暁(ウォンヒョ)(618〜686)、義湘(ウィサン)(626〜702)が出、華厳教学を発展させた。元暁の思想はまた、何物にもとらわれぬ生き方にみるように、宗派の別を超えた総合仏教を実践するものであり、この総合性は朝鮮仏教の大きな特質として受け継がれた。

高麗時代には中国より禅が伝わったが、知訥(チヌル)(1158〜1210)はこれを華厳の教えの1つであると悟り、曹渓山修禅社(今日の松広寺)を開いて道場とした。この曹渓禅が後に朝鮮仏教の主流となった。しかし高麗末期には、高僧と政治権力の癒着が生じるなどの弊害が生じ、廃仏論が高まった。

李氏朝鮮王朝(1392〜1910)が興ると儒教、なかでも朱子学が正統の教学として重用され、仏教は衰退した。李朝初期には曹渓宗をはじめ11宗あったが、やがて7宗となり、さらに世宗王の時代には禅宗と教宗の2宗に統合された。李朝後期には仏教排撃がいっそう強まり、都市の寺院は破壊され、僧侶は巫者とともに賤民身分に落とされた。仏教はわずかに山岳地域の寺院で出家僧によって維持された。寺域には山神閣や七星閣が設けられ、道教信仰や巫俗的要素なども取り入れ、女性たちの祈福信仰に支えられて生きつづけた。

朝鮮時代の仏教はこのように低い地位に抑えられてきたが、日本仏教のような寺院の世襲や檀家制度、「葬式仏教」化は生じなかったのである。

日韓併合(1910年)後、朝鮮総督府は仏教を人の心を温和従順にするものとして保護し、30本山とその末寺を定めたが、同時に寺院に天皇崇拝を押し付けた。また総督府は日本の伝統仏教の朝鮮布教をバックアップし、浄土真宗、曹洞宗などが布教を試みたが、日本敗戦とともにこれらの宗派は撤退した。

第4章　宗教的伝統とキリスト教の発展

曹渓禅の流れは、1941年に朝鮮仏教総本山を名乗り、朝鮮仏教曹渓宗と改称した。1945年には大韓仏教曹渓宗と改め今日に至っている。

儒教

儒教、とくに朱子学は、李朝時代において国教のような位置についた。李退溪(イテゲ)(1501～1570)、李栗谷(イユルゴク)(1536～1584)らが出て、その理気の哲学をさらに発展させた。儒者たちによって多くの書院が開かれ、最高学府として成均館(ソンギュングァン)がおかれた。科挙(官吏登用試験)では儒教の教養が試され、王朝儀礼と両班(ヤンバン)の先祖祭祀はすべて儒教儀礼として行われ、日常生活にも儒教道徳が浸透した。儒教倫理の第一は「孝」であり、これは親や先祖を敬う心と行いをさす。つぎに君臣の「忠」、男女と長幼との別などが重視され、社会の階層的秩序を正当化した（日本では君臣間の「忠」が「孝」よりも上位におかれるようになったが、これは本来の儒教的価値観を転倒させたものである）。

両班とはほんらい科挙試験に通って王朝に仕えた文官と武官をさす言葉であるが、徐々に高位の文官とその子孫の家柄をさすようになった。彼らは在地にあっては地主、読書人階層であり、特権階級であった。地域社会においても、同一家門の血縁結合が里（村にあたる）の地縁結合よりもしばしば重視された。王家は神格化されず、天命を失えば王朝は滅び交替する。有力な両班家門と王家の違いは相対的なものであった。偉大な父系先祖をもつ名門の誇り、これが両班の精神的支柱であった。

李朝は中国(明、清)を宗主国と仰ぎ、儒教の積極的受け入れをもって、みずからを「小中華」とよんだ。朝鮮王の王号は、中国皇帝に臣下の礼をとることによって封じられた称号である。中国を中心としてその文明が周辺にも浸透し、やがてそれが及ばない外周の夷狄(いてき)の地域に至るとする「華夷(かい)思想」では、朝鮮は中国に隣接する「東方礼儀の国」であるが、日本はさらにその外に位置する文明度のより低い地域であるとされた。

なお日本の江戸時代の儒学(朱子学)は、李退溪の流れを汲む姜沆(カンハン)が秀吉の朝鮮侵略で日本の捕虜となったときに藤原惺窩に伝えられ、それがさらに林羅山に伝えられたものである。林家の家塾は、後年、幕府直轄の昌平坂学問所となり、もっぱら朱子学を講じた。

235

第Ⅲ部　コリアン宗教の諸相

儒巫二元論

儒教と巫俗との二元的原理を李朝以降の朝鮮民族の主要な宗教的伝統ととらえる見方が、秋葉隆（京城帝国大学で社会学を講じた）以来一般的となっている（秋葉 1954）。すなわち、儒教原理は公的、男性的、論理的、支配的文化を代表し、巫俗は私的、女性的、感情的、庶民的な側面に関わり、この２つの原理の対立・相補に民族的宗教文化の特質を見出すものである。この儒巫二元論は、中国の大文明（儒教）を受け入れつつ民族的小伝統（巫俗）を守ろうとする朝鮮民族の回答、ととらえることもできよう（伊藤編 1997, 18）。

キリスト教

17世紀には中国を経由してカトリック（天主教）が伝えられた。これは「西教」として一部の両班層に受け入れられたが、たび重なる弾圧を受けた。プロテスタント（改新教）の布教は19世紀後半からはじまったが、総督府の圧迫を受けつづけた。プロテスタントは朝鮮戦争（1950〜1953）以後急速に発展し、現代韓国の中心的な宗教となった。

朝鮮人への最初のカトリックの布教は、イエズス会宣教師が秀吉の朝鮮侵略時に日本につれてこられた捕虜たちに対して行った。徳川時代のキリシタン弾圧で、日本人とともに殉教した人が21名いた。そのうち9名は、1867年にローマ法王庁が日本で殉教福者と認めた205名のなかに含まれている（閔 1981, 52）。

朝鮮の地へのカトリックの伝達は、中国からのルートを通してなされた。明朝（1368〜1644）末期には、中国文物とともに「西学」「西教」（西洋の学問、宗教）の知識も朝鮮に伝えられた。李承薫（イスンフン）の北京での受洗（1784）は、朝鮮人として最初のものといわれる。彼は帰国後カトリックを積極的にひろめたが、両班層の党派抗争ともからみ、祖先祭祀を否定するなどの理由で弾圧された。朝鮮信者の求めに応じて、1831年にローマ法王は朝鮮教区を設けた。宣教師たちは密かに入国して信者を増やしたが、19世紀後半にもたび重なる弾圧によって多くの殉教者が出た。当時はロシア、フランス、イギリス、アメリカなどが朝鮮や日本などに政治的な関心をもって進出をはじめた時期であり、一連のカトリック弾圧は朝鮮の対外政策や民族的危機意識とも関連している。

プロテスタントの布教は、1885年、アメリカ長老教会（プレスビテリアン）のアン

ダーウッド (H. G. Underwood) と監理教会 (メソディスト) のアペンゼラー (H. G. Appenzeller) の上陸を皮切りに、諸宗派の宣教師が活動をはじめた。1896年には100年ぶりに西教禁止令が解かれた。カトリックが上層知識人を宣教のターゲットにしたのに対して、プロテスタントは民衆への布教をめざし、北部朝鮮を中心に急速に信者を増やしていった。宣教活動と、学校・病院の建設やYMCA・YWCA運動などを一体化させ、民衆のあいだに西洋文明をもたらす役割を果たした。日本支配に対する1919年の三・一独立運動では、プロテスタントおよびカトリック信者が主導的役割を担った (独立宣言文書の署名者33名のうち16名がキリスト教徒であった)。朝鮮総督府はプロテスタント教会を民族運動の温床として弾圧を加えた。たとえば京畿道の堤岩里教会では信者30数名が教会に集められ、教会もろとも焼かれ、射殺された。しかし信者数は着実に増大の途をたどった。1919年にはプロテスタント各派合わせて19万名の信者を数え、1938年には26万名に達した (Grayson 1985, 126)。

総督府は朝鮮各地に天照大神や明治天皇を祭る神社を設け、神社参拝をすべての民衆に強要し、その圧力はキリスト教会およびミッション・スクールにも及んだ。その論理は、「神社参拝は宗教行為ではなく、愛国的行事である」というものだった。これをそのまま受け入れた教派もあったが、抵抗する教派も多かった。しかし最終的には強い圧力によって神社参拝を受け入れさせられた。これを拒否して自主閉鎖した教会やミッション・スクールも少なくなく、多くの信徒が投獄され、50数名の教職者が監獄で殉教した。1945年、総督府は宗教団体法によってさまざまな教団を「朝鮮教団」に統合し、日本基督教団傘下に組み入れた。

日本支配からの解放後、さらに南北分断、朝鮮戦争という苦難期を経て、韓国のキリスト教は飛躍的成長を遂げ、現代韓国の中心的な宗教に発展していく。

東学 (天道教)

外国勢力が朝鮮に迫り、カトリック (西教) や西欧の文明 (西学) が一部知識人にひろまる時期、崔済愚（チェジェウ）は「西学」に対抗する教えとして「東学」を興した (1860年)。これは、儒教・仏教・道教、さらにはキリスト教の要素をも折衷融合したものといわれるが、「人乃天（すなわち）」という民衆救済の教えを掲げ、西欧からの脅威と政治腐敗に苦しむ農民たちをひきつけた。崔済愚は1864年に処刑されたが、東学党は勢力を増しつづけ、1894年より甲午農民戦争とよばれる大規模な民衆蜂起となり、全羅道を中

心に支配地をひろげ、民衆解放と倫理の復興をめざした。

李王朝はこれを鎮めることができず、清国と日本からの鎮圧軍が派遣され、これが日清戦争（1894〜1895）のきっかけとなった。

東学は宗教組織としては拡大を続け、1905年に「天道教」と改称した。1919年の三・一独立宣言にも天道教徒は参加したが、総督府の弾圧と組織の分裂によって衰退の途をたどった。

第2節　現代韓国の宗教状況
キリスト教の急発展

現代韓国の宗教人口

『韓国統計年鑑』(1998年版) によると、1995年の国勢調査に基づく現代韓国の宗教人口は表1の通りである。

表1でみると、韓国の宗教人口は全人口4,455万人のうち約50％である。キリスト教がプロテスタント（改新教）、カトリック（天主教）を合わせると4分の1強、仏教は4分の1弱、儒教は0.5％、他の宗教（新宗教）は合わせても1％程度である。

しかし、表1がそのまま韓国の宗教状況を表しているとみることはできないだろう。

キリスト教と仏教が宗教人口をほぼ二分しているが、組織力と影響力、発展のエネルギーにおいて、キリスト教が圧倒的に優勢である。キリスト教は教会を中心に信徒が組織化されており、日常生活と教会との結びつきが強い。これに比べて、仏教信者の大多数はばらばらの参詣者からなっており、信者の組織化はごく一部でしかなされていない。

儒教「信者」の割合は表1では0.5％でしかないが、これは儒教を「宗教」と意識している人はごくわずかであることを示している。しかし儒教形式の葬式や先祖祭祀は、今日も生活慣習として広く行われている。儒教式先祖祭祀は専門的な職能（聖職）者によらず、一家の長がこの祭式を取り仕切る。これは無宗教ないし仏教信者と回答した人々、さらにはキリスト教徒のあいだでも行われている。

また巫俗信仰については表1で挙げられてさえいない。しかし巫俗は大韓民国時代になって急速に衰退したわけではない。むしろ巫俗信仰は今日でも「無宗教者」および仏教信者のあいだにかなり浸透しているとみるべきであろう。しかし迷信や

第 4 章　宗教的伝統とキリスト教の発展

表 1　現代韓国の宗教人口（1995 年）

総人口 （千人）	宗教人口 合計	仏教	プロテスタント	カトリック	儒教	円仏教	天道教	大倧教	その他	無宗教	不明
44,554	22,598	10,321	8,760	2,951	211	87	28	8	232	21,953	3
100.0 (%)	50.7	23.2	19.7	6.6	0.5	0.2	0.1	0.0	0.5	49.2	0.0

資料：『韓国統計年鑑』1998 年版

俗信としてネガティブにみられることが多く、「宗教」としての扱いを受けていないのではないかと思われる。各地域には巫者間のネットワークがあるが、一般に教団や信者組織というものはない。この意味では巫俗は、デュルケムのいう「呪術」に当てはまるものであろう。しかしそれは民衆の生活と密着した太古からの信仰文化であるがゆえに、ここでは宗教の一領域として含めるべきであろう。

キリスト教の急発展

キリスト教徒の比率の急上昇は朝鮮戦争後の現象であり、20 世紀後半においてもっとも布教が成功した国として注目されている。また日本が戦後アメリカの政治や文化の強い影響を受けながらキリスト教人口比率がほとんど上昇しなかった点と比べても、誠に興味深い対照をなしている。

日本支配からの解放後も、民衆はアメリカとソ連の占領下で南北 2 つの国家に分断され、さらに済州島四・三事件（1948〜1954）、朝鮮戦争に苦しんだ。北朝鮮には当時、約 2,000 の教会があり、約 30 万のキリスト教徒がいた（韓国よりも北朝鮮にキリスト教徒が多かった）。しかし社会主義政府のもとで教会活動は圧迫され、多くの指導者が虐殺され、信徒たちは南に逃れた。朝鮮戦争時にも北政府軍の占領地で同じ悲劇が繰り返された。

このようにキリスト教は、日本支配時代の圧迫と北朝鮮社会主義政権下の抑圧、という苦難を民族とともに経験するなかで、「苦難の民族」を救い導く教えとして韓国社会に受け入れられた。これはまた、韓国キリスト教の独自の民族主義的な聖書のとらえ方にもあらわれている。すなわち、19 世紀後半からの朝鮮―韓国民衆の苦難の歴史を旧約聖書に示された古代ユダヤ民族の経験と重ね合わせ、キリスト教が民族の苦難を意義づけ、その救済に関わるものとする見方（苦難の神義論）である。

また、儒教のもっていた強い倫理性はキリスト教においてより普遍化された近代

社会の倫理として受け継がれた、ともいえる。

中国を宗主国と仰ぐ李朝の滅亡とともに、儒教は正統イデオロギーの地位を失墜した。総督府は神道や皇国イデオロギーを押し付けようとしたが、朝鮮民衆はこれを受け入れず、日本の敗北とともにこれらは瞬時に捨て去られた。そして南北対立のなかで韓国の後ろ盾となったアメリカの宗教でもあったプロテスタントが、儒教にかわる新たな文明原理として受け入れられたことになる。

ここで朝鮮―韓国キリスト教の信者数の変化をみてみよう。

表2でみると（同じ調査法による通年度のデータではないため、厳密な判断は困難だが）、キリスト教徒が急増するのは解放以後であり、人口の10%を超えて大きな勢力となったのは1970年以降である。1949年から1981年までにプロテスタントの信者数は10倍に、カトリックの信者数は9倍に増えている。プロテスタントの飛躍的増加期は1960年ごろから1980年ごろまでの約20年間である。カトリックの増加は90年代まで続いているようである。現在のプロテスタントとカトリックの信者数比は約3対1である。カトリックは少数のようにみえるが、プロテスタントはもともと複数の宗派からなり、最大グループの長老派も多くの組織に分裂しているため、単独教会組織としてはカトリックが最大である。

李朝時代、先祖祭祀は儒教文化の大きな柱であって、カトリック教徒はこれを行わないことを理由に弾圧を受けた。先祖祭祀は伝統文化（儒教）と西欧文化（キリスト教）の衝突点であった。しかし今日のカトリックでは、先祖祭祀を先祖を敬慕する道徳的慣習であるとして容認している。プロテスタントの諸宗派はこれを一神教の教理に反するものとして認めていないが、先祖への追悼礼拝は認められており、これは形をかえた先祖祭祀であるとみることもできよう。

韓国の初代大統領はアメリカに擁立されたクリスチャンの李承晩であった。その独裁的な政権が学生デモによって打ち倒された後も、軍事クーデターによって成立した朴正煕と全斗煥の独裁的政権が続いた。それに対し、いくつかのキリスト教会が学生運動と並ぶ、反独裁、民主化闘争のセンターとなった。そして90年代になって民主化闘争のリーダーであり、クリスチャンでもあった金泳三、ついで金大中が大統領となるや、キリスト教は韓国の新たな支配的宗教としての地位を確かなものにしたとみることができよう。

第4章 宗教的伝統とキリスト教の発展

表2 プロテスタントおよびカトリックの信者増加

	総人口 (千人)	プロテスタント 信者数 (千人)	人口比 (%)	カトリック 信者数 (千人)	人口比 (%)	計 (%)
1914年	15,958	196	1.2	79	0.5	1.7
1919	16,784	190	1.1	90	0.5	1.6
1929	18,784	244	1.3	110	0.6	1.9
1938	21,951	263	1.2	128	0.6	1.8
1949	20,167	744	3.7	156	0.8	4.5
1957	22,949	844	3.7	285	1.2	4.9
1968	31,093	1,873	6.0	751	2.4	8.4
1970	31,569	3,193	10.1	788	2.5	12.6
1972	32,459	3,452	10.6	804	2.5	13.1
1974	33,450	4,019	12.0	1,012	3.0	15.0
1976	35,860	4,659	13.0	1,053	2.9	15.9
1978	37,019	5,294	14.3	1,144	3.1	17.4
1981	38,723	7,637	19.7	1,439	3.7	23.4
1995	44,554	8,760	19.7	2,951	6.6	26.3

注：1949年以降は韓国のみの数字。1914年から1981年までは、J. H. Grayson, *Early Buddhism and Christianity in Korea: A Study in the Emplantation of Religion.* (Leiden: E. J. Brill, 1985) によるが、データの出典は明記されていない。しかし、1978年および1981年の数字は、盧吉明「七〇年代韓国の宗教の成長とこれからの展望」(韓国社会学会編『現代韓国社会学』小林孝行訳、新泉社、1988) に引用された文化広報部のデータと一致している。1995年のデータは、『韓国統計年鑑』1998年版のものである。

　この民主化運動と、大都市に集中した民衆への宣教のなかで生まれたのが、リベラルで社会意識が強い「民衆神学」であった。
　これに対し、従来の朝鮮―韓国の神学は聖書無謬説、逐次霊感説にたって社会運動よりも福音信仰を重んじる保守的神学が中心であり、この流れは今日も韓国プロテスタントの主流をなしている。
　さらにいっそう保守的な流れとして、純福音派の諸教会がある。これは、祈りによって精神面のみならず病気治癒や富の獲得など物質面の幸福も得られるとする現世利益的救いをアピールし、礼拝中のシャーマニックともいえる激しい集団的エクスタシーと異言を特徴としている。牧師のカリスマ的魅力によって、都市の大衆、とくに女性層をひきつけている点は、民衆神学を支持するリベラル派の教会をしのぐものがある。病気治療を専門に行う祈禱院は巫俗の伝統とつながることが指摘されるが、しばしばこの派の教会と連携して運営されている。趙鏞基(チョーヨンギ)牧師のヨイド純福音教会は、単独教会で数十万人の信者をもつといわれる。

仏教——山から都市へ

つぎに伝統宗教の現況をみてみよう。

仏教では、朝鮮戦争後、曹渓宗内部で僧の妻帯の可否をめぐって対立が生じ、1970年には妻帯を認める韓国仏教太古宗が分立した。

現代韓国仏教の特質として、山中の寺院での修行のみならず、急速な人口の都市集中化のなかで、これら都市民へのさまざまな形での布教を行おうとしている点があげられる。「民衆仏教」を掲げそのあり方を模索する運動もあり、都市大衆を集めて大伽藍を築いている宗派もある。しかし民衆が仏教に求めるものは現世利益祈願や先祖供養が中心であり、社会的な関心が乏しい点は以前と変わらない。今日、国勢調査で仏教信者と答える人口はキリスト教人口に匹敵するものである。しかし信者の大半は未組織の参詣者であり、一部の小教派を除いて、信者層を包括する強固な教団組織はない。このため、仏教はキリスト教ほど大きな社会的勢力たり得ないでいる。その他、円仏教、大韓仏教天台宗などの新教団が生まれている。

巫俗、民俗宗教

巫俗に対しては、解放後の韓国でも近代化・合理化政策の立場から抑圧が繰り返された。朴政権（1961～1979）においても、セマウル（新村）運動のなかで、巫俗儀礼やムーダン（巫者）の関わる村祭りは迷信的で非近代的な因習として圧迫されてきた。しかし1980年代以降、急速な経済発展と都市化のなかで、農村・地域文化の荒廃が現実のものとなったとき、巫俗を含めた民俗文化を再評価し保存する動きが生じはじめた。民俗学者、国文学者、人類学者らの研究を通して、巫俗が単なる未開文化の残存や迷信にとどまらず、民族のもっとも古い固有の宗教文化を伝えるものであることが認識され、諸地域の巫俗儀礼や巫者たちが国家や地域の無形文化財や人間文化財に認定され、積極的に保存されるなどの措置がとられるようになった。

また仏教とシャーマニズムの混交した民俗宗教として、ポサル（菩薩）とよばれる女性祈禱師の営む多くの小寺院が都市部につくられている。

儒教と両班意識

儒教のイデオロギーとしての権威は李朝の崩壊以来、地に落ちている。しかし儒教的な道徳意識や葬儀、先祖祭祀などは生活慣習として根強く生きている。また両

班的価値意識も李朝的儒教文化が残したものといえよう。

両班意識、すなわちそのエリート主義的家門意識は衰退するどころか、韓国の高度経済成長期以降、社会の総中流化がすすむにつれ、かえって強くなってきているといえる。日本人の家系意識は本家中心で、分家、傍系になるほど家門意識は希薄になっていく。家系図も直系と主要な分家を記載するのみである。しかし、韓国人の家門意識は包括的で、その族譜は先祖につながるかぎり、確認し得るすべての個人を記載しようとする厖大なものである。

ソウルなどの大都市に、それぞれの家門の組織である宗親会が多数つくられた。当初、大都市で生活を維持するのに懸命であったあいだは家門についての関心などもてなかったが、安定した生活を営むようになると、これまで地主や資産階級でなかった人々のあいだにもみずからの家門に関心をもって宗親会に加入する大きな流れが起きた。族譜は両班の家系を確認するもので両班の誇りの象徴であったが、近年、族譜出版の大ブームが起きている。宗親会に入り族譜に記載されれば、一般庶民も両班的誇りをもつことができるわけである。いわば豊かな社会のステイタス・シンボルとして両班的家門意識が復活、拡大してきているのである（末成1987）。

儒教精神の保存振興を目的とする全国組織として儒道会があり、これはソウルの成均館大学校および全国230余りの郷校（李朝以来の儒教の学校）の運営母体となっている。しかし宗教団体としての性格は希薄である。

新宗教

新宗教は仏教系、キリスト教系および民族系などの多数の教団があるが、全体を合わせても総人口の1％程度である。仏教系では円仏教や天台宗など、キリスト教系では統一教会や正道教など、民族系では天道教およびその分派の水雲教、檀君崇拝の大倧教や檀君崇寧会など、また甑山教系諸教団がある。日本系では戦前に布教された天理教が独自の教団活動を続けており、創価学会系の布教活動も展開している。

日本では戦後に大きな新宗教ブームが興り都市大衆をひきつけたが、韓国で新宗教がさほど振るわなかったのは、キリスト教諸教会がシャーマニズム、現世利益信仰から敬虔主義、および社会運動にいたるまで多様な活動によって幅広い社会層の人々をひきつけ得たからではないかと思われる。急激な都市化の過程で、新たな生

活指針と共同体を求める大衆が、韓国ではキリスト教会に行き、日本では新宗教に向かったといえよう。

第3節　韓・日宗教の比較考察

同種異型の宗教構造

　日本と韓国は海を隔てて隣接しており、東アジアの宗教文化圏のうちにある。ともにシャーマニズムの土着信仰をもちつつ、仏教、儒教、キリスト教を受容してきたという共通の宗教史的特徴をもちながら、個々の宗教の発展形態と連関構造はまったく異なった様相を呈している。両者はいわば同種異型の関係にあるといえよう。

　シャーマニズムの流れは、韓国では主として巫俗として伝えられ、日本では神道および民俗宗教の一部がこれを伝えてきた。原始神道（もともと「神道」という言葉はなかったが、仏教導入以後、それに対抗するために土着信仰は「神道」と称することになった）は当初からシャーマニックな要素が強かった。仏教伝播後、仏教受容派と土着信仰（神道）派の論争や戦い（蘇我氏と物部氏）が起こったが、仏教受容派の勝利に終わり、奈良時代には鎮護国家を祈るものとして仏教が尊崇された。平安時代になると密教の立場から本地垂迹説（日本の神々は本来は仏教の諸仏であり、それがローカルな姿をとってあらわれたものと説く）が生み出され、主要な神社は寺僧に支配されるようになった。このような仏教優位の神仏習合形態が長く明治初年期まで行われた。

　神社には当初、巫女が仕え、シャーマニックな神懸りや神託を行っていた。その後、こういったシャーマニックな要素は神社神道からは段々と後退していった。今日の神社にみられる巫女は、神楽を舞ったり事務その他の用務で仕えたりするが、多くの場合シャーマニックな機能は果たしていない。神道がかつてもっていたシャーマニックな機能は、その後、山岳修験者や民間の祈禱師などに担われるようになっていった。つまり、日本では、神仏習合の流れのなかでシャーマニックな要素は、一方では神社神道において希薄化されていき、他方では山岳信仰や民俗宗教のなかで独自に展開していったとみることができる。明治時代になると廃仏棄釈と神仏分離が強権をもって行われ、神道は天皇制とともに支配的イデオロギーとして復活し、国家神道として再編成された。

第4章 宗教的伝統とキリスト教の発展

　古代朝鮮では、土着のシャーマニズムは4世紀半ばの仏教伝来以降に公的領域から追放され、賤視される巫俗として民間領域にのみ生きることになった。とはいえ、仏教と巫俗の接点がまったく生じなかったわけではない。仏教寺院にも一般に山神を祭る祠堂（山神閣）が設けられるなど伝統的信仰の要素が取り入れられ、一方で巫俗儀礼にも仏教の地獄の十王や西方浄土のイメージが取り入れられ、両要素の混交からなる祈禱を行うポサル（菩薩）の活動などにおいて相互浸透がみられる。ただ、巫俗が公的領域にカムバックすることはなかったのである。

　仏教については、朝鮮―韓国仏教の宗派総合性および出家制と、日本仏教の宗派分立性および世襲制が対照的である。朝鮮では新羅時代に華厳教学が独自に発展したが、宗派の分立はなかった。高麗朝においては、中国から禅の影響を強く受け、曹渓禅が盛んになり、曹渓宗は包括的な宗派となった。しかし、そこでは禅のみならず、浄土教など他の要素も含んだ総合的な修行が認められていた。一方日本では、奈良時代から教学の学派ごとに宗派組織がたてられ、平安時代には2つの密教宗派（真言宗と天台宗）が競い合い、鎌倉時代の新仏教（浄土系、禅系、法華系）では宗祖たちが救済への道を、念仏、座禅、法華経など各々の信じる一点に絞り込んで独自の一宗を興したわけである。そしてこれらの宗派は互いに競争して、勢力を拡大していった。

　また、朝鮮仏教の戒律重視の出家主義に対して、日本の仏教では世俗化の傾向が著しい。日本では戒律が徐々に緩和されていき、僧侶の妻帯が行われ、檀家制に支えられ住職家による寺院の世襲化が進行した。浄土真宗では宗祖親鸞以来この仕組みをとっているが、他の宗派もその傾向を強めていき、明治時代になって妻帯が公認されてからは一般的な傾向となった。寺僧の役務は代々固定された檀家の葬儀や法事などの先祖祭祀を行うこととなった。今日、多くの寺の住職は教員や公務員をはじめ、その他一般的な職業との兼務が珍しくない。普段は背広を着て、寺務のときには袈裟を着るわけである。

　韓国の寺も妻帯を認める動きが起こり太古宗が創立されたが、主流の曹渓宗は妻帯を認めない出家主義を保持している。僧職と一般職業との兼務はほとんどなく、一般人の生活と僧の生活は画然と区別されている。

　儒教については、徳川幕府が朱子学にたつ林大学頭家をたてて代々保護したものの、それは主に武士の倫理を説くにとどまり、祭祀や儀礼などという宗教的側面に

までは及ばなかった。また朱子学以外に、陽明学、国学、さらに洋学などの多様な研究が発展した。

朝鮮では、李王朝のもとで両班＝文民官僚政治が続き、彼らの朱子学をめぐる形而上学的論争が両班の党派抗争につながり、両班たちは自己の理論の正しさを論証することに命をかけた。日本ではこのような論争は稀であった。鎌倉時代から徳川時代まで、混乱期を含めて軍事（武家）政権が続いたので（天皇家は実権を失っても官位授与機構として存続した）、物事の可否はどちらが武力で勝つかで決められ、名分（正当化）の論理は後からつけられた。勝ち負けの結果が原理の一貫性よりも重視された。

このように主導的宗教の交替という観点からみると、朝鮮宗教史ほど明瞭ではないが、日本宗教史では7〜8世紀に中心宗教が原始神道から仏教へと交替して江戸時代まで続き、明治期から1945年の敗戦までの短期間には国家神道が中心に置かれ、現代は新宗教の成長と諸教団の混在している状況が、特質として認められるといえよう。

「天皇」と「両班」の伝統

当初、日本と朝鮮では祭政一致の体制が敷かれていた。日本では、天皇の祭司的性格が維持され、血統の連続性が主張された。政治の実権は天皇家の外戚の位置を独占した藤原氏によって握られた。藤原氏以外の貴族は滅亡するか弱小化し、藤原氏から多くの分家が出て別姓を名乗った。藤原貴族はその権威の根拠が天皇の外戚であることにあるので、天皇家よりも高い家柄を主張する必要はなかった。平安時代末期より興った武家は、桓武天皇の子孫である平家、清和天皇の子孫である源氏を名乗る2つの統領のどちらかに配下として結びつき、互いに領土を争い合った。鎌倉時代より武家の統領は源氏または平家という伝統が成立し、諸大名もみずからの家系を源平どちらかに結びつける系図を作り上げた（豊臣家は例外で、源平どちらにもつながり得ない秀吉に天皇が新たに授けた氏である）。かくして、征夷大将軍をはじめ有力な武家はことごとく、天皇の子孫である源平二家につながることをもって家柄の誇りとすることになった。

このように日本では、貴族と武家のほとんどが天皇家とのつながりをもって家柄の誇りとしたので、これらの家門が天皇家より上位にあると主張することはなかったのである。かくして天皇家は、古代より日本で最高の家柄としての位置を保ちつ

づけた。

 そして明治以後、日本のナショナリズムは天皇への忠誠と一体のものとして発展し、朝鮮、中国を蹂躙した。敗戦後、天皇の国家主権と神格は否定されたが、今も「天皇」は保守層のナショナリズムの中核に位置している。

 朝鮮では、王朝は幾度か交替し、絶対優位を認められる家門は形成されなかった。両班は「孝」を至上の徳目とし、それぞれ自己の家門を最上位であると誇り、家門への情熱はしばしば「忠」よりも優先された。近代のナショナリズムは李王家への忠誠という形では形成されなかった。民族主義は容易には共通の象徴を見出すことができず、「反日」「反共」ときには「反米」といった対抗的な表現を軸に形成された。

キリスト教受容の相違

 今日の韓国と日本の宗教状況の違いでもっとも注意をひくのは、キリスト教受容のあり方であろう。まず、キリスト教人口比の著しい相違があげられる。韓国では人口の約25%がキリスト教徒であるのに対し、日本では約1%にとどまっている。また韓国では、キリスト教徒は全階層・職業に浸透しているのに対し、日本では都市の知識層に偏している。そしてキリスト教が今日、韓国では社会の主導的文化になっているのに対し、日本では文化的に周辺な位置にとどまっている。

 この相違の原因を考えてみると、まず両民族とキリスト教との関わりの歴史的な相違をあげるべきであろう。明治から昭和戦前期にかけて、日本国家の中枢は官僚および軍部が握り、農民や都市大衆を天皇崇拝と富国強兵のイデオロギーによって支配した。このようななかキリスト教徒は、リベラル知識層とともにこの政治枠にとっては収まりの良くない、しかし少数であるため大きな攪乱要因にもなり得ない社会層であった。実のところ、キリスト教の多くの教派は軍国主義政府に対して強く抵抗せず、むしろ協賛的姿勢をとっていたのである。

 第二次大戦の敗北は、日本から皇国史観や軍国主義を放棄させたが、戦後、人々は会社の仕事に没頭し経済的発展を新たな目標として見出した。都市の下積み層は新宗教の現世利益の約束にひきつけられ、新宗教ブームをもたらしたが、キリスト教に出番はなかった。日本では、キリスト教は民族主義の主潮流から離れたマージナルな位置にとどまりつづけた。

第Ⅲ部　コリアン宗教の諸相

　韓国では朝鮮戦争後、キリスト教は「親米」「反共」「反日」のナショナリズムと合致した。さらに民族的苦難をともに背負う教えというイメージが形成され、韓国のキリスト教は強い民族主義的性格を有し、そしてシャーマニズムや現世利益の要素を取り入れて民衆的基盤に支えられた。この点が大発展の基礎要因になったと指摘できるであろう。

第5章
トロントのコリアン社会とキリスト教会

はじめに

　カナダへの韓国人の移民史はごく新しい。コリアンは移民国家カナダのもっとも新しいマイノリティグループの1つであり、その人口は1991年において約6万人と推測される。コリアンはカナダ社会を構成する諸民族のうちもっとも高学歴の民族集団であり、ほとんどがミドル・クラスで、一部がアッパー・ミドル・クラスに属する、といわれる。約半数が小商店経営にたずさわっているが、一世の多くは英語が不自由で、比較的閉鎖的なコリアン社会を形成している。その大部分がキリスト教会に属し、数十人から数百人のメンバーを有するコリアン教会はその社会的ネットワークの結節点に位置する。教会はコリアン移民の細分化された小コミュニティの中心にあるといえる。より広範囲の組織としては各地域の韓人協会や商工会などがあるが、日常生活上の人間関係は教会を中心に形成されているようである。
　なお、本章ではこの民族集団をさす用語として、「コリアン」(Korean)、「韓人」、「韓国人」を併用する。それぞれ使われる文脈は少しずれがあるが、外延は同じである。
　筆者のカナダにおけるコリアン教会の小調査は、これまでの在日コリアンの宗教調査の延長上にあり、アメリカのコリアン教会（ロスアンゼルス、ニューヨーク）の調査と併せて行われた。
　筆者はまず1987年10月20日から23日までトロントで、つぎに1992年の9月6日から30日までトロント、そして10月9日から14日までヴァンクーヴァーで調査を行った。アメリカのコリアン社会は1970年代以降、現在140万人にも達する人口急増の渦中にあり、キリスト教会も信者数の増大と大会堂の建設期であった。カナダのコリアン社会も人口は急増しているが、1991年度で6万余名と全体規模ははるかに小さい。しかし、そこでもキリスト教会の展開は極めて活発で、激動とさえいいうるような変化を目撃した。

第Ⅲ部　コリアン宗教の諸相

　在加コリアンの教会調査は、在日大韓基督教会総会に属する大阪・巽教会のJ. H. McIntosh 牧師より、彼の母校、トロント大学ノックス・カレッジのJ. Farris 教授に紹介をいただき、1987年10月21日に教授を訪問したことから始まった。トロント大学には7つの宗派の神学校があり、これらがToronto School of Theology を構成している。

　ノックス・カレッジはカナダ長老派の神学校で、同派は在日コリアン社会に永く宣教師を送り続けている。Farris 教授に挨拶したあと、筆者は昼の礼拝に招かれた。賛美歌はグレゴリアン・チャントに似た簡素で静かな旋律を伝えるもので、アフリカからのゲスト牧師の両手を挙げて身を揺するような祈りとは対照的であった。礼拝の後、学長のJ. D. M. Corbett 師と日本人のタミコ夫人、韓国人神学生金仁基（キムインキ）さんらに紹介された。コルベット夫人はトロントの韓人教会の司牧をテーマにした朴（パク）ヒミン牧師の博士論文をライブラリーより借り出してくださり、さっそく車で、金仁基さんと共に朴師の司牧するトロント韓人長老教会に案内してくださった。

　トロント韓人長老教会は、1967年に創立された韓人教会としてはもっとも古い教会の1つで、いくつかある長老派韓人教会の中心的な位置にある。金仁基（リサンチョル）さんはそこの副牧師を勤めている。場所（1183 Davenport）はトロントのインナー・シティ、都心外周部の住宅地にあり、アングロ・サクソン系住民に替わって新しい移民層が住む地域のようである。ただ、アメリカ合衆国の大都市のインナー・シティに一般的な、荒廃やスラム化は感じ取れない。煉瓦造りの建物はアングロ・サクソン系のプロテスタント教会であったものを譲り受けたものだ。水曜日だったが、教会のいくつかの部屋では若い人々が出入りし色々な活動をしていた。朴ヒミン牧師は50代初めで、にこやかで気さくな、周囲に自然と人々の活気を作り出す人物のようであった。

　多忙な朴牧師が外出後、金仁基さんは車でBloor 通りにあるコリアタウンに案内してくださった。そのあと教会にもどり、水曜礼拝に出席した。参会者は100名以上で年配の人が多かった。

　つぎの日、トロント韓人合同教会に李相哲（リサンチョル）牧師を訪ねた。トロントではもっとも古い牧会歴をもち、少数民族の権利を擁護する著名な社会運動家でもある。70歳を越えた高齢で、白い顎鬚が印象的であった。同教会も1967年の創立でもっとも古い3つの韓人教会の1つである。「民衆（ミンジュン）新聞」に連載された回想録のコピーをいただいた。

第5章　トロントのコリアン社会とキリスト教会

　10月23日には、カナダ長老教会本部に Glen Davis 師を訪ねた。Davis 師は1963年から1978年まで宣教師として在日大韓基督教会の福岡教会にいた人で、トロント韓人長老教会でも短期間司牧したことがある。Joyce Davis 夫人も、同教会の伝道師を務めている。諸資料をいただき、午後にトロントを発った。

　1992年にノックス・カレッジを再訪した折りには、時の流れを痛感させられることになった。Farris 教授は引退し、巨漢であった Corbett 学長は逝去されていた。図書館の壁に並んだ歴代学長の画像の列の端に師の肖像を見出し、何とも言えぬ気持ちにとらわれた。トロント韓人長老教会も大きく変貌していた。朴ヒミン牧師は1988年にロスアンゼルス永楽（ヨンナク）教会に招請されて去り、後任の牧師は2年を待たずに辞任し、少なからぬ信者が共に離脱した。1991年には若い副牧師が招請されたが、その担任牧師への昇格をめぐって信者層が分裂し、筆者の訪問時はまさにその騒動の渦中であった。

　関係者にインタビューするうちに、このような内紛、分裂は在加、在米のコリアン教会では珍しくなく、むしろ一般的なものであることが分かった。その1つの原因は、コリアン教会の急速な信者増大と教会組織形態のギャップにあると思われる。すなわち、一教会の信者数が増大すると信者層に派閥が生じ、牧師への支持・不支持をめぐる対立に結びつき、牧師がそれを調停できなくなると教会分裂が生じると考えられるのである。

　以下、本章では、カナダ・トロントのコリアン社会の形成史と現状について簡単に紹介した後、トロント韓人長老教会の変遷史を中心にして、在加コリアンの宗教状況を報告したい。

第1節　カナダ・トロントのコリアン社会

(1) コリアン移民史

　カナダへのコリアンの移民史は19世紀末にさかのぼるが、実質的には1960年はじめ以降の現象である。移民史の主要なトピックスと年代を取り出してみよう (cf. Yoo Young-Shik & Yu Chai-Shin 1991)。

19世紀末：朝鮮でのカナダ人宣教師の活動はじまる。

1910年代以降：カナダへ少数の留学生（神学、医学）が派遣され、残留者もあった。

1950年：朝鮮戦争での国連軍にカナダが参加。

1960年代初頭：韓国からの、ないし米国経由の移住が始まる。ドイツで働いた鉱夫、看護婦らも来加。

1963年：韓国・カナダ国交樹立。

1966年：カナダ韓人移民協会設立。

1967年：コリアン622名登録。

1972年：カナダ政府の開放政策、多文化主義政策。

1974年：第三国経由移民、招請家族移民ら増加。1万名以上登録。

1982年：カナダ韓人総連合会設立。

1980年代後半より：投資移民増加。

1986年：人口2万7,680名（公式データ）。

1988年：人口約5万名。

1991年：人口約6万名。

各地域韓人会の人口報告は次のようになる。

エドモントン　　：約2,700名

カルガリー　　　：約2,300名

ウィニペグ　　　：約900名

ロンドン　　　　：約1,000名

ヴァンクーヴァー：約1,500名

モントリオール　：約2,000名

トロント（オンタリオ州）：約4万名

「これらのなかでその約60%はカナダ市民として帰化しており、約30%は大韓民国市民として、また残り約10%が市民権申請資格に達していなかったり、その資格取得の途上であろうとトロント領事館は分析している」(Yoo & Yu 1991, 160)。一方、筆者が同領事館で入手した「僑民現況報告書」(表1)では、オンタリオ州在住僑民4万3,418名のうち96%が永住権を有しており、領事館員の説明では、ここに登録され

第5章 トロントのコリアン社会とキリスト教会

表1

(カナダ 駐トロント 総領事館)

僑 民 現 況 報 告 書

19 91 . 6 .30 . 現在

國 名：카나다
주토론토
管轄公館名：총영사관

		國 또는 管轄地域 또는			地 域 別					
		總		計	온타리오 オンタリオ		(州.縣)(市)	마니토바 マニトバ		(州.縣)(市)
男 女 別		男	女	總 計	男	女	小 計	男	女	小 計
僑 民 總 數		22904	21716	44,620	22278	21140	43,418	626	576	1,202
比 衛 數				12,655			12,315			340
登 錄 者 數		5803	3389	9,192	5360	3002	8,362	443	387	830
居住資格	永 生 權	21987	20875	42,862	21456	20420	41,876	531	455	986
	一 般 在 留	917	841	1,758	822	720	1,542	95	121	216
職 業 別	農林水産業	93	1	94	86	0	86	7	1	8
	商 業	8626	5068	13,694	8518	5028	13,546	108	40	148
	製 造 業	363	1	364	357	0	357	6	1	7
	써비스業 (サービス業)	2054	1824	3,878	1966	1798	3,764	88	26	114
	専門職従事者	1494	692	2,186	1441	685	2,126	53	7	60
	事務職従事者	1703	466	2,169	1695	462	2,157	8	4	12
	技 術 者	1033	0	1,033	1012	0	1,012	21	0	21
	技 能 工	264	68	332	215	66	281	49	2	51
	文 藝 人	36	8	44	35	7	42	1	1	2
	宗 教 人	158	17	175	145	12	157	13	5	18
	學 生	6681	4790	11,471	6446	4688	11,134	235	102	337
	主 婦	0	8572	8,572	0	8206	8,206	0	366	366
	其 他	399	209	608	362	188	550	37	21	58
	計	22904	21716	44,620	22278	21140	43,418	626	576	1,202
年 齢 別	0才 ～ 9才	2551	2387	4,938	2478	2328	4,806	73	59	132
	10才 ～ 19才	4283	3976	8,259	4168	3870	8,038	115	106	221
	20才 ～ 29才	3117	2978	6,095	3033	2902	5,935	84	76	160
	30才 ～ 39才	3494	3383	6,877	3399	3290	6,689	95	93	188
	40才 ～ 49才	4573	4334	8,907	4448	4214	8,662	125	120	245
	50才 ～ 59才	3009	2876	5,885	2926	2795	5,721	83	81	164
	60才 ～ 以上	1877	1782	3,659	1826	1741	3,567	51	41	92
	計	22904	21716	44,620	22278	21140	43,418	626	576	1,202

253

ているのはすべて大韓民国の国籍を有している人々であるとのことであった。在留者の法的地位についてのこれら2つの異なる説明は、上記論文でいう「帰化」を、国籍の変更ではなくカナダ市民権の獲得をさすものと考えれば、矛盾なく理解できよう。すなわち、カナダに移住したコリアンの96％が永住権を有し、約60％が選挙権を含む市民権を有するが、カナダ国籍者は少数で、上の数字には含まれていない、ということである。

> 1992年：5月のロスアンゼルス暴動後、米国のコリアン移民の一部はより安全なカナダに向かっているといわれる。とくに太平洋岸のヴァンクーヴァーでコリアン人口の増加が著しい。

韓国人のカナダへの移民の要因は、一般的に次のように考えられる。まずプッシュ要因としては当時の韓国の政治的情勢が挙げられる。朝鮮戦争の後も南北対立と軍事政権が続き、そのような政治状況への不安と忌避の感情が、人々が韓国から離れる大きな要因となった。トロント韓人長老教会の一世信者への調査 (Park 1982) によれば、43％が北朝鮮に生まれたと答え、南（韓国）へ脱出して来た人々と考えられる。彼らにとって政治的緊張はいっそう身近で切迫したものと受け止められたであろう。

プル要因としては、カナダの移民受け入れと多文化主義の政策がある。しかし、アメリカのような大きなキャパシティと経済的チャンスへの期待はなく、投資移民政策に見られるようにカナダの受け入れ政策は、より富裕な階層に限定されたものであった。

また1945年の解放後、キリスト教を熱心に受け入れた韓国の人々にとって、その宣教活動の母体であるキリスト教国としてのアメリカとカナダが、極めて好ましい国として意識されていたことが挙げられる。それは聖書的な意味での「約束の地」のイメージと重ね合わせられるものであった。

(2) トロントのコリアン社会

トロントを中心とするオンタリオ州には、前記のようにコリアン移民の約70％が住む。下記にトロントのコリアン社会の概要を示そう (cf. Yoo & Yu 1991、Yu 1988)。

第5章　トロントのコリアン社会とキリスト教会

1960 年代：来住始まる。
1967 年：来住者約 300 名。
1970 年：同約 2,500 名。
　　　　70 年代より「コリアタウン」形成；Bloor 通り Christie から Bathurst 間に韓人商店街形成。しかし居住地は分散。
1982 年：同約 2 万 5,000 名。
1985 年：トロント韓人会設立。
1988 年：同約 3 万名（カナダ全体で約 5 万名）。

つぎに 1988 年における在加コリアン社会の概要を職業、家族、世代間問題、文化、マスメディア、政治、階層、宗教の各項目に沿って紹介しよう (cf. Yu 1988)。

職業

職業分布はつぎの通りである。
　商店経営 45％（うち自営は 8.4％）
　技術職 11.4％
　ブルーカラー 23％
　事務職 6.6％
　専門職 9％

収入はカナダでの平均を上回る。コリアン経営の小店舗は 1,500 以上あり、その多くは食料品店、ないしコンヴィニエンスストアである。大多数の人々は英語は話さずカナダの文化についてもほとんど知らないが、勤勉と長時間労働によって経済的地歩を築きつつある。また、この時点では弁護士や医師、ソーシャルワーカー、政府職員、大企業雇用者が少ないことが指摘されている。

1991 年の職業状況は表 1（前々頁）を参照のこと。

1991 年には、オンタリオ韓人実業家協会に 1,700 店以上が加盟しており、他に貿易人協会、青果物協会などのコリアンの事業保護団体が結成されている。

家族

在加コリアンは家族指向性が強い。韓国では父ないし夫の権威は極めて高いが、女性の就業率が74%と高いカナダではそれが揺らいでいる。家庭内で親子が使う言語は、つぎのようになっている。

　母国語：44%
　英語と母国語：37%
　英語のみ：3%

世代間問題

大多数が中流層以上に属する在加コリアンのあいだでは、世代間の文化的ギャップがもっとも深刻な問題といわれている。

一世は英語が不自由で、教会を中心にコリアンだけのグループで固まろうとするが、若者たちは西洋文化を指向し、母国の文化や言語を恥ずかしいものと感じている。この文化的ギャップは家庭内での問題を引き起こし、コリアンとしての民族的アイデンティティが今後保持されていくかどうかが、一世たちによって危惧されている。このような状況に対し在加コリアン社会では、彼らに民族文化や言語に学び親しむ場となる機関を積極的に設けようとしている。

また教育への関心が他の民族集団より極めて高く、大学進学を希望する高校生の比率はもっとも高い。コリアンのあいだでは小学校から大学までの就学人口は33%となっている。

文化

1972年以降のカナダの多文化主義政策のなかで、コリアンも自らのエスニック文化を保持・再創造し、カナダ社会において自らを主張するさまざまな運動を展開している。Caravanという諸民族の祭りでは、ソウル館を設け、また舞踊、民謡、美術、料理、テコンドーなどを紹介するなどした。

コリアンの文化・芸術組織には、カナダ韓人ペンクラブ、カナダ韓人美術人協会、韓人交響楽団、韓人劇団、韓国文化芸術振興協会、韓人賞委員会などがあり、その他コリアンスクール15校、テコンドー教室が18設けられている。トロント大学では、東アジア研究部において3名のコリアンスタッフがコリアの言語・文化・歴史

第5章　トロントのコリアン社会とキリスト教会

を研究・教授し、中国や日本研究に並ぶように機構の充実化をめざしている。

マスメディア

東亜日報と韓国日報（Korea Times）の2つの日刊紙ほか、Korean Journal、New Korea Times、民衆新聞、Korean Digest、カナダ朝鮮などの定期刊行物、TV韓国、ラジオ・ソウルの放送がある。

政治

1986年に「オンタリオ韓人自由党連合会」、「オンタリオ小数民族自由党総連盟」、「新民党韓人諮問委員会」などがコリアンの政治団体として結成された。

1988年度には81％のコリアンがカナダ市民権をもち（1991年度には約60％）、49.3％が連邦選挙に投票した。

階層

経済的には大多数がミドルないしアッパーミドルに位置する。学歴水準はカナダの諸民族グループのなかでもっとも高い。しかし来住史が浅く人口も少ないため、カナダ社会では十分認知されていない。カナダ政府の人口統計でも、奇妙なことに、日系人との合計数しか示されていない。

宗教

1988年の報告では、プロテスタント教会が48、カトリック教会が2、仏教寺院が3あるとされ、またコリアンのあいだでプロテスタント信者は70.1％、カトリック信者は18.1％いるとされている。非クリスチャンは9.3％との報告である。

1991年の論文ではプロテスタント教会の数は約100と報告され（他は1988年と同じ）、その急増ぶりが窺える。教会は信仰の場としてのみならず、コリアン・コミュニティの生活の中心として、生活互助、カウンセリング、社交、民族教育、文化活動などのさまざまな役割を果たしている。'92~'93 *Ontario Korean Business Directory*（Korea Times発行、1992年）によると、コリアンのキリスト教会ないし関係施設は全部で112あり、宗派別にみると、下記のようになっている。なお、白人の教会に行く若者も少なくない。

第Ⅲ部　コリアン宗教の諸相

カトリック：4
聖公会：1
長老教会：51
エヴァンジェリカル：8
カナダ合同教会：7
メソディスト：6
バプテスト教会：4
ペンテコステ派：4
純福音教会：3
救世軍：1
連合宣教会：1
セブンスデイ・アドヴェンチスト：1
カナダ・ルター教会：1
独立教会：2
統一教会：1
祈禱院：7
聖書（神）学院：3
その他：7

　韓国仏教の寺院は大覚寺（テーガクサ）（1268 Kings St. W. Toronto）、禅蓮寺（ソリョンサ）（86 Vaughan Rd. Toronto）、佛光寺（ブルガンサ）（2588 St. Clair Ave. W. Toronto）の3ヵ寺あり、いずれも曹渓宗である。
　大覚寺の養一師（ヤンイル）が筆者に語った内容を以下にまとめる。

　　禅蓮寺は1970年に現住持であるサムウー師が創立した。カナダでは一番古い韓国仏教の寺院である。コリアンに布教している。
　　佛光寺はクァンノク師が1975年に創立した。もっぱら非コリアンのカナダ人に布教している。
　　大覚寺は1975年に崔仁煥師（チェインファン）（現東国大学教授）が創立し、つぎにテウム師（現通度寺（トンドサ）住持）が住まいした。養一師は1985年から住持となっている。養一師は、1935年にソウルで生まれ、釜山大学で英語を学んだ。カトリックの神父になる

第 5 章　トロントのコリアン社会とキリスト教会

ことも考えたが、梵魚寺(ポモサ)のチョンダム師に会い、1958 年に出家、得度した。さらに通度寺でチョンガン師の下で修行した。

　大覚寺は、3ヵ寺のなかで一番大きく、2 名の若い非コリアンの見習い僧がいる。コリアンおよび非コリアンのカナダ人に布教している。

　寺の建物は 3 階建ての一般住宅を長期ローンで購入したもので、1 階は他に貸している。

　信者は約 300 名で、女性が 200 余名、男性が 100 名足らずである。コリアンは約 250 名、非コリアンは約 50 名いる。日曜礼拝には 50〜70 名が出席する。

　行事は韓国曹渓宗のそれと基本的には同じで、仏陀生誕会、3ヵ月間の安居 (retreat)、盂蘭盆会、涅槃会などが重視されている。なお曹渓宗では僧侶は妻帯、飲酒肉食の禁を守っている。信者からは、祖先供養、繁栄と安全の祈願、葬儀などの依頼を受ける。

　本堂の仏壇には釈迦坐像、神将図、地蔵図が掲げてあるが、韓国の仏教寺院に一般に見られる山神図、七星図はない。

　信者にはクリスチャンも何人かいる。

　「西欧人もメディテーションを求めています。あまりに多忙で、人の心が失われた生活のなかで、立ち止まって自分をみつめることが必要です。禅の心は empty mind であり、それはすなわち natural mind なのです。異なる心を持っている人どうしが 1 つになるには、まず心を空にすることです」(養一師談)。

　キリスト教徒になりきれないコリアン信者と、ゼン・メディテーションを求めて来る非コリアン信者とで寺は成り立っているようだ。しかしキリスト教に比べると、仏教は在加コリアンのあいだでは極めてマイナーな存在であることは否めない。

第 2 節　コリアン・キリスト教会の展開
トロント韓人長老教会を中心に

(1) 三大教会の創設

　カナダ人の朝鮮宣教は 19 世紀末から行われ、長老派が活動の中心であった。カナダでは 1925 年に、長老派 (Presbyterian) と会衆派 (Congregational) およびメソディ

第Ⅲ部　コリアン宗教の諸相

スト派が合同してカナダ合同教会（United Church of Canada）が成立した。これには長老派の約70%の教会が参加したが、30%ほどのより「保守的」な教会は参加せず、カナダ長老教会として残った。これ以後、合同教会が朝鮮を、長老教会が在日朝鮮人への宣教をすることになった。今日もカナダ長老教会と在日大韓基督教会の密接な関係は継続している。

　1960年代になってトロントに韓国人移民が訪れはじめ、つぎの3つの教会が創設された。

　　A．韓人ブロア合同教会（Korean Bloor United Church）。1967年創立。今日のトロント韓人合同教会。李相哲牧師が創設し最近まで司牧した。
　　B．トロント韓人長老教会（Toronto Korean Presbyterian Church）。1967年、Aの半年後に創立。
　　C．韓人合同教会（Korean United Church）。1969年創立。Yu Jae-Shin牧師。

(2) トロント韓人長老教会の略史

　トロント韓人長老教会の歴史を、同教会一覧（1991年度）の年表をもとに略述しよう。また元長老の金昌禹氏（キムジャンウ）（1918年北朝鮮生まれ、1963年来加、元会社員）、金海天氏（キムヘジャン）（1935年日本生まれ、1967年来加、建築設計家）および元副牧師の金仁基師（1958年韓国生まれ、8歳で家族と共に来加）より伺った話から、必要により最小限の説明を加えることにする。

1967年：トロント韓人長老教会の創立礼拝がノックス長老教会（Spadina & Harvard）で70余名のコリアンメンバーによって行われる。（創立委員、ノ・ユンゴ、金昌禹他7名）
1968年：初代ノ・ユンゴ牧師招請（ノ・ユンゴ師は日本の神戸中央神学校を卒業したが、カナダ長老教会からは牧師資格を認められず、名目的にはノックス・カレッジのWilliam Fitch師が牧師となった）。金昌禹他1名長老将立。
　　　　カナダ長老教会の地域単位である東部老会に加入。
　　　　創立委員のうち4名が離脱して翌年、韓人合同教会を創立。
1969年：2代Glen Davis牧師招請（ノ・ユンゴ師の後、日本から休暇で帰っていたDavis師が臨時の牧師となった。翌年、日本に帰任）。
　　　　礼拝所移転（Bloor & Yongeへ）。

260

第5章　トロントのコリアン社会とキリスト教会

図1　TORONTO KOREAN PRESBYTERIAN CHURCH

1970年：3代アン・サンヨブ牧師（ボストン大神学部マスター修了後）招請。
オンタリオ州ロンドンに支教会設立。
1972年：現在地の会堂（1183 Davenport, Toronto）に移転。これはアングロ・サクソン系
プロテスタントの教会として1905年に建てられたが、信者の減少が続き、
牧師の引退を機に近くの教会と合併した。この費用6万ドルを提供して会
堂を譲り受けた。金海天他2名長老将立。
1974年：教会は3つに分裂。本教会は現在地に残りトロント西部長老教会と改名（信
者約70名、金昌禹、金海天長老残る）。他はトロント東部長老教会（アン・サンヨ

プ牧師と信者約180名、4名の長老）およびセーハン教会（信者約60名）として分離独立。4代朴ヒミン牧師招請。

　朴師は1936年忠清南道生れ。5歳から10歳まで満州で育ち、1945年の解放後、韓国に戻る。朝鮮戦争で多くの友人の死に直面し、アメリカからの宣教師の話に耳を傾けた。崇実(スンシル)大学で歴史を学んだ後、延世(ヨンセ)大学で神学を学ぶ。徳寿(トクス)教会で働いたのち、1968年から3年間エチオピアで宣教。1971年、米国プリンストン神学校に入り、そこで兄（Park Hee-So 師）と共同で牧師をしていた。1974年、本教会に就任し充実した活動を展開する。信者は300名ほどに成長し、カナダで最大のコリアン教会となる。1982年にはトロント大学ノックス・カレッジに神学博士論文『メトロ・トロント地域におけるコリアン移民牧会論』を提出。金昌禹、金海天長老就任、他2名将立。

1975年：朴ヒミン牧師就任式。
　　　　金チャンギル教育牧師（日曜学校担当）を招請。
1977年：名称をトロント韓人長老教会に戻す。金昌禹、金海天他2名の長老任期終了。
1978年：教会内に平信徒のためのトロント聖書神学院を開設。
1979年：金海天他2名の長老再任。
1980年：金チャンギル教育牧師が辞任（米国ニュージャージーの教会へ）。
　　　　金インヂョル伝道師を招請。
1981年：TV宣教『命の言葉』を制作、放送。
1983年：金インヂョル伝道師が辞任（トロント塩光(ヨムガン)教会へ）。
　　　　ミン・ヨンギ副牧師を招請。
　　　　初代台湾宣教師として金ヂュンモク牧師を派遣（1991年まで）。
1984年：金仁基伝道師を招請。教会建物拡張委員会設立。
1985年：中・高等学生礼拝を英語礼拝に昇格（北米のコリアン教会では初めての試み。金仁基伝道師担当）。
　　　　ミン・ヨンギ副牧師が辞任（モントリオールの教会へ）。
1986年：金インファン副牧師を招請。
1987年：金仁基伝道師、副牧師に就任。

第5章　トロントのコリアン社会とキリスト教会

1988年：4代朴ヒミン牧師、担任牧師を辞任。ロスアンゼルス永楽教会へ。

「信者は泣いて引き止めました。14年間に大きな功績を果たし、さらに飛躍を試みられた」(金昌禹氏談)。「非常に充実した活動をされた。やることは全部したという気持ちだったのでしょう」(金海天氏談)。

ロスアンゼルス永楽教会は海外のコリアン長老教会では最大であり、現在さらに発展している。

1989年：金インファン副牧師が辞任 (ナイアガラ滝コリアン長老教会へ)。

5代チョー・ソンジュ牧師を韓国より招請。同就任式。

1991年：朴哲淳(パクチョルスン)副牧師を招請。朴哲淳師は1957年、韓国全羅北道全州生まれ。父も牧師。10年前に来加。ノックス・カレッジで神学修士を取得。Kichener の教会で3年半勤め、ここに招かれた。

5代チョー・ソンジュ牧師が辞任。多くの信者が共に教会を離れ、トロントで愛(サラン)の長老教会を創設。

1992年：朴哲淳副牧師、担任牧師に昇任内定。

8月、金仁基副牧師が辞任 (トロントのLiving Stone教会牧師へ)。

9月、約500名の信者のうち半数が離脱。約100名の中核信者が明星(ミョンソン)教会を創立。約90名の年配層信者が愛の長老教会へ移る。

9月20日、教会問題を巡り、長老教会調停員の前で討論会。約150名出席。

第3節　コリアン教会におけるリーダーシップと組織の問題

(1) 教会内葛藤とリーダーシップ
朴ヒミン師の新たな牧会方法論

　コリアン教会に紛争が多い理由について、信徒の側から金海天氏は次のように語った。「日本人の教会はメンバーの心が教会になく熱心でないのでケンカもしない。それに対して韓国人は心が教会にあり熱心です。だから熱心にケンカし分裂するのです。カナダの韓国人 (年配層) にとっては教会だけが言葉の通じる世界で、ここで承認され尊敬されることが重要な意味を持ちます。ここで無視されたり軽んじられたりすることは耐えられない苦痛なのです。だから教会内での自らの地位について

は非常に敏感になり、紛争も深刻なものになります。2週間前の分裂で今は血が流れている状況です。」

朴ヒミン牧師はコリアン教会が抱える諸問題を指摘し、それを踏まえた新たな牧会の方法論を提起している (Park 1982)。以下にその所説を紹介する。

コリアン教会が抱える問題とは、まず1つは、多くのメンバーが負っている新たな地での適応の困難、生活上の悩み、精神上の不安・緊張などの問題に、コミュニティセンター的な位置にある教会として適切に対処せねばならない、という点である。つぎに、そのような状況におかれた牧師を含むメンバー間の人間関係上の葛藤・紛争を教会内部に抱えている、という点である。

朴師は、移民教会において牧師が採用すべきリーダーシップのあり方と、紛争の創造的な解決のためのグループ・ダイナミクスを含むさまざまな方法論を検討している。ここでは教会内のコンフリクト、とくに牧師と信徒間の葛藤とその解決方法についての彼の所論を紹介しよう。

> コリアン移民教会のリーダーシップは基本的に、信徒中心ではなく牧師中心である。しかし一般に、牧師に対する信徒の尊敬の念は韓国ほど高くないので、……韓国から来た牧師はそのことでショックを受け、自信を失うことがある (Ibid., 88)。

多くの牧師は伝統的に権威主義型のリーダーシップをとろうとする。しかし、ここでは教会を取り巻く状況が違うので、諸問題は解決できずメンバーの不満は鬱積してゆく。だが逆に民主主義型のリーダーシップに転換しようとしてもうまくゆかない。信徒は牧師に権威をもった頼りがいのある父のイメージを期待するので、そうでないイメージを提示されると信徒は失望し、牧師への不満が高まる。北米で教育を受けた若い牧師と年配信徒のあいだの関係も、人間関係についての習慣や価値観の相違からやはり困難なものとなる。

これらの問題に対し、朴牧師は次のようなリーダーシップ論を提起する。

教会内の人間関係のコンフリクトは、教会が人間社会の縮図であるかぎり避け難いものである。むしろそのコンフリクトのエネルギーを、教会と社会にとって前向きで創造的な目標に向けて解放してゆくべきである。

牧師は適正な権威を持たねばならないが、硬直した権威主義型リーダーシップでそれを保持することはできないし、問題を解決することもできない。むしろ状況に応じて権威型から民主型に至るリーダーシップのさまざまなタイプを柔軟に用い分けなければならない、とする。

その一方、牧師は信徒間のリーダーシップを適切に育成することも必要である。さまざまな問題に応じて作業グループを編成し、それを開かれた民主的な方法で進めていくことにより、エコ贔屓や派閥感情を増幅させることなく信徒間のリーダーシップを発達させ、教会の共通目的に積極的に参加してもらうことができる。聖書学院の開設もその一環であった。

コリアン教会の共通目的は、コリアン移民の神学的意味を求めることに見出される。すなわちそれは、古代ユダヤの民が神から流浪の試練を与えられたように、韓人移民の苦しみも神からの試練と受け止め、ここで新たな生活を築き、民族的誇りを持ちながらカナダ社会に貢献してゆく市民となることである。「その究極の目的は、彼らが成長し成熟して、自由に生き、共により良い国を作り、この世に新しい天国と新しい国土を実現することである」(ibid., 229)。したがって教会の目標は、その信仰と生活のセンターとしての役割を果たしてゆくことである、と論じられる。

社会科学の調査法を用いた問題把握、コリアン教会の神学的意味づけ、リーダーシップ論やグループ・ダイナミクスによるコンフリクト解決、さらに東洋思想の伝統を活かした非対立的な問題処理法の提起など、朴師のコリアン移民教会への新しい牧会論は豊かな内容を含んでいる。朴師はその人柄と卓抜した能力をもってそれらを実践し、トロント韓人長老教会に充実した発展期をもたらしたのである。

しかし、方法論化された牧会論は他者にも応用が可能であるとはいえ、実際にすべての牧師がそのままに用いて成功を収め得るとは限らない。朴師が去ったあとの教会の混乱はそれを物語っている。

筆者は、コリアン教会の紛争・分裂は牧師のリーダーシップ問題だけにとどまらず、組織論上の問題にも起因しているのではないか、と考えている。

(2) コリアン教会の分裂と発展について
組織論の視角から

オンタリオ州の韓人教会の数は、韓人住所録によると、1982年には38教会、1989

年には81教会、1992年には112教会（祈禱院を含む）、とその増大を記録している。

トロント韓人長老教会は本章第2節（2）からみてきたように1967年に創立されて以来1992年までの25年間のうちに、朴ヒミン牧師時代（1974年から1988年）の順調に発展した14年間を除いて、かなり深刻で不安定な紛争・分裂の期間を経験してきた。そして、これはこの教会だけではなく、他のコリアン移民教会にも一般的に見られる特徴である。

例えば金仁基師のトロントでの教会歴をみてみると、その事情の一端が窺える。それは60年代後半に最初に成立した3つの教会――A．韓人ブロア合同教会（今日のトロント韓人合同教会）、B．トロント韓人長老教会、C．韓人合同教会――のすべてと直接・間接に関連している。

すなわち、金師が1979年に受洗したEmmanuel United Churchは、A．韓人ブロア合同教会から1975年ごろ分離独立し、後の1991年に再び同教会に合同復帰している。同師はB．トロント韓人長老教会に1984年に伝導師として、また1988年には副牧師として勤め、1992年にThe Living Stone Churchの牧師に就任した。この教会は同年に中央韓人合同教会（Central Korean United Church）より分裂独立したばかりで、彼は初代牧師に迎えられたわけである。中央韓人合同教会は1982年にC．韓人合同教会より分離独立している。

これら教会のケースすべてがそうであるかは分からないが、多くは内紛過程を経て独立したのである。多くの教会の紛争・分裂は、他面ではコリアン教会の急速な発展の歴史でもあるのだ。

教会内の紛争・分裂の背景には、増大するコリアン移民の大部分が教会メンバーに加わり、牧師と信徒および信徒どうしの人間関係がつねに変動し、安定した集団構造が成立しえないことが考えられる。既設の人間関係のなかにつねに新しい信者が入って来て、関係の再構成が迫られる。古い信者グループと新しい信者グループのあいだに溝ができ、それが拡大してゆくかも知れない。メンバーが200〜300人を越えると、牧師がリーダーシップをもって纏めていくのは至難のことであろう。少なくとも、伝統的なパターンに則って無事無難に牧会を続けていくという方法は、ここでは取り得ない。つねに新しい目標を掲げ、信者をその実現に向けてリードしていくという、朴牧師のような方法が必要なのであろう。

しかし、闘争し分裂しながら、これらコリアン教会は急速な発展を遂げつつある。

第5章　トロントのコリアン社会とキリスト教会

分裂した教会の多くは短期間のうちに信者数を回復する。教会分裂はここでは教会増殖の一過程なのである。

自己増大と分裂以外の教会発展の形態としては、まず若い副牧師を育て他教会に送り出す、というパターンがある。このケースは朴牧師の時代にしばしば見られ、トロント韓人長老教会はマザー・チャーチとも呼ばれるようになった。

もう1つは、日本の新宗教に見られるような、メンバーの増大に応じて地域またはグループ単位に教会ないし支部を殖やしていく方法である。支部の成立は規則に則って平和裡に行われ、本部と支部、あるいは親教会と子教会、という形で諸単位は系統関係を維持しながら展開してゆく。これは教勢の拡大を円滑に遂げるのに適した方法といえるが、これが可能なのは、これらの教団が聖職者と一般信徒の厳格な区別よりも、いわば在家主義という一般信徒にその能力（勧誘信者数や教義の試験で計られる）に応じてリーダーシップを付与していく方式をとっているからではないか、と思われる。

これに対してキリスト教では本来、牧師の資格ははるかに厳格な要求が課される。学歴と長い年月の見習い期間が求められ、その仕事は一生をかけて専念し捧げるべき職務と考えられている。したがって、信者数の急激な拡大に応じて短期間に牧師を養成することは困難である。他方、現在アメリカないしカナダのほとんどの神学校で多くの優秀なコリアン神学生が学んでいるが、この人々が卒業して牧師になるときには、逆に牧師が過剰になって信者と教会を巡って激しい競争が起こるかもしれない。一部地域ではこの問題がすでに起こっているという。

カナダのコリアン教会の世界では教会の標準的適性規模についての合意はなく、また教会の独立・創設についてのルールも存在しない。牧師のリーダーシップ能力を越えて分裂するときがその教会規模の限界であり、教会増殖はしばしばこの大きな分裂の苦しみを経て行われるのである。

牧師のリーダーシップの改善は重要であるが、教会メンバーの急増に対する牧師個人のリーダーシップの限界については考えなければならない。

教会の適性規模というものを想定するとして、それは教会の活動形態や社会環境、牧師の資質ごとに異なるものであろう。しかし、標準的適性規模を（教会ごとに、あるいは一律のルールとして）あらかじめ定めておき、それを越えるとむしろ積極的にそこから新教会の独立を促進する、という方式も考えられるのではないか。そうすれば

メンバーのあいだで「血を流す」苦しみも避けられ、教会間の関係も円滑に組織化することができるのではないだろうか。

これは部外者による思いつきの提案にすぎないのかも知れない。しかし、コリアン教会の紛争・分裂は牧師のリーダーシップを高めることだけでは解決できず、組織論的な観点からの考察も必要であることを指摘しておきたい。

第4節　トロント韓人のプロフィール

これまで、カナダのコリアン社会の概況とトロントの一コリアン教会の展開を述べてきたが、最後に2人の人物のプロフィールを通して、カナダ、韓国、日本の社会連関のなかでの生活のありかたを提示したい。このお二方というのはこれまでにもお名前の出た、トロント韓人長老教会の元長老のお二人である。もとよりこの2人の人物がカナダ韓人社会にいる人々の典型であるという訳ではない。といって特殊な例外であるわけでもない。一人一人全員が、共通のかつ個別の歴史・社会状況のなかで自らの人生を選択し形成してきたのであり、そのなかでたまたま筆者がつかの間の縁を持たせていただくことになった方々である。なおインタビューはどちらも日本語で行われた。

金昌禹氏

1918年、日本の植民地下、北朝鮮ジンナンポに生まれる。平壌近くの港町である。キリスト教の宣教師はこの町でも活動しており、父はクリスチャンではなかったが、私は6歳のときからキリスト教会に行っていた。北では日通に当たる運送会社で働いていた。解放後、北ではキリスト教は圧迫され、1947年に南（韓国）に来た。建国大学の夜間部で学びながら国策会社に勤めていた。相当な地位にもついていて、生活は苦しくなかった。朝鮮戦争で1950年に釜山に避難したが、また元の会社に戻り、1963年まで勤めた。

南に来てから熱心な信者になった。圧迫されて信仰は興るものだ。ソウルではチャーチ・オブ・ゴッド教会に属していた。1957年からYMCA活動を始め、1962年にはWisemens Clubの国際理事に選出された。1960年にアムステルダムで開かれた世界青少年指導者会議に参加した。またこの時期に初めてアメリカ

第5章　トロントのコリアン社会とキリスト教会

とカナダを訪れた。アメリカより conservative なカナダが好きになった。

　3年後の1963年8月1日、45歳のとき、こちら（カナダ）に移住した。韓国が朴政権下にあり政治的動乱が続いていたことも理由の1つだ。仕事はこちらへ来てから見つけた。韓国で宣教師をしていた人の息子が牧師で、その人の教会に行っていた。その教会メンバーの経営する Spring Aluminium という会社に職を得て、会計の仕事を17年間勤めた。その教会はスカボローにある Cliff Crest United Church で、私は1964年に長老になった。当時トロントの韓国人は20人くらいで、私は5、6人目に来たことになる。全員がクリスチャンだった。

　Bloor 通りにはまだ韓人の店はなかったが移民の流れはあった。ドイツの鉱山に2、3年契約で働きに行っていた人々が、その後韓国に帰らずにここへ来た。ここでは移民たちが来れば、もといた人々は家を明け渡して郊外へ行き、そこで新しい教会を建てる。

　1967年9月にトロント韓人長老教会の創立委員となり、1968年3月に長老になった。長老教会は合同教会より保守的で、私の信仰によく合った。マリアの処女性やキリストの復活を合同教会では疑問とするが、私は聖書の言葉を一点の疑いもなく信じる方だった。

　「1974年の教会の3分裂の理由？——ハッハッハ、質問は抜きにしましょう。理由を言いたくないですね。私も involve していたし、自身を恥じるわけですな。」

　同年、新しい牧師の招請委員会ができ、いろいろな人の推薦を受け、説教も聞かせてもらい、朴ヒミン師を適任者と決め迎えた。

　1975年、ノ・ユンゴ師を功労牧師に推戴した。ノ師は初代牧師であったが、1年で辞めた後もこの教会メンバーであった。その後、パラグアイへ宣教師として招かれて行き、1986年に亡くなった。

　1977年に長老の任期を終了した。

　1979年に交通事故に遭い、1980年から1986年まで気候の良いロスアンゼルスに移り、そこの永楽教会に通っていた。そこではまた、南加州長老会神学校にも通った。

　仕事は1985年に引退した。1986年にトロントに戻ったが、翌年またアメリカ・オレゴン州ユージン（Eugene）の韓人教会に伝導師として行った。そこで牧

師を招請する仕事をして長老にもどり、1年後またトロントに帰った。

「本年、1992年4月26日に朴哲淳副牧師が担任牧師に選ばれ、老会では6月14日に承認され、委任式を待つばかりなのです。ところが9月の分裂です。これについては今、私の立場で話せる状況ではありません。」

息子が1人いて、今ゲルフ（Guelph）大学の神学校の教授をしている。娘はここに1人、ヴァンクーヴァーにも1人いる。

「移民生活は外からみれば華やかでも、そこでの生活に適応するのにはそれこそ涙ぐましい段階を経なければいけないのです。」

食事は、朝はパンだが、キムチは常食だ。民族服を着るのは正月、誕生日、結婚式などだけ。祭祀（チェサ）(儒教式の伝統的な先祖祭祀)はしないが、毎年命日に牧師を家に招いて追悼礼拝をする。しない家もある。家門は金海金氏だが、ここに宗親会はない。

「儒教は孝を重視しキリスト教と矛盾すると考えられたが、本当は強く結びついている。在日の韓国人教会はふるわないようだ。日本の土壌はキリスト教を受け入れない。日本では、会社なら社長が神様、Bossが神様。日本の将来を私は憂慮しています。」

金海天氏

1935年、日本の浜松で生まれる。7人の姉妹がいた。

父は1889年に忠清北道に生まれ、朝鮮でクリスチャンになった。1920年ごろ日本に来て50年ほどいた。戦時中は労務者として徴用され軍の飛行場建設などで働いた。終戦は石川県七尾で迎えた。私が小学校4、5年のときだった。その後、前にいた尼崎にもどり、武庫川韓国人教会に行っていた。牧師は韓国語で説教し、賛美歌も韓国語。母は家では日本語を使わせなかった。それで韓国語には不自由しません。父は晩年、故郷にもどって土地と家を買い、80過ぎで亡くなった。

私は小・中・高と尼崎で育った。日基尼崎教会の日曜学校にも通っていた。当時は幼稚園にも入園差別があった。名前は、中学生のときは日本名にしていたが、それ以外はずっと本名で通して来た。尼崎高校では水泳部のキャプテンをした。

第5章　トロントのコリアン社会とキリスト教会

　大学は明治で建築を学び、一級建築士の資格を持っている。建築設計事務所に勤めていたが、1966年に金海天建築事務所をもった。客は知り合いの韓国人関係が大部分で、商店などの小さな仕事がほとんど。生活はしていけただろうが、それ以上の発展は望めませんでした。
　カナダに来たのは1967年。きっかけは、日本・カナダ建築家協会の相互理解プログラムに参加したことだった。ここの世界が気に入り、永住権が簡単にもらえた。こちらで良い設計会社に入ることができ、大きな良い仕事ができて満足している。WZMH Architect Canという建築設計専門のカナダで一番の会社だ。ただ最近は不況で仕事が中断している。
　「1967年にトロントに来たころは、我々はほとんどがBloor通りのあの辺のフラットに住んでいました。その前はヨーロッパからの移民が住んでいました。今はコリアタウンといっても韓国人の店が並んでいるだけで、店の持ち主も郊外の立派な家に住んでいます。
　私たちはBloorの辺りに5年ほどいて郊外に引っ越し、その後10回ほど家を替わりました。家内も日本生まれで、同志社女子大の英文を出ています。家内のおじさんは韓国で第一の神学校の学長をしていました。子供が大きくなってから家内はオタワの連邦政府の仕事を15年続け、7年前に友人がしていたこのドーナツ・ショップを引き継ぎ、60歳になって年金の出るまで続けるつもりだと言っています。」
　トロント韓人長老教会は、私が6月（1967年）に来たときにはすでに準備が進んでいて、9月に創立された。初代のノ・ユンゴ牧師はデンマークでの会議のあとカナダに来たが、そのときカナダで唯一の韓国人牧師だったので教会に迎えられた。
　「1972年に私は長老に選出されました。教会の長老になることは、ここの韓国人社会では大きな意味をもっています。それは信用ある社会人として認められる、と言うことです。この教会とはずっと密接に関わってきました。しかし、1983年に個人的事情で長老を辞任してからは、activeには活動していません。3年ほど前に近くに引っ越してから、また出席するようになりました。教会も今は、世代交替期の問題なのでしょう。」
　「在日の人には、日本で窮屈に暮らしていないで、カナダに来ることを大いに

271

勧めたい。ただ最近、日本から来る在日韓国人の若者は韓国語が分からないので、日本人を捜し、日本人の教会に行くが、そこでも落ち着かない。韓国人教会に行ってもカナダ人教会に行っても、落ち着かない。これも問題ですな。」
「祭祀は、牧師先生をお呼びして家で追悼礼拝をします。
韓国で今20％がクリスチャンというのは多すぎると思います。クリスチャンは少数であっても『地の塩』であれば良いのですよ。
カナダでは大抵の韓国人がクリスチャンというが、自分の言葉が唯一通じる場所として教会に集まって来るようなものです。ノックス・カレッジの神学生の半分が韓国人だというが、そんなアホなことあるか、というんです。」
「これまで信仰を続けて来た理由は、キリストの救い、来世の希望、これをベースに『日々これ新たならん』という気持ちで来れた、ということでしょう。」

記
2度のカナダ調査でお話を伺えた方々に、改めて深く御礼を申し上げます。

第Ⅳ部

まつり

第1章
「民族まつり」の展開と課題

はじめに

　大阪の在日コリアンによって3つの「民族まつり」が始められたのは1980年代であった。1990年代以降、関西を中心に日本各地に広がり、今日100以上の多様な「民族まつり」が開催されている。

　ここで「民族まつり」を、公共の場で催される「民族」ないし「民族文化」をテーマとしたまつり、と定義しておこう。

　本章では、これまでの調査資料やシンポジウムの記録をもとに、民族まつりの創始、展開およびその課題を概説することとする。

第1節　民族まつりの創始 (1980年代)

(1) 社会的・文化的背景
大阪のコリアン社会を中心に

　われわれの民族まつりへの関心は、1980年代の大阪市の在日コリアン社会のなかで生まれた3つのまつりから始まった。「生野民族文化祭」「ワンコリアフェスティバル」および「四天王寺ワッソ」である。1990年以降も、関西を中心に数多くの民族まつりが開始されている。ここでまず、在日コリアンの民族まつりが創出される社会的背景を見ておくことにしよう。

　「在日コリアン」とは、韓国・朝鮮籍者に加えて、日本国籍であっても朝鮮半島に由来する民族的アイデンティティを保持する人々をさすこととする。1984年において日本在住の韓国・朝鮮籍者人口は68.1万人で、これは在日外国籍者人口84.2万人の80.1％を占めていた(『出入国管理統計年報　昭和60年版』による)。大阪府は韓国・朝鮮

籍者が居住する最多の府県で、18.9万人を数えた。とくに大阪市生野区には全人口約16万人のうち済州島（道）出身者を中心に約4万人の在日が住んでいた。鶴橋の国際市場と御幸森通りのコリアタウン（朝鮮市場）はとくに民族色の顕著な地域である。戦前からの来住者とその子孫に加え、戦後も韓国からの来住者の流れは続き、とくに1970、80年代にはニューカマーのブームがあった。またこの間に中国、ブラジル、フィリピン、ペルーからのニューカマーの急激な増加が起こり、韓国・朝鮮籍者人口の相対的な人口比重は低下した。

ここで1980年代の在日コリアン社会を、政治、経済、結合（組織、ネットワーク）、文化という社会の4つの基本的な機能領域の特質から見てみよう。

政治領域：朝鮮半島の南北それぞれの国家と結びついた民族団体である「民団」（在日本大韓民国居留民団）と「総連」（在日本朝鮮人総連合会）の対立によって、在日コリアン社会は共通の政治目標を設定することができない状態が続いていた。在日社会では、外国人登録法による管理体制下にあって反差別人権運動（就職、入居差別、指紋押捺撤廃など）が起こった。

経済領域：戦前・戦後の貧困状態から出発し、就職差別のためにさまざまな自営業（焼肉、飲食、風俗、パチンコ、ヘップサンダル、ケミカルシューズ、カバン、土木建設など）への職業特化が結果としてもたらされ、金融の面では民団系の商銀、大阪興銀、総連系の朝銀が各府県に設立された。そのなかで在日コリアンは一定の経済的地歩と生活水準を達成していった。

結合領域：日常生活においては、民団、総連といったフォーマル組織より、インフォーマルなネットワーク（同郷、親族、宗教など）の比重が大きい。在日社会全体の組織性、統合性は強くない。

文化領域：一世から以降の世代への交替が進むにつれ、生活文化面における日本人との均質化が進む。そのなかで、1970年代に民族文化運動（母国語学習、本名、農楽）が発生する。世代間、個人間のアイデンティティおよび文化の選択幅が拡大する。テレビ、映画、歌謡、スポーツなどの大衆文化領域で、在日コリアン出自のスターが活躍するようになった。

このように在日社会は、経済領域を除いて、政治、結合、文化の領域で自律的な

第 1 章　「民族まつり」の展開と課題

社会構造としての機能条件を満たしておらず、拡散・解体の要因を基本的に抱えていた。外国人登録法の枠組と社会的差別、国籍による民族境界とネットワーク関係および一定の「民族」運動とによって、かろうじて同一性あるいは「まとまりの意識」を維持してきたといえるだろう。

　このような状況のなか、1980 年代後半から 1990 年代にかけて、在日社会にはつぎのような変動がみられた。

政治領域：南北首脳会談 (2000 年) 以降、「民団」と「総連」の対立が一時的に緩和されたが、2000 年代後半からは再び亀裂がひろがった。外国人登録証への指紋押捺義務が反対運動の盛り上がりによって撤廃され、地方自治参政権運動が起こった。
経済領域：日本の経済成長期に自営業者のなかから少なからぬ成功者が生まれた。しかしバブル崩壊と中国・東南アジアからの低価格製品の輸入によって、労働集約的な自営製造業 (ヘップサンダルなど) は危機的状況に陥った。2000 年には在日系金融機関の多くが経営破綻し、再編過程に入った。
結合領域：日本人との結婚の激増、日本国籍を取得して帰化する流れが継続し、日本企業への就職採用の門戸が部分的に開かれるようになり、在日コリアンの日本社会への統合がいっそう進んだ。
文化領域：大衆文化に続き、文学、芸術、学問領域での在日文化人を輩出した。

　すなわち、在日社会は未統合のまま、婚姻や就職などによる日本社会との統合が進行した。在日の文化は、閉鎖的なサブカルチャーから、現代日本の文化的多様性のなかの選択されうる一領域になりつつある。また、民族文化祭の創始にかかわる文化的背景として、1970 年代の民族学校・公立校その他で起こった在日コリアンの民族文化運動、在日学生運動の政治主義から民族まつりへの方向転換、日朝の古代史学・渡来人史研究の発展、などがあげられる。

　このような社会的・文化的条件を背景として、在日コリアンによる民族まつり運動が生まれてきた。

(2) 民族まつりの創始（1980年代）

　最初に「生野民族文化祭」が1983年に始められ、1985年に「ワンコリアフェスティバル」が、1990年には「四天王寺ワッソ」が始められた。これらの内容は大きく異なるものであるにもかかわらず、いくつかの共通の特質をもっている。すなわち、大阪で始められた点、「民族」がテーマとして掲げられている点、特定の宗教的伝統をもたない点、少数の個人の発意によって始められボランティアによる広がりを獲得した点である。

　民族まつり創始のプロセスについては、自己組織性（今田1986）のアプローチが有効であると考えられる。「自己組織性とはシステムが環境と相互作用するなかで、みずからの構造を変化させ新たな秩序を形成する性質をあらわす」（同, 176）。社会変動といわずに自己組織性というのは、社会が変化するのではなく人間が社会をつくりかえていくとみるからである（同上）。自己組織性のアプローチは、社会的機能要件が充足し安定した社会構造が現存することを前提とせず、社会構造の不完全性と矛盾、ほころびから出発し、そこでの個人の苦悩や生きにくさから生じる新しい状況の解釈と表現を通して行為の選択がなされ、それが全体社会のなかで新たな状況を作り出す過程をとらえようとするものである。

　この自己組織性論の視角は、在日社会の運動の理解・分析に適していると思われる。なぜなら、在日コリアン社会は日本社会の不完全で差別的な構造＝機能条件のなかに置かれており、在日コリアンは一般の日本人以上に自己の置かれた社会の矛盾や裂け目に直面することが多く、不条理な状況のなかで自己選択を迫られる可能性が大きいからである。ただし、これにはネガティブな面だけがあるのではない。むしろ、より創造的な自己組織化の試みに踏み出しうる、あるいは踏み出さざるを得ない条件にあるともいえるのである。

　在日の民族まつりは、在日の社会・経済的地位の向上を背景にするとともに、そのエスニック文化のある局面での成熟を表している。そこでは中心になる個人が自らのアイデアの表明を通して多くの人々を結集し、公共の場でのまつりを創出する例を見ることができる。「民族」についての個人の発想の違いに基づく異なる表象と結びついて、多様なまつりの様相が作り出されてきたのである。そして1980年代に生み出された民族まつりも、20年ほど経つと、次世代にとっては新たな伝統になっ

てくる。次世代はそれに、順接的あるいは逆説的に、共感とともに何らかのズレを覚えながら、自らも行為を重ねていくのである。

① 生野民族文化祭

　第1回生野民族文化祭は、1983年に大阪市生野区で公立小学校の校庭を借りて催された。前日の農楽隊街頭パレードが開始を告げ、当日は告祀（コサ）（儒教形式の開会宣言）、農楽（プチェチュム）、扇舞（ノレチャラン）、のど自慢、マダン劇（広場＝マダンで演じられる民話劇）、仮面劇（タルチュム）などが演じられ、最後に観衆も一体になる農楽乱舞で締めくくられる。多数の民族料理や文化団体のテントが校庭の周りに並ぶ。

　農楽とマダン劇が中心的な演目である。農楽はプンムル（風物）ともいい、数名から数十名のグループで、チャング（長鼓）、プク（太鼓）、クェンガリ（鉦）、チン（銅鑼）の4種の打楽器を奏して舞う。花見や宴会などでチャングを叩いて歌い踊る風習は在日一世たちのものであったが、二世たちは民族音楽や舞踊を民族系学校や公立学校の民族教室などで習った。

　一方、1970年代の韓国では、急速な都市化と地方農村の衰退に対する反作用として、国家や地方政府により各地で民俗文化祭が催された。伝統文化の見直しと再評価が行われ、無形文化財や人間国宝の認定がなされた。そのなかで全羅南道の農楽はとくに色彩が豊かでダイナミックなため、韓国の代表的な伝統民俗文化として認識され、全国的に広まっていった。

　他方、韓国の軍事政権に対する民主化を求める学生運動の街頭デモにおいて、民俗楽器やマダン劇による表現がなされた。マダン劇はいくつかの農村で伝えられていた民話や両班（ヤンバン）（地主貴族階級）を風刺する仮面劇であったが、その形式を取り入れながら学生運動のなかで政権を風刺・批判する街頭劇として盛んに行われた。日本では梁民基（ヤンミンギ）によって大阪、京都の朝鮮文化研究グループに紹介され、新たな劇の創作と上演活動が始められた（梁・久保編訳1981、梁2012）。

　民族系学校などで伝統の歌舞を習った人のなかから、農楽を専門的に習得するために韓国に留学し、日本に戻って演者や教師になる人も現れた。そしてこれらの運動はより高次の発展段階に達する。すなわち、このようなさまざまな「民族文化」運動が形成されていくなかで、それらが「まつり」という1つの場に結集し、総合化された形態をもつに至るのである。生野民族文化祭は、ばらばらに行われていた

第IV部　まつり

民族文化運動グループを1つのリーダーシップのもとに連結することによって構成されている。

　まつりの実行委員長・金徳煥(キムトッカン)氏は在日二世で、キリスト教会の地域活動を経て、生野地域活動協議会主事、社会福祉法人聖和社会館館長として地域の差別問題や指紋押捺撤廃運動に取り組んできた。「こんなにたくさんの朝鮮人が住んでいる猪飼野で、自分達の祭りひとつできないのは情けない事だ」という金学鉉(キムハクヒョン)氏(韓国民衆文化研究家、当時桃山学院大学教授)の言葉をきっかけに、仲間とともに民族文化祭の開催を企画した(金徳煥氏の外登法裁判を支援する会編 1990, 41)。

　生野民族文化祭は、「ひとつになって育てよう　民族の文化を！　こころを！」を標語として掲げた。それは在日コリアンのあいだに南北対立を越えた共通の民族的連帯意識と民族的アイデンティティとを創り出すことを目ざすものであった(同, 44)。

　第1回の開催時には周りの日本人住民から苦情が出たり、民団、総連からも白眼視されたりしたが、生野区の複数の公立小中学校の校庭を順次借りて開催されるうちに、地域のユニークなまつりとして受け入れられるようになった。

　このまつりの特質として、対抗性と国籍条件があげられる。すなわち、周囲の差別的な日本文化ないし日本人社会に対抗して、在日コリアンの若者たちが民族的アイデンティティと民族文化を強く主張しようとするものであった。

　金徳煥氏は、第1回目のパレード出発のときの心情をつぎのように述べている。

　　　出発の定刻が来て、合図のクェンガリが賑やかに打ちならされた。ところが、パレード責任者であり、先導する私の足がなかなか第一歩を踏み出せない。実は、その時、私は生まれて初めて民族衣裳、パヂ・チョゴリを着た。着ただけでなく、その姿で街の中に出ていこうというのである。自然とからだが拒絶反応を起こしてしまった。それは、幼い時から朝鮮人であることで差別され、朝鮮人であることを隠しながら成長してきたなかで、からだの奥深く身についてしまった恐れだった。頭の中と、からだが一致しなかったのである。

　　　押し出されるようにして第一歩を踏み出したが、その時の全身に流れた震えは、いまも鮮やかに残っている。(金 1992, 86-87)

　民族祭を創始しそれに出演することは、差別をはねのけて民族的アイデンティ

写真1　生野民族文化祭、1988年、街頭パレード、農楽リーダー（筆者撮影）

ティを地域社会に表明するという、強い緊張と決意によってなされたのである。

　この対抗性は、参加者の資格制限、すなわち韓国籍者ないし朝鮮籍者に限定するという彼らが選んだもう1つの条件と結びついている。日本人および日本国籍帰化者は、見物できるが出演することはできない。金徳煥氏によると、「これは抑圧されてきた在日の若者の自己表現であり、趣味で韓国舞踊を習っている日本の人と一緒にすることはできない」（筆者への談話）。

　この国籍条件は、長田マダンを除いて、後続の民族まつりには受け継がれなかった特質である。これは日本人・日本国籍者を排除する一方で、韓国籍・朝鮮籍であることに特別の意味を付与するものである。筆者はそれを民族・国籍の「聖化」と考える。デュルケムは「聖」の定義において、日常領域から分離・禁止によって隔てられていることをその識別特性とした（本節（4）参照）。「民族」は他民族を区別・排除することによって聖化されるのである。朝鮮人を差別する日本人がそのことによって「日本人」であることを特権化し聖化するように、ここでは日本人排除が在日の「民族」を聖化する。

281

写真2　生野民族文化祭、1988年、街頭パレード、子供たち（筆者撮影）

　「生野民族文化祭」は20年続き、2002年をもって終了した。理由として「続けていくことに疲れた」「すでに意義を果たした」などが語られているが、はっきりした結論は出されていないようである。初回からの中心メンバーであった李栄汝氏（イヨンニョ）は次のように述べた。

　　19回目の準備が始まろうとした2001年4月。生野民族文化祭を担う第三世代、第四世代から「継承することのしんどさ」を人づてに聞いた。退いたものには発言権はない、心配を心に留め置いていた。その相談が私のところに舞い込んだ時、私は準備していた言葉を言った。「文化祭は継承なんかしなくていい。みずからの文化を謳歌する場なんだから」。一度やめればいい、若い世代がつぎへと飛翔するために、継承する文化祭ではなく、みずからの文化祭、創造する苦悩と孤独を超えたところに湧く喜びの泉にたどりついてほしい。再生のための終わりを提唱した。(李栄汝 2013, 156-157)

筆者はつぎのように考える。民族まつりの対抗性と民族の聖化が、時が経つにつれて参加者にとって重荷となってきたのでないか。二世のリーダーたちは強い決意と緊張をもってまつりを始めたが、次世代の子供たちはむしろ屈託なく「民族文化」や「民族衣裳」を楽しんでいるように筆者には見えた。彼らが選んだ「民族文化」は多様な現代の文化項目の1つとして登場し、在日や日本人のある人々にとって好ましいもの、魅力あるもとして選ばれるようになった。それには「対抗」や「民族的自己表明」の緊張やおののきは必ずしも伴わなくなっていくのである。このまつりは、地域では受容されてきたにもかかわらず、後続世代との意識のギャップが広がり、当初の対抗性の決意と緊張を維持しつつそれを継承していくことへの「しんどさ」「疲れ」が、次世代の間でだんだんと重くなっていったのではないだろうか。それはまつりを実施することにともなう多大な労力以外の「しんどさ」「疲れ」ではなかっただろうか。李栄汝氏がいうように、後継者にとっては「創造の喜び」よりも「継承の重さ」が勝っていったのではないだろうか。これは一人の観察者のあてずっぽうかもしれない。当事者であった方々からの不満を買うかもしれない。いつか率直なお話を伺えることを願っている。
　1990年代以降、生野民族文化祭に触発されて、公立学校の校庭など身近な公共の場で、農楽をはじめとする朝鮮半島の民俗音楽・舞踊が中心の演目とされるなどの特性を受け継ぎながら、さまざまな民族まつりや「マダン」を名乗るまつりが生み出された。これらのまつりはリーダーのヴィジョン、目的、演目選択、参加グループなどの設定の仕方によって多様な形に展開している。ただこれらのまつりは、長田マダン以外は参加者の国籍条件は設けず、対抗性よりも地域住民の共生を目指すものとなっている。

② ワンコリアフェスティバル
　「ワンコリアフェスティバル」は、1985年に「8・15 (パリロ) 〈40〉民族・未来・創造フェスティバル」として始まり、1990年より現在の名に改称された。8・15 (パリロ) は朝鮮半島が日本支配から解放された日であり、〈40〉はそれから40周年であることを示す。1994年からは東京でも開催している。在日のプロ、セミプロのミュージシャンや芸能人が中心になってボランティアとして参加し、野外の大阪城音楽堂 (中央区) で「ワンコリアフェスティバル」は催される。入場料は500円、高校生以下

第Ⅳ部　まつり

は無料である。観衆は 2,000 名近い。

1987 年の大阪でのプログラムはつぎの通りであった。

　　出演：金恵子（パンソリ）、朝鮮舞踊研究所、朴保バンド、喜納昌吉＋黒田征太郎（ライブペインティング）、コール・アリラン、韓国キョレハナ合唱団、渋谷天外、沢知恵、姜輝鮮、カン・サネ＋春日博文、諸口あきら、ソウル・フラワー・モノノケ・サミット、ピノッキオ、We Are One（多民族合同公演芸術団）

　　司会：梁英姫

　　後援団体：大阪府、大阪市、東京都、NHK 大阪放送局、毎日放送、関西テレビ、読売テレビ、朝日放送、テレビ大阪、サンテレビ、TBS、テレビ朝日、フジテレビ、テレビ東京、KBS 京都、FM 大阪、ラジオ大阪、ラジオ関西、日本経済新聞社、産経新聞社、毎日新聞社、読売新聞社、朝日新聞社

　出演者は在日アーティストに加えて、日本人芸能人、韓国の合唱団、アメリカの多民族グループも参加している。We Are One は、1992 年の米国ロス暴動を機に、在米コリアンの伝統芸能プレーヤーの夫妻が米国内の多民族のメンバーを募って結成したグループである。

　今日の日本のさまざまな文化シーンで民族名を名乗る在日アーティストの活動には目覚ましいものがあるが、このまつりはこれらの人々とその友人の日本人アーティストの協力を集めたものとなっている。1998 年にはニューヨークの「コリアンフェスティバル」にも参加している。

　実行委員長である鄭甲寿（チョン カブス）氏によると、このイベントの目的は、本国における南北の対立をまず在日同胞のあいだで克服し一つになることによって、日本において、さらに世界においてコリアンの評価を高めることにある。そのために多様な価値観と個性を尊重し結集する。とくに「各分野の第一線で活躍している在日同胞二世」に出演を求めるのは、「彼らが単に有名人だからではなく、彼らの姿こそ、若き二世・三世に、多くの励ましと触発をストレートに与えてくれるから」という（ワンコリアフェスティバル実行委員会 1988）。

　鄭甲寿氏は在日学生運動（総連系の朝鮮留学生同盟）に加わっていたが、その政治主義に疑問を感じていた。そのようななかで生野民族文化祭の発足に参加し、まつり

第 1 章　「民族まつり」の展開と課題

写真 3　ワンコリアフェスティバル 1994 年（パンフレットより）

を通した民族文化運動の有効性に気がつき、新たなまつり作りをめざした（鄭 2005）。プラスティック加工の工場を家族とともに経営しながら、ほぼ「まつり専従」として活動している。

　フェスティバルを開催する一方で、南北統一や東アジアの平和といった政治的目標を正面に出したシンポジウムもたびたび催している。

　2002 年には大阪市も協賛団体に加わり、大阪城公園太陽の広場で、参観無料で催されるようになった。2005 年度は日韓友情年（日韓条約締結 40 周年）にあたって公的資金が投入された。韓流俳優や歌手も参加し、韓流ドラマブームともあいまって、それまでの数倍の観衆が集まった。

　「聖」表象はここでも「ワンコリア」、すなわち「一つの民族」である。地域とのかかわりでいえば、大都市圏の在日コリアンないし日本人の若者にもアピールしようとする広域アトラクション型といえる。

③　四天王寺ワッソ

　第 1 回の四天王寺ワッソは 1990 年に始められた。古代朝鮮から多くの人々が高度の文化を携えて渡来したことを、約 3,000 人の街頭パレードと四天王寺での聖徳太子による出迎えの儀式によって表現するものである。これは信用組合関西興銀（当

285

第Ⅳ部　まつり

写真4　四天王寺ワッソ、街頭パレード1992年（パンフレットより）

時在日社会最大の金融機関）理事長李熙健氏（イ・ヒゴン）の発意と、上田正昭氏（京都大学名誉教授）、猪熊兼勝氏（京都橘大学教授）ら日本人の歴史学者と考古学者との企画・考証によって生み出された。

　四天王寺ワッソは大きな反響を呼び、パレードの沿道には数十万人の観衆が集まり、大阪の新しいまつりとして知られるようになった。しかし2000年12月に関西興銀が経営破綻し、ワッソは続けられなくなった。その後、井植敏氏（当時サンヨー電機会長）を中心に再生計画が練られ、大阪にある多数の日本企業が参加して「NPO法人　大阪ワッソ文化交流協会」が設立され、2003年に再開の予定であったが、雨のために中止となった。2004年11月には好天に恵まれ、ワッソ復活が成功した。

　以下は李熙健氏（88歳）とのインタビューノートに基づく記述である。
インタビューは2004年7月12日、大阪市御堂筋の新韓銀行事務所にて行われた。

《四天王寺ワッソの発足》
　　当時（1980年代後半）、大阪興銀（関西興銀の前身）は預金高1兆1千億円ほどになり、職員は700～800人いましたが、その子供たちのことを考えると、韓国人

にもなれないし日本人にもなれない、一体どうすればよいのかと心配になりました。三、四世が自らのルーツを知らないといけないと思いました。

　このころ、歴史学者の上田（正昭）先生と知り合い、また北朝鮮に招待されて高句麗の遺跡も見ました。それで、興銀で上田先生や金達寿氏に講演を頼みました。それまで自分たちの歴史を知らなかったのです。本を作って職員やその家族に配ろうという案もあったが、それはダメ。誰も読まないから。目に見え興味がわくものが良い。そこで古代の日韓の歴史を再現するまつりをやったら、と考えました。

　生野民族文化祭、ワンコリアフェスティバル？　まったく関係ありませんよ。あれは若い人たちが20～30人ほどでやっていることで、私たちは関知しないですよ。

　まつりの準備に4年半かかりました。歴史考証も必要で、上田先生、猪熊先生にお願いしました。衣裳は古代の色・形を再現したものです。船だんじりは、神戸商船大の先生がちゃんとしたものを造らなあかんというので、時間がかかりました。本当に航海も出来るちゃんとしたものですよ。ワッソでは車台にのせて曳いています。堺屋太一さん（当時経済企画庁長官）も自分のまつり論を持っていて、付き合いがありました。あの人は（大阪）天神橋商店街の出身ですよ。

　四天王寺とのつながりも、全部私がしました。四天王寺は聖徳太子建立の歴史ある寺で、当時の管長・瀧藤尊教さんは喜んで協力してくれました。まつりには興銀職員やその家族、取引先などに声をかけました。みな喜んで出てくれました。みんなボランティアですよ。祇園祭り（京都）の人がうらやましがっていました。鉾の引き手の学生アルバイトには1人2万円払わんならんと。費用は26億かかりました。興銀の金じゃないですよ。私財と色々な寄付です。まつりの前には毎回総理大臣に会って挨拶します。

《ワッソの復活》

　井植敏さん（当時サンヨー電気会長）とは古くからの知り合いで、2～3年前、私が市大病院に肝臓手術で入院していたとき、見舞いに来てくれました。まつりの中断後、衣裳やだんじりなど資材の置き場所にも困っていましたが、サンヨーで保管してくれることになりました。工場を中国に移転して空いた場所があっ

たのです。毎日放送も協力してくれました。そういううちに井植さんがまた来て、ワッソを再開しよう言いました。「この不景気なときに、大阪でまつりをやることに大きな意義がある」というのです。

上田さんは、再開の行事は規模を大幅に縮小して、と言っています。

事務局はNPO法人として申請する予定で、サンヨーの社員（部長クラス）や興銀時代の私の秘書がスタッフとなっています。

《生い立ち》

私は1917年（大正6年）、慶尚北道慶山郡に生まれました。小学校で学ぶ一方、書堂で科挙の進士にも通った先生から漢文を習いました。千字文、童子問、通鑑、小学、大学などです。

19歳（1936年）で来日しましたが、大阪鶏鳴会（財団法人）に世話してもらいました。これは朝鮮総督府、厚生省、三井、三菱などが金を出していた団体です。そこから給料をもらい、来日朝鮮人を無料で宿泊させる事業をしていました。

《大阪興銀の創業》

鶴橋駅周辺は戦時中、皆を立ち退かせた疎開地だったため、戦後、日本人、中国人、朝鮮人がどかっと入って来て闇市ができ、さまざまな紛争が起こり、無警察状態になっていました。私は鶴橋で仕事をしていましたが、紛争を収めてもらえんかということになりました。その後、鶴橋国際商店街連盟の初代会長になりました（1947年）。そのようなとき、李承晩（韓国）大統領から50億円送るから在日の金融機関を作ってくれ、といわれました。それを7つか8つに分けて各地で金融機関が出来ました。私は56万6千円出資して大阪興銀を設立し、理事となりました。

信用組合大阪興銀は鶴橋商店街を根拠地として1955年に設立され、1956年に李熙健氏が理事長となり、その後急速に発展を続けた。日本の銀行は在日朝鮮人に融資をしなかったので、各地に在日系の信用組合が作られたのである。1982年には大阪興銀の資金によって韓国で新韓銀行を発足させた。同行はその後韓国でトップクラスの銀行に成長した。大阪興銀は1993年に神戸商銀など4つの在日信用組合を

第1章 「民族まつり」の展開と課題

合併して関西興銀と改称し、日本最大の信用組合となった。同氏は、1970年韓国国民勲章無窮花章、1989年日本国勲三等瑞宝章など、多くの勲章を受けた。いわば経営者として絶頂の時期に、四天王寺ワッソを始めたことになる。しかしその後、バブル経済崩壊の時期になると、関西興銀は多大な不良債権を累積させ、2000年12月に金融庁によって経営破綻を宣告された。李熙健氏は違法融資の嫌疑で逮捕され、病に倒れた。関西興銀の業務はその後、近畿産業信用組合に引き継がれた。同氏は病気から回復し、新韓銀行名誉会長の職についた。2011年に逝去された。

　四天王寺ワッソは、戦後、焼け跡の闇市場であった鶴橋を拠点に苛烈な経済競争を経て在日財界の巨頭となった李熙健氏が、民族や歴史に目を向け、財力と在日経済界および大阪財界への影響力を駆使して、新たなまつりを創出することで、人生を完成させようとした事業、と見ることもできるだろう。
　四天王寺ワッソの企画と考証にあたった上田正昭氏はつぎのように述べている。

　　大阪興銀（現関西興銀）の理事長（現会長）の李熙健氏から四天王寺を中心に、古代の国際交流にちなむまつりを企画してほしいとの依頼があった。私がその情熱に胸をうたれたのは、在日の三世・四世に誇りと自信を与え、さらに大阪市はもとより内外の人びとに、古代における善隣友好の史実を認識させたいとする志であった。……興銀の関係者、在日の企業の人びとばかりではない。大阪の財界や知識人も積極的に支援した。そしてそのまつりは、四天王寺ワッソと命名された。ワッソとは韓国語・朝鮮語では"来た"を意味し、転じて"いらっしゃい"ということにもなる。日本語の"ワッショイ"は"ワッソ"につながるとする説さえある。まつりの囃し言葉やかけ声も"ワッソ""ワッソ"を用いることとなった。（上田1997, 217）

ワッソの復活に力を注いだ井植敏氏は、著書でつぎのように述べている。

　　私は常々関心を持って、この祭りを見守ってきた……。近隣諸国とはお互い教え、教えられながら共存共栄していきたいものだ。……ワッソが東北アジアの民間外交の柱として、いつまでも続く大阪独自の祭りとなり、あわせて大阪

289

第IV部　まつり

が国際交流の拠点となるよう情報発信していきたい。(井植 2004, 175-178)

2004年11月7日(日)、四天王寺ワッソは史跡なにわの宮公園で復活した。会場では内裏遺跡壇の前に仮説舞台と観覧席が設置され、その後方の広場には多数の韓国・日本の食品屋台などが出店した。古代衣裳を着たパレードの出場者は720名、はっぴ姿のスタッフ400名、そして観衆は4万5千名に上った(主催者発表)。

開会式では、盧武鉉韓国大統領と小泉純一郎首相の挨拶が代読された。パレードは後方広場から出発し、観覧席中央通路を通って、歴史上のVIPに扮した人々が舞台に上がる。まず出迎え側として、聖徳太子(前大阪大学長・岸本忠三氏が扮する)、推古天皇、蘇我馬子、中大兄皇子、大海人皇子、額田王らが登壇し、続いて旗手隊と楽隊を伴って入場した高句麗の使節団を出迎える。順次、百済使節団と新羅使節団が迎えられ、最後に聖徳太子の平和宣言が発表された。新聞、テレビ各社は、この行事を報道した。

再開後のワッソは四天王寺への街頭パレードがなくなり、パレード参加者数も縮小されたが、3年間の中断後、四天王寺ワッソは見事に復活したといえる。相違点をさらに挙げると、今回は在日系の学校だけでなく日本の大学・高校学生のグループ参加が著しく増え、運営スタッフも約8割が日本人で、協賛企業も在日系より日本企業が多くなったことである。古代の日韓交流のテーマは保存されながら、「在日コリアンのまつりから新しい大阪のまつりへ」と転換したといえる。

以下は、NHK大阪放送局で制作・放送された番組「古代の国際交流ふたたび——大阪ワッソ祭り」(55分)についての筆者のノートである(2005年12月23日BSハイビジョン放送、2006年1月28日NHK総合：近畿以外の全国地域、2006年1月29日NHK総合：近畿2府4県の地域)。

　　これは四天王寺ワッソを支える人々に焦点を置いて制作された番組である。まつりの始まり、中断と再開の経緯が説明され、在日のまつりとして始まったが、現在の参加者は日本人が7割を占めること、いくつかの日本の学校の生徒・学生たちが参加していることが述べられる。
　　関西興銀理事長がワッソの提唱者でありスポンサーであることから、職員全

員にワッソへの参加が義務付けられていた。興銀が破綻し、ワッソが中止になった後、職員たちはさまざまな職場に散ったが、まつりの感動を忘れられない人々が、まつりの再開に協力している。

　斉原さん（36歳、女性）はずっとワッソの舞と踊りのリーダーをつとめていた。はじめは韓国から呼んだ専門家に指導を受けた。「それまで在日であることに引け目を感じていました。ワッソを通して古代の文化の交流を知り嬉しく思いました。まつりの感動は忘れられません」と語る。今はフィットネスクラブの店長をしながら、ワッソ復活のためにいくつかの日本の学校に出向いて生徒たちを指導している。

　大谷学園高校では、彼女はブラスバンド部の女子生徒たちに、高句麗の楽隊の3つの楽器を教えている。高校では生徒が異文化に触れる機会として参加を決めた。

　大阪芸術大学では、ミュージカルコースの学生たちがワッソの先頭の耽羅（済州島の古名）の舞姫を演ずるが、今年からは前回経験した学生が新規参加者に教える方式となった。角谷さん（20歳、女性）は「昨年出場して、すごいたくさん写真を撮られ、韓国の人ですかと聞かれた。間違われて嬉しかったですね。だって、韓国の女性って、なんかちょっときれいじゃないですか」と語る。

　興国高校では、斉原さんが放課後、男子生徒たちに新羅の太鼓隊行進を指導する。時間がなく練習不十分で生徒たちの士気も上がらない。そのなかで、3年生で前回にワッソを経験した生徒のなかからリーダーが現れ、気合いを掛けるようになってきた。大西君は、「韓国って遠いところの国って感じだったけれど、体で触れることによって近く感じました」と答える。

　つぎに、日本のスポンサー会社の社員たちが終業後、渡海船を台車で引く練習をするシーン。

　新生ワッソの最終プログラムを飾る和太鼓のグループは、在日の元関西興銀職員たちである。真川さん（34歳、男性）が4年前に結婚式を挙げたとき、同じようにいまだ職の見つからない仲間たちが披露宴に来て一緒に和太鼓を叩いてくれた。このときから和太鼓は心の支えになった。日本人の妻とのあいだに生まれた子供にワッソを見せたい、という気持ちが強くなった。復活したワッソのための練習を昼休みにしているが、なかなか来られない人もいる。職場の後

第IV部　まつり

表1　3つの民族まつりの特質

	生野民族文化祭	ワンコリアフェスティバル	四天王寺ワッソ
開始年	1983〜2002年	1985年〜	1990〜2000年、2004年〜
参加者	生野区の在日コリアン	在日のミュージシャン、アーティスト	在日実業家、日本文化人
場所	生野区内、校庭	大阪城野外音楽堂、同太陽の広場など	谷町筋、四天王寺
内容	農楽パレード、民族舞踊、劇、遊戯	ジャズ・ブルース・舞踏、演劇・映画	朝鮮使節・渡来人のパレード、聖徳太子による出迎え儀式
メッセージ	在日若年世代への「民族文化」による連帯意識、アイデンティティ形成の呼びかけ	在日若者へのポピュラー文化による、「ハナ」（統一）の呼びかけ	古代朝鮮から日本への人と文化の伝来を表現し、在日コリアンに誇りを与え、東アジアに開かれた大阪を訴える
共通性	80年代に創始／内容の創造性（非伝承性）／非宗教性（世俗性）／在日人権運動の時期／在日経済力向上期／「公共化」、新しい「大阪のまつり」として浸透		

輩を誘い入れた。一人は日本人、もう一人は在日三世。

ワッソ当日の天気予報は降水確率70％。早朝、事務局では猪熊兼勝実行委員長らがやむなく中止を決定する。

興国高校生たちは中止にもかかわらず会場に集まった。大西君は「今日は雨で流れたが、ワッソはどこかに残っているはず。自分たちは卒業するが、1、2年生は続けてほしい。つぎの生徒に伝えていってほしい」と訴える。

1週間後、興国高校文化祭で彼らの新羅太鼓隊が行進する。斉原さんは、「日本と朝鮮の友好の歴史を知ってほしい、そんな思いが届いたと感じる。交流できたという実感が自分たちに残っている」と述べる。

11月26日、四天王寺山門で真川さんたちの和太鼓が奉納される。ナレーション「次回ワッソは晴れてほしい。これからもワッソが続けられるようにとの願いを込めて。……祖先たちの歴史を甦らせたい、在日の思いから始まったこのまつりは、今この地で新しい絆を結び始めています」。

まつりは中止となったが、この特集番組が全国放送されることによる広報効果は大きい。個別の参加者の行動や思いに焦点を置いて密着取材することによって、ある意味で本まつりの参観以上の深い理解をもたらしている。このまつりにおいて日本人学生が古代コリアの楽人を、在日メンバーが和太鼓を演奏して、それぞれに深

く血肉化し感動を経験している点は、多文化状況の新たな局面を示している。筆者は優れたテレビ・ルポルタージュ番組のもちうる表現力とアピール力に強い印象を受けた。

なお、表1は3つの民族まつりの共通および個別の特質を整理・要約して示したものである。

(3) 民族まつりの「まつり」性

本章では、「祭り」ではなく「まつり」の語を用いている。日本では、「祭り」は伝統宗教の行事として日本人のみが関わることが暗黙の前提になっている。それに対し、「まつり」は特定の宗教的伝統から生まれたものではなく、日本に住む外国人と深く関わって新しく作られたものである点で区別している。

しかし、「祭り」と「まつり」はつぎの本質的な点では共通性をもっている。

① 「聖」性

そこでは「聖」なる中心が形成される。それは、伝統的な「祭り」では神や仏である。民族まつりでは、それは聖なる象徴的実在としての「民族」であり、その「民族文化」の中心的演目としてとし農楽(プンムル)が選択された。

② 祝祭性

それは晴れの場と空間で行われる行事であり、感動と興奮が経験される。デュルケムのいう「集合的興奮」(本書第Ⅰ部第1章第1節、同第2章第2節 (2) 参照) のなかで自己変革あるいは異なる自己の発見がなされる。

③ 無償性

参加者はまつりに多大な労力と時間を投入しながら、なんら形ある報酬を受けとることもない。それでは何を得るのか？ それは参加による自己表現、自己変革、相互承認といった象徴的な価値ではないだろうか。そこは自己聖化の場、あるいは聖化された自己を相互承認する場になっているのではないだろうか。

④ ネットワーク、組織の形成

多くの観衆にとっては、まつりのなかでのこの特別な経験はつかの間のもので、まつりが終われば霧のように消えてしまう。しかし、まつりに毎年出場する者や運営スタッフとして参加するメンバーのあいだには、持続的なネットワークが形成される。またこれに刺激を受けて、別な地域であるいは別なグループで民族まつりが展開される場合にも、ネットワーキングの拡大をみることができる。

(4) 「聖」象徴としての「民族」

これら3つのまつりは何らかの意味で「民族」を主題化していた。これらのまつりにおいて、象徴としての「民族」は「聖性」を帯びている。

民族まつりにおける「民族」と「聖性」の問題を考えるとき、社会学者デュルケムの理論から興味深い視野を得ることができる。彼は、

> 宗教とは、聖なるもの、すなわち分離され禁止された事物に関する信念と行事との連合体系であり、それを信じる人々を1つの道徳的共同体に結合するものである。(Durkheim 1912, 65 〔cf. 邦訳（上), 86〕)

と定義する。聖なるものとは、日常経験から何らかの禁止によって隔てられた経験領域であり、従来は歴史上、宗教的象徴として表現されてきた。しかし、近代・現代では、「聖なるもの」はいわゆる「宗教」的活動に限定されず、「国家」や「民族」を直接に神聖化するはたらきに拡大してきている、と考えなければならない。

さて、R. N. ベラーはデュルケムの立場をさらに進めて、宗教あるいは「聖」なるものの領域を「象徴的実在」ととらえ、つぎのように説明している。

> 実在は単に客体のうちにあるのではなく、主体のうちにもあり、特に主体と客体との関係のうちにあると見なされる。……主体の感情、価値、希望を表現し、あるいは主体と客体の間の相互行為の流れを組織化し、あるいは、全体的な主観的・客観的複合を統合したりその全体の脈絡や基盤を指摘する非客観的象徴が存在する。これらの象徴もまた実在を表現し、経験的命題に還元され得ない。これが、象徴的リアリズムの立場である。(ベラー 1974, 67-68)

聖なる特性を付与された「象徴的実在」という命題は、「民族」にも当てはまる。「宗教」と「民族」は聖なる「象徴的実在」として共通の特性をもっている。

「民族」という社会的カテゴリーは没主観的に事実として存在するのではなく、象徴作用を通して、集団の場で、主体的に構成され意味づけられることによって、人々のなかに実在化するものとなる。

これらの「民族まつり」は特定の宗教の枠内にあるものではない。これらまつりのなかの「聖なるもの」は宗教の領域を越え出て、「民族」を直接に聖化する機能を果たしている。

玄善允は、「聖なるもの」は狭義の宗教・まつりの領域だけでなく、1980年代以前の在日の政治・社会運動のなかにもあったはず、と指摘した（玄2004）。さらに1970年代、在日学生運動の韓国民主化運動のなかに、「民族」や「民主」を「聖化」する盛り上がりがあった。しかしその「政治主義」の行き詰まりに対して「文化運動」への転換が起こり、そのひとつの解答が「民族まつり」であった、と指摘している（玄2014）。これは「ワンコリアフェスティバル」実行委員長の鄭甲寿氏も証言している（鄭 2005, 13-23）。

「民族まつり」は直接に在日コリアンの広範囲な政治的・社会的連帯につながるものではない。その理由は、そこでの「民族」象徴が「曖昧」なものにとどまっていることである。在日の場合、「母国」の南北分断のため、自らの母国および民族について全体が合意しうる国名も民族名ももち得ないことがその一因となっている。また「ワンコリア」「南北在日の連帯」といっても、具体的な政治的プログラムを提示するわけではなく、漠然とイメージされるユートピアでしかない。

しかし「民族まつり」において、「民族」表現の曖昧性は逆説的な有効性を発揮している。すなわち当時および現在の政治状勢では、具体的な「統一」案はただちに対立と反目を生み出す原因にしかならないので、「ワンコリア」「統一」が漠然としたユートピアにとどまるがゆえに、多くの人の参加が可能になっている、ともいえるのである。

(5) まつりが創出するリアリティ
民族のユートピア

民族まつりにおける聖なるものは、ユートピアとして表現できるかもしれない。

第IV部　まつり

　小川伸彦は、これらのまつりが「民族」や「共生」についてつかの間のユートピアを現出させて、人々が理想の社会を夢見ることを助けている、と発言している (ふれあい芦屋マダン 2005 実行委員会編 2005, 64-65)。すなわち、ユートピアは非実在のイメージでありながらある理想を表現しており、人々がともにその世界を作り出しそれを生きるということは1つの新しい経験であり、そのことが参加する人々の意識を変え、自らの住む世界を新しい目で見直す機会をあたえる。まつりは、ユートピアをつかの間経験することを通して、自己と現実世界を変えるひとつのリアルな過程になりうるのである、と (同上)。

　確かに生野民族文化祭は、生野区を中心とする在日コリアン社会の一定の範囲で、新たな民族意識を生み出してきた、といえる。参加メンバーだけではなく多くの観衆が、まつりを通して民族イメージと民族的自己意識がネガティブなものからポジティブなものに転換する経験をもった。農楽の力強く前向きなリズムと、マダン劇に表現される日本での困難な現実をユーモラスにとらえ返すしたたかな生き方の表現は、参加者と観衆に強烈なメッセージを届けたであろう。とくに在日の参加者には、極彩色で力強いリズムをもつ「民族文化」を経験することによって、貧困や屈辱と結びついていた自民族のイメージを逆転させることができた。これらのまつりの経験を通して、多くの在日の若者が共通の「民族」体験をもち、新たな民族的自己意識をもつようになった、といえるだろう。

　ワンコリアフェスティバルの場合は、日本社会でさまざまなジャンルで注目を集め、本名宣言をしたミュージシャンやアーティストの野外舞台での表現によって、「在日」の活動の可能性の広がりをアピールした。

　四天王寺ワッソでは、古代日本における朝鮮文化の大きな影響力を、目抜き通りのパレードを通して誇らかに表現している。

　これらのまつりは、在日コリアンに、日本社会で隠れ生きるのではなく誇りを持って生きることができる力づけになった、と思われる。

(6) 民族まつりの公共化
地域の受容、自治体の後援、マスコミ報道

　在日コリアンのまつりは、文化の領域で、「在日文化」の日本社会での顕在化、公共化という役割を果たした。これまで在日の宗教文化は主としてチェサ (先祖祭祀)

第1章　「民族まつり」の展開と課題

やクッ（巫俗儀礼）のように私的な内輪の場で行われ、一般の日本人の目にはほとんどふれなかった。

　しかし、民族まつりが創り出され、回数を重ね、地域で定着化し、またマスコミで報道されることによって、「在日文化」の日本社会でのあり方に1つの確かな変化が起こってきた。このことは近年、一般のマスメディアにおいても民族名を名乗るミュージシャン、俳優、作家、研究者などの活躍が注目されるようになってきたこととも連動している。

　生野民族文化祭では、最初に借りた公立小学校校庭が周辺住民からの苦情により次回からは借りられなくなったので、生野区内の他の公立学校校庭を借りねばならないことになった。しかしこのために同祭の地域巡回ということになって、かえって区内での浸透・定着に寄与することにもなった。その後、地域住民からの反発や苦情はほとんど無くなっていった。

　生野民族文化祭、ワンコリアフェスティバルおよび四天王寺ワッソは、テレビのニュースでほぼ定例的に取り上げられるばかりか、いくつかの特集番組で紹介されるようにもなった。テレビなどのマスコミを通して、これらの人々の活動は今日の日本文化のなかのユニークで魅力ある領域として広く承認されてきている。

　さらに1990年代以降の民族まつりのいくつかは地方自治体の資金助成を受けるようになっていく。

　民族まつりはこのような文化創造と普及のはたらきを通して、日本社会への在日コリアンの積極的参加と社会的認知、および在日文化の公共化に一定の役割を果たした、ということができるだろう。

第2節　民族まつりの展開（1990年代以降）

(1) 民族まつりの展開

　「生野民族文化祭」は2002年に終了したが、各地の在日コリアンに大きな影響を与え、1990年代以降、さまざまな特色を持つ民族まつりが関西を中心に各地で生み出された。「民族まつり／マダン開始年表」（藤井幸之助作成　2014年1月27日版）より、主要なまつりを開始順にあげてみよう。

第Ⅳ部　まつり

1964年　厳原港まつりアリラン祭（対馬市／2013年中止）
1975年　沖縄青年の祭り（大阪市／1976年よりエイサーまつりと改称）
1983年　生野民族文化祭（大阪市／2002年終了）
1984年　博士王仁まつり（枚方市／〜）
1985年　8/15〈40〉民族・未来・創造フェスティバル（大阪市／1990年よりワンコリアフェスティバルと改称／〜）
1987年　大野遊祭（高槻市／2009年終了）
　　　　南京町春節祭（神戸市／〜）
1989年　アイヌモシリ一万年祭（北海道平取町／〜）
1990年　四天王寺ワッソ（大阪市／〜）
　　　　長田マダン（神戸市／2003年終了）
　　　　三・一文化祭（福岡市／〜）
　　　　荒川ノリマダン（荒川区／終了年未確認）
　　　　桜本プンムルノリ（川崎市／「日本のまつり」に参加／〜）
1991年　八尾国際交流野遊祭（八尾市／〜）
　　　　統一・広場・守部（尼崎市／1993年に尼崎民族まつりと改称）
　　　　みのお・コリアン・フェスティバル（箕面市／1993年から「みのおセッパラム」と改称）
　　　　ふれあい芦屋マダン（芦屋市／〜）
1993年　みのおセッパラム（箕面市／2001年終了）
　　　　東九条マダン（京都市／〜）
　　　　尼崎民族まつり（尼崎市／2009年終了）
1994年　統一マダン生野（大阪市／〜）
　　　　ならサンウリム（奈良市／〜）
1995年　インターナショナルピープルカーニバル（堺市／〜）
1996年　東大阪国際交流フェスティバル（東大阪市／〜）
　　　　伊丹マダン（伊丹市／〜）
　　　　統一マダン神戸（神戸市／〜）
1997年　福山マダン（福山市／終了年未確認）
　　　　たからづか民族祭り（宝塚市／〜）

1998 年	東はりまマダン（高砂市／～）
	Friendship Day in SANDA（三田市／～）
	神戸オリニマダン（神戸市／～）
1999 年	朝鮮文化とふれあうつどい＆フリーマーケット in 府中公園（府中市／～）
	祝八尾テト（八尾市／～）
2000 年	ひらかた多文化フェスティバル（枚方市／～）
2001 年	大阪ハナマトゥリ（大阪市／2003 年、2005 年開催／終了）
	枚方・百済フェスティバル（枚方市／～）
	リトル釜山フェスタ（下関市／～）
2003 年	ふれあいマダン in 東区（札幌市／終了年未確認）
	なかよし加古川ミニマダン（加古川市／～）
2004 年	ええやんか！　おうみ多文化交流フェスティバル（大津市／～）
	マダンの風を淡海から（大津市／～）
	深江多文化こどもまつり（神戸市／2010 年より多文化フェスティバル深江と改称）
	KAWASAKI 大交流祭（川崎市／～）
	国際交流会館オープンデイ（京都市／～）
2005 年	日韓交流おまつり（東京、ソウル／～）
	泉南マダン（大阪府／～）
	OKUBO アジアの祭り（新宿区／～）
2006 年	三田マダン（三田市／～）
	コリアタウン猪飼野祭り（大阪市／～）
2007 年	渡来人まつり（松本市／～）
	大泉カルナバル（群馬県大泉町／～）
2009 年	多文化交流フェスティバル国際都市新宿・踊りの祭典（新宿区／～）
2010 年	ハナ・マダンあまがさき（尼崎市／～）
	みんなあつまれウリハッキョマダン（大津市／～）
2011 年	東日本大震災チャリティーハンマダン・大阪（大阪市）
2012 年	東九条春まつり（京都市／～）
	京都コリア・フェスティバル（京都市／～）

第Ⅳ部　まつり

「民族まつり／マダン開始年表」（同上）からつぎのことがいえる。
* 「同年表」に記載された民族まつり総数：121
* 1990年までに創始された民族まつり：20
* 1991年から2000年のあいだで創始された民族まつり：46
* 2001年から2010年のあいだで創始された民族まつり：45
* 2011年以降創始された民族まつり：10
* すなわち1990年までに生まれたまつりを先駆けとして、1991年以降代、101の民族まつりが生まれた。
* 在日コリアンが関わる民族まつりは、1990年までに12、1991年から2000年のあいだでは39、2001年から2011年以降では41であった。
* 名称に「マダン」のつく民族まつりの数：20

「民族まつり／マダンアンケート」全回答43のうち、
* 「多文化共生」ないし「多民族共生」の語を開催主旨に含むもの：25
* 地方自治体ないし地方公共団体（教育委員会、国際交流協会など）の「後援」を得ているもの：30
* 地方自治体ないし地方公共団体（教育委員会、国際交流協会など）から補助金を受けているもの：19

　1980年代以降の民族まつりの展開の背景については、つぎの2点を指摘しておこう。
　まず、1980年代に指紋押捺撤廃運動の盛り上がりがあった。従来から就職差別、住宅入居差別などへの反対運動が在日の団体によって行われてきたが、とくに外国人登録証への指紋押捺義務の撤廃運動は、日本社会で民族的な誇りを持って生きる権利を主張するという象徴的な意味をもち、日本のキリスト教団体や法律家、市民との共闘運動を生み出し、マスコミと世論の支持するところともなった。その成果として、1993年には外国人登録法が改訂され、指紋押捺は廃止された。これは差別反対運動に止まらず、民族的アイデンティティへの積極的な問いかけと民族文化を求め確認しようとする運動につながっていったと考えられる。
　つぎに、生活文化の均質化がいっそう進行した。在日のまつりの「公共化」、すな

わちそれが日本社会で表現され受容される前提条件として、在日の生活文化がすでに日本人のそれと十分に均質化してきたことがあげられる。均質化された生活文化、言語、思考法、感性、表現方法の共通基盤があり、そのなかで「民族文化」が「差異」として価値を主張し得るものとなる。文化的均質性を前提とした多様な選択可能性のなかでの「差異」として、「民族」文化が在日自身のみならず日本人にもプラスの意味があるものとして現れてきたのである。またこれらのまつりは、現代日本における「地域イベント」としてのまつりカテゴリーの1つとしてアピールしうるものとなっている (2004年度の「韓流」ブームもこのような両国文化の「均質化」と「差異」を前提としてとらえられよう)。

(2) 民族まつり展開の特質

1990年代以降の民族まつり展開の特質として、つぎの諸点があげられる。

① マダンを名称にするまつりの展開

地名＋マダンを名称とする民族まつりは18を数える。マダンとは韓国語（朝鮮語）で広場を意味する。村や町の広場では農楽隊が舞い、仮面劇が演じられ、集会や雑談の場となる。マダンの名のつくまつりは、1990年の「長田マダン」「荒川ノリマダン」が始めであろう。これらを含め、1990年代に14 (関西地域で11、その他の地域で3)のマダンの名のつくまつりが生まれた。2000年以降は6 (関西5、それ以外1) である。1990年代の関西地域でその多くが生まれた。

これらのうち今日 (2013年) まで続いているものは、1990年代に生まれたまつりでは「ふれあい芦屋マダン」(1991年～)、「東九条マダン」(1993年～)、「統一マダン生野」(1994年～)、「統一マダン神戸」(1996年～)、「伊丹マダン」(1996年～)、「東はりまマダン」(1998年～)、「神戸オリニマダン」(1998年～) の7つ、2000年以降のものでは「なかよし加古川ミニマダン」(2001年～)、「マダンの風を淡海から」(2004年～)、「泉南マダン」(2005年～)、「三田マダン」(2006年～)、「みんなあつまれウリハッキョマダン」(2010年～) の5つである。

これらのまつりは「農楽」(ないしプンムル) を演目の中心とする点、多くが公立小・中学校の校庭で行われるなど、「生野民族文化祭」の特質を受け継いでいる。異なるのは、生野民族文化祭は、韓国・朝鮮籍者のみが参加するまつりであったのに対し、

後続のまつりの多くは、次にみるように日本人も運営・出演に参加している点である。

② 日本人の参加

在日コリアンが創始したまつりや、他地域出身のニューカマーの活動が関わるまつりの多くには、多数の日本人住民が深く関わっている。在日コリアンより日本人の方が多いマダン系まつりが少なくない（「東九条マダン」など。李定垠（2014）は、同マダンに関わる日本人へのインタビュー内容を論じている）。

在日コリアンの人権運動や民族教育に深い関心をもつ教員や市民運動参加者たち、在日コリアンや異文化に関心をもつ学生が実行委員会に加わっている。自治体が積極的に関わる民族まつりでは、自治体職員が実行スタッフに加わっている（「伊丹マダン」など）。他方、大学で「よさこい連」の活動に加わり、その出演の場として民族まつりに参加する学生たちも少なくない（「ふれあい芦屋マダン」など）。また和太鼓や他国の民族舞踊サークルの日本人の参加も見られる。

③ ニューカマーの参加

近年のもう１つの傾向はニューカマーの参加である。「ふれあい芦屋マダン」「大野遊祭（高槻市）」「東大阪国際交流フェスティバル」「八尾国際交流野遊祭」「ええやんか！　おうみ多文化交流フェスティバル」などでは、ブラジル、アルゼンチン、タイ、フィリピン、中国など出身の住民の参加が見られる。

④ 地域共生テーマ

在日コリアン、ニューカマー、沖縄出身者、障害者、被差別者を含むさまざまな地域住民の連帯というテーマが掲げられている。

演目には、農楽だけでなく和太鼓、沖縄のエイサー、フィリピンの民族遊戯など、多様なエスニック文化が含まれている。

⑤ 創るまつり

これらのまつりは、「伝統の祭り」に対して、都市住民が「創るまつり」としての魅力をもっているのかもしれない。地域の伝統的なまつりは新たな住民に開かれた

ものではなく、限られた地縁集団によって運営され、「伝統」を誇り重視するあまり、新しい文化（音楽、舞踊など）の取り入れに目を向けてこなかった。これに対し、マダンの参加者はより多様でヴォランタリーな人々で構成されている。民族まつりは、地域の日本人にも「ハレ」の場を提供することによって、日本人参加グループにも強く支持されている。また最後に組み入れられた農楽と出演者・観衆一体となっての乱舞は、「盆踊り」よりいっそうダイナミックで開放的な魅力をもつといえる。「民族まつり」は在日コリアンのみならず、「ハレ」の場を求める日本人と外国籍住民の潜在的なニーズに応えている、といえる。

⑥ 地方自治体の後援、補助金

これまでまつりを作る在日の行動に重点をおいて述べてきたが、「公共化」を論じるためには、それに場所を提供したり「後援」したりする地方自治体や教育委員会などの対応も重要である。

多くのまつりは自治体の「後援」「助成」を受けるようになっている。(後援：30、補助金：19)。予算規模は、「東九条マダン」の3百数十万の他は、100万円以下が多い。一方、自治体行事として始められながら政策変更で停止されたもの（みのおセッパラム）、自治体補助が打ち切られた後も参加グループのみの力で続けられたもの（高槻・大野遊祭）がある。後に見るように、多くの自治体で「多民族共生」が政策課題に掲げられるようになってきた。反面、一部では、在日コリアンの運動に対して冷淡な政策に変更するところもある。このように、まつりの存続そのものに自治体の政策が影響をもちうる点に留意すべきである。

(3) 民族まつりのさまざまなタイプ

すべての民族まつりを整然と分類することは困難であるが、いくつかの観点からさまざまなタイプがあることを見てゆこう。

①実行委員の背景からみると、つぎのようなタイプに分けられる。
1) 地域の在日コリアン住民の運動として始められたもの（「生野民族文化祭」「長田マダン」「尼崎民族まつり」「大野遊祭in高槻」「三・一文化祭」など）。
2) 学校での活動を母体として、外国人教育に携わる教員が中心となるもの（「芦屋

マダン」「奈良サンウリム」など)、在日の児童・生徒会活動から始まったもの (「福山マダン」「神戸オリニマダン」)。
3) 外国籍者の人権と関わって地域の街づくりを目指す市民運動が中心となって催されているもの (「東大阪国際交流フェスティバル」など)。
4) 前項の市民活動と関わっていながら、市が主催団体となっているもの (「みのおセッパラム」「伊丹マダン」)。
5) 在日社会団体によっていくつかの地域で行われる「統一マダン」。
(cf. 白井美由紀、ふれあい芦屋マダン2005実行委員会編2005, 74-75。白井の分類では1)、2)、3) が挙げられているが、3) のうちに4) が含まれている。)

②標語から分類すると、つぎのようになる。
1) 「多民族共生」「多文化共生」を掲げるグループ (「東九条マダン」「東大阪国際交流フェスティバル」「たからづか民族祭り」「大野遊祭 in 高槻」「八尾国際交流野遊祭」「芦屋マダン」など)。
2) 朝鮮 (韓) 半島の統一を目標に掲げるもの (「ワンコリアフェスティバル」「統一マダン神戸」など)。
3) 両方の目標を掲げるもの (「尼崎民族まつり」「大阪ハナマトゥリ」「日韓交流おまつり」)。

③地域との関わり方による民族まつりの分類
1) 地域密着型:在日コリアンの生活地である生野、箕面、長田、伊丹、芦屋のマダンほか多数。地方自治体からの後援を受けているが、町内会 (自治会) との関連は希薄。
2) 地域拠点型:「東九条マダン」は約3,000人の在日コリアン住民が住む東九条地域で開催される。ここはこのまつりの第一世代リーダーたちの出身地であるが、現在、実行委員と出演者の多くは東九条以外の京都市ないし近隣の府県から来ている。「東九条」は在日コリアンと多様な住民が共生すべき地域拠点という象徴的な意味をもち、外部から多くの人々をひきつけるという意味で強い「磁場性」をもっているといえる。
3) 広域型:「ワンコリアフェスティバル」「四天王寺ワッソ」「日韓交流おまつり」(日・韓両政府共催)。

(4) 民族まつりによる「地域」イメージの変容

① 民族まつりによる大阪イメージの変容

　大阪市生野区という「場所」について、筆者は、かつて宗教活動やまつりの舞台枠として静態的に捉えてきたが、「場所」そのものが自己組織活動の過程であり所産であることが寺岡伸悟によって指摘され、新たなアプローチが可能であることに気づかせられた（寺岡 2003, 164）。

　例えば、「大阪」は民族まつりの舞台であるにとどまらず、これらのまつりを通して「大阪」そのものが変容してゆくのである。これらのまつりに参加・見物する人々は、自分たちの住む町について、それまでとは異なるイメージをもつことになる。日本人の抱く地域社会の従来のイメージである「町内」「向こう三軒両隣」「世間」は、暗黙のうちに日本人だけが住む世界である。しかし、これらのまつりは、同じ地域に外国籍者や異なる文化を持つ人々が住んでいること、そしてそれが積極的な価値をもつことを自然のうちに経験させ、地域イメージの大きな変化をもたらすものである。またそれは単に一部の地域住民の経験にとどまらず、地方自治体や教育委員会などの後援を多くの民族まつりが得ていることを見ても、この新しい地域イメージがかなりの程度浸透し、公共化されてきていることを示している。地域社会の自己組織的展開がここに見られるといってもよい。

　大阪市生野区は日本最大の在日コリアン集住地域であるが、その大多数は日本名を名乗り、在日の町であることはひそかに語られるだけであった。しかし、「生野民族文化祭」は在日の町・生野のイメージを公然化し、多くのマスコミに取り上げられ、地域イメージそのものが変化した。在日住民のあいだだけで語られていた御幸森通りの「朝鮮市場」は、日本人と在日コリアンの店が混在する商店街であるが、「コリアタウン」の横断幕を掲げるようになった。

　「四天王寺ワッソ」も在日のまつりとして始められたが、中断後は古代朝鮮からの渡来人パレード、聖徳太子の出迎えセレモニーという基本構成を受け継いだまま、「大阪のまつり」として定着しつつある。

　在日コリアンは、大阪においてこのようにまつりを通して新しい地域イメージを提起しうる人々である、といえる。

　在日コリアンの生み出す文化は、もはや「在日文化」にとどまらず、大阪文化、

第IV部　まつり

日本文化にとって不可欠の創造的セクターとなってきている。

② 東九条地域イメージの変容とマスコミ

民族まつりに関わる地域イメージの変化については、マスコミの役割も重要である。ここでは、2002年11月15日にNHK BS2で全国放送された「河原町通り・東九条界隈——京の都のコリアンタウン」(25分、NHK京都製作、「京都上がる下がる」シリーズ、2005年総合テレビで再放送) について考えてみたい。「京都上がる下がる」は、京都の街路とそこに生きる人々を紹介するシリーズ番組である。そのなかで、東九条がコリアタウンとして取り上げられたことは、新鮮な驚きであった。案内役はイタリア語テレビ講座などで知られているジローラモ・パンツェッタ氏で、京野菜のキムチを売る店などに続いて、「東九条マダン」がメインの内容として紹介された。まつりのビラの貼られた町の様子、まつりの練習風景から、農楽の練習に参加しているある日本人の少女に焦点が移り、自宅でのチャング(長鼓)の練習とインタビューが映る。「日本人やのになんで韓国の楽器をやってるの？ と聞かれることもあるけど、そんなこと考えたことあらへん。保育園のときにチャングを習って、それ以来好きになって続けているだけ」と答える。つぎに、彼女が通った東九条の保育園をジローラモ氏が訪ね、園児たちに日本語と韓国語の両方のあいさつや衣服、歌・踊りなどが教えられる場面が映される。ここで教わったことを卒園後も習い続ける子供たちがおり、このような活動の続きとしてまつりが生まれた、と「東九条マダン」の創始者の一人である崔忠植(チェチュンシク)園長が語る。そしてまつりでの農楽の本番風景とその後の少女や参加者たちの感激の涙が映し出される。

この番組を見た者には、「東九条」の名が、京都のなかの独特の魅力を持つ町として強い印象を残すことであろう。在日のまつりとともに、これまで語られなかった「東九条」がマスメディアを通して「公共化」され、他の街路界隈とひとつに括られたうえで、肯定的に語られたことの意義は小さくないだろう。

(5) 民族まつりと「多文化共生」

① 「多文化共生」について

1990年ごろから、日本では「多文化共生」という言葉が聞かれるようになってきた。総務省は2006年3月に「多文化共生推進プログラム」を発表した。これは外国

人労働者の増加と定住化の現実（2005年では外国人登録者は201万人。内訳は、韓国・朝鮮籍者59.9万人、中国籍者52.0万人、ブラジル籍者30.2万人、フィリピン籍者18.7万人、ペルー籍者5.8万人、米国籍者4.9万人、その他30.0万人。『平成17年版　在留外国人統計』による）に対して、行政の多言語サービス、学習・教育支援、生活支援、共生の地域づくりなどの項目について政策実践の必要性を掲げる。神奈川県などいくつかの地方自治体はこれに先立って、ニューカマー住民に対する支援政策を実施しており、総務省プログラムはこれらを踏まえてまとめられたものである。このプログラムは今後、多文化共生政策を未決定ないし模索中の自治体に一定の影響を与えていくだろう。ただ、これら「多文化共生」政策は、これまで在日コリアンが経験し闘ってきた就職差別、住宅入居差別、国民年金の不備問題、公務員採用の国籍条項撤廃、地方参政権獲得などの懸案には触れないまま、「共生」の施策化を試みている点で問題を残している。

なお「多民族共生」という表現は民族の区別を強調することになるので、政策的に使わないことにし、「多文化共生」を用いることになった、という（総務省プログラム参画委員・田村太郎氏の発言）。

各民族まつりによる「多文化共生」の受けとめかたは多様である。

2011年のアンケートおよびシンポジウム発言にみると、そこにはいくつかのタイプが見られる。

* 積極派：「多文化共生」を標語に掲げるもの（「渡来人まつり」（松本）、「伊丹マダン」など）。
* 「多文化共生」の標語は掲げていないが、地域の多様な人々に訴え、共に暮らすことを目標に掲げるもの（東九条マダンなど）。
* 受動派・無関心派
* 抵抗派：同化を警戒、「異和共生」を主張（「エイサーまつり」など）。

② **民族まつりと地域の多文化共生**

民族まつりはつぎの点で、地域の多民族・多文化共生を進めるはたらきをもつと考えられる。これまでの記述との重複をいとわず列挙しよう。

1) 日本人住民と少数民族住民との障壁の低下：歌・踊り、食べ物などを楽しむことにより、民族、国籍、言語、生活習慣、無知、偏見の障壁を低くするきっかけとなる。

2) 隣人としての外国人の認知：身近な地域や職場で外国人とともに生きていることを、改めて認識する。
3) 少数民族の文化は内閉性から公的場面での表現へと積極的転換がなされる。
4) ユートピア性と継続性：まつりにおける「共生」の経験はつかの間のユートピア体験であるが、参加者としてまつりを継続していくことにより、自己認識が変わるとともに、持続的なネットワークと運動体が生まれ、民族関係を変えていくことになる。
5) マスコミの役割：テレビは、規模の大きい民族まつりにはニュースや特集番組の制作などで積極的に取り上げ、民族まつりの認知と肯定的評価を生み出している。
6) 地方自治体の対応：民族まつりの多くは、地方自治体の後援や助成金を受けるようになってきており、地方自治体の「多文化政策」を促すきっかけとなっている。

③ 「多文化共生」への批判について

「多文化共生」に対しては、これまでつぎのような批判がある。

1)「多文化主義」政策への批判

米国、カナダ、オーストラリアなどでは「多文化主義」政策の経験が数十年あり、いくつかの問題が指摘されている（関根 2003, 6・7章）。例えば「民族文化」のステレオタイプ化や民族グループ間の予算獲得競争の弊害が挙げられている。しかし日本ではこの政策は緒についたばかりであり、不十分という批判はあっても、上のような弊害は見られない。日本では、いくつかのまつりではプンムル出場者の半数以上が日本人であり、和太鼓グループとプンムルの共演がなされる（京都「東九条マダン」）。また「四天王寺ワッソ」のトリは在日コリアンの和太鼓グループの演奏で飾られるなど、「民族文化」自体の壁の超出やジャンルを問わないパフォーマンスの採用と融合がみられ、文化相互の刺激や創造を触発する場となっている。

2)「異和共生」の提起

大阪市大正区で「エイサーまつり」を主宰している金城馨氏は、「多文化共生」は

マイノリティを「同化と迎合」に導くもので問題があるとし、代わりに「異和共生」という言葉を掲げている。

> 違っているものが……同じになる必要はなくて、違ったまま一緒にやって違ったまま終わる……違っているけれど一緒にやりましょう、と。で、一緒にやって、やっぱり違っていました、ということで終ろう、一つになるのはやめましょう。(2012 年「民族まつり／マダン全国交流シンポジウム」での発言(「民族まつり／マダン全国交流シンポジウム記録 (2012)」飯田剛史研究代表 2014 下))

と提案している。同化と迎合の可能性の指摘は鋭く、違いの意味を重視し、違いにこだわる態度は貴重である、と筆者は考える。しかし、「民族まつり」において、「民族文化」がマイノリティの閉鎖的な領域で行われるのではなく、公共の場でマジョリティとともに演じられるものであれば、諸文化の並列選択の対象になるという意味で、「同化と迎合」へのある程度までの接近は不可避ではないだろうか。民族まつりを行うことで、マイノリティ住民は文化的に隔離された存在であることをやめて、日本社会に文化的に参加することになる。「同化と迎合」を自戒しつつ「異和共生」を唱えることに筆者は共鳴するが、これはやはり「多文化共生」の 1 つのヴァリエーションではないかと考える。

3)「多文化共生」と反差別運動の閉塞

徐正禹氏は、行政の「多文化共生」政策の導入によって、それまでの在日コリアンの民族差別撤廃運動が急速に下火になった、と述べている(徐2007)。徐は民闘連(民族差別と闘う連絡協議会)事務局長をしていたが、1990 年代、大阪府を含むいくつかの地方自治体の「多文化共生」政策の採用と、部落解放同盟による妨害活動によって在日差別撤廃運動は力を失い、民闘連は在日コリアン人権協会への改組を経て停滞を余儀なくされた、と述べている。1980 年代、外国人登録証の指紋押捺撤廃運動は大きく盛り上がり、1993 年に押捺撤廃が実現した。そのあと、外国人住民の地方参政権運動が起こったが、これは政府側の日本国籍取得特例法案(特定永住者の日本国籍取得をこれまでの許可制ではなく届け出によって容易にする案)によって急速に下火になった。これと軌を一にして、地方自治体と国家は「多文化共生」政策を導入した。こ

れは「共生」の名のもとに支配する側と支配される立場の者を一体視させ、「対立から調和へ」の意識を広めて対立を隠ぺいすることを目ざすものであって、これまでの社会的法的外国人差別をそのままにしながら、増加してきたニューカマー外国人への行政サービスと、外国人マイノリティグループへの補助金交付によって、差別撤廃運動を骨抜きにしたと批判している。

「多文化共生論、日本国籍取得論こそ在日コリアン人権運動の停滞におちいったつまずきの石である」（同上）。

筆者には、部落解放同盟と民闘連との軋轢がどのようなものであったか、行政側が差別撤廃運動を骨抜きにするという意図をもって「多文化共生」を採用したのか、徐と同じように確信することはできない。

しかし、1990年代になって、「多文化共生」政策が採用される時期に在日差別撤廃運動が力を失っていったことは事実である。また在日青年や学生による社会運動が行き詰まり、ある部分が「民族まつり」運動に転換していったこと、さらに多くの「民族まつり」運動が行政からの「後援」「協賛」を受け、補助金を交付されていることも事実である。

ただ、在日差別撤廃運動が行政の「多文化共生」政策と部落解放同盟の動きによって衰退させられた、と一面的にとらえるのは無理があるのではないか。徐は在日反差別運動停滞の、より根本的な内部要因を指摘している。すなわち、日本に定住する韓国人・朝鮮人としての主体性を、朝鮮半島の2国家や日本国家に引きずられないかたちで見通し、確立することができなかったことである、と述べている。

たしかに徐の「多文化共生」批判は鋭いものを持っている。今も残る法的差別としては、国民年金不受給問題（1982年になって国民年金に外国人住民も編入されることになったが、一定の年齢層の人々は年金納入の義務が生じながら、納入期間が足りないために受給することが出来ない、という不合理が放置されていること）や、国籍による就職差別が一部緩和されながらまだ多くの領域で残っていることなどがある。しかし一方、在日住民が生活水準を高め、日常生活文化が日本人のそれと平準化し、また韓国政治も民主化が実現すると、従来の闘争が多くの参加者にとって意味と熱気を失ってきた、という状況もあったのではないだろうか。

ただ徐は、反差別運動の後に起こった民族まつり運動の成果と意義についてはまったく言及していない。筆者は、マイノリティ民族の「民族まつり」運動が公共

化し、公的承認を受け、公的助成金を受け、多様に展開していることは、外国人、外国系日本人およびマジョリティ日本人の人権意識、相互理解と寛容の意識を高める役割を果たしているのではないか、と考えている。

例えば、「東大阪国際交流フェスティバル」では、「多文化共生社会創りの東大阪モデル」に示されるように、自治体やさまざまな立場の団体と連携しながらこのまつりを実践している。NPO「東大阪国際共生ネットワーク」の設立には民団も総連も中国人も加わり、行政に対するさまざまな申し入れを行っている。東大阪市では市長の諮問機関として外国籍住民施策懇話会があり、このNPOのメンバー数名がその委員になって外国人の意見や要求を答申し、いくつかの成果を得ている。

例えば、朝鮮高校が区画整理で減歩された土地を運動場として使用していることについて自治体から高額の地代支払いを要求されたことに対し、大きな支援の輪が生まれ、これまでの施策の不当性と公立学校に対する措置との不公平を訴え、ついに朝鮮高校側に有利な条件で和解に持ち込むことができた。

松本の「渡来人まつり」では、地域の古代遺跡から出土した天冠が朝鮮半島由来のものであることから、市の助成金を得て、大規模なシンポジウムを成功させている。在日コリアンのみならず日本人も古代からの渡来人の子孫だという認識から、地域振興のために共にこのまつりをすることの意義が認識されるようになった。

その他、シンポジウムでの発言記録からも分かるように、各地の民族まつりが生みだした、外国人との共生に関する成果をいくつも挙げることができる。それが今後どのように展開していくのか、注視すべきであろう。補助金を受けながら運動としてマンネリ化し活力を失っていく可能性もゼロではないだろう。しかしその一方で、民族まつり運動が「多文化共生」の成果を自己のものとして力をつけていくならば、近年の排外主義運動に対して、批判と乗り越えのはたらきを担う可能性もあるだろう。

第3節　民族まつりの課題

民族まつりが現在直面している課題を挙げよう。ただこれらの課題がすべての民族まつりに同じ重要性をもっている、というわけではない。個別には多様な状況があるが、研究者の立場からいくつかの点を列挙しておきたい。

(1) 民族まつりと「地元」

前節でみたように、自治体レベルでの後援・助成を受けているまつりは多いが、意外と「地元」との関係が希薄な場合が少なくない。川崎の「日本のまつり」や下関の「リトル釜山フェスタ」、「生野コリアタウン共生まつり」のように、自治体や地域商店街の振興策の一環として民族まつりが作られた例、また「東大阪国際交流フェスティバル」のように地域から強い支持を受けているまつりもある。しかし多くの民族まつりは、実のところ、町内会・自治会、学区単位の諸団体など直近の地元団体とのつながりは希薄であり、必ずしも「地元」に密着して支えられているとはいい難い面がある。

例えば、「東九条マダン」の実行委員長・陳太一氏はつぎのように発言している。

> 「東九条マダン」を始めたころは、地域から大反発されました。……地域の自治会とかぜんぜん認めてくれなくて、逆に妨害的なことも中にはありました。……それでこういう民族祭りを進めていくのには、最初、強引にやらなければならないということで、1回目、2回目、3回目と、地域を無視して強引にやってきました。でも僕が4年前に実行委員長になったときに……地域と関わっていかないとあかんなとすごく思いました。地域の自治会に、会長さんにだけでも挨拶に行きました。……(今年はまつりの会場である公立学校が統合され、廃校になった学校の校庭を使うためには、教育委員会だけでなく自治会の承認が必要ということになった:筆者注) 今年の会場校、自治会長にも挨拶に行ったんですが、……こうこうこういう理由でこの学校を借りたいんですけれどもと言って承諾を得て、教育委員会にも、了承して借りれました。……そういう事情で、地域というのは、切っても切れない関係にあるんで、今後、本当に、改善していかないといけないなと。(「民族まつり/マダン全国交流シンポジウム記録(2012)」飯田剛史研究代表 2014下)

町内会や自治会などは従来、日本人のみで運営され、在日コリアンや外国人を十分に受け入れてこなかった、という問題もある。しかし今後は、町内会、自治会というレベルでの協力・参加を得るのが、これからの多くの民族まつりの課題ではな

第1章　「民族まつり」の展開と課題

いだろうか。「地元」の人々の地域認識の変化、共生意識の浸透のためには、まつりの側からの一層の働きかけが必要ではないだろうか。

(2) 次世代への引き継ぎ

　大多数の民族まつりの運営は、中核的な人物ないし人物群によって支えられている。中核的な人々にとって、まつりは生きがいであり、人生の重要部分になっている。それぞれのまつりごとの一定のパターンが出来てきているとはいえ、毎年のまつりを実施するためには、さまざまな困難や課題を乗り越えなければならない。20年もまつりが続くと第一世代リーダーは老年に入り、子供時代に参加した人々は青年になっている。実行委員長のポストは何らの金銭的報酬、社会的地位、名声を伴うものではなく、まつりを実行することそのもののやりがい以外は無償の行為である。このまつりを長きにわたって継続するためには、当然、次世代への受け渡しが必要になる。一世代約20年の変化は小さくない。まつりの意義、自らがそれを担う意味が、次世代のメンバーによって確認されなければならない。周囲からの説得によって労多い役割の引き受けが当初はなされても、本人自身の意義確認がなければ、継続しえない。多くの民族まつりは、この後継者による受け継ぎの課題を抱えている。

(3) 行政との関わり

　「みのおセッパラム」(1993年に「みのお・コリアン・フェスティバル」より改称) は1991年に箕面市主催で始められたまつりであるが、2001年に市の決定によって打ち切りとなった。「大野遊祭 in 高槻」は、ある時点で突然、市の積極的支援が打ち切られた。このように地方自治体との関係は必ずしも安定的ではなく、自治体が「多文化共生」政策をどのように理解し施策化していくかによって異なってくる可能性がある。

　「多文化共生」は必ずしもすべての地方自治体の内発的な政策とは言えない。行政の外国ないし外国人政策のキャッチフレーズは、約20年ごとに変化してきている。例えば、「国際親善」「国際交流」などのキャッチフレーズは1970年ごろに使われ始めたが、1990年代以降は「多文化共生」などの言葉が用いられるようになった。すると、あと10年くらいのうちには別の標語が掲げられて、行政政策も別方向に変化していく可能性もありうる。行政政策の変化によって、共催、後援、助成金などが

313

停止になる可能性もある。その時、まつりを支える人々が、そのまつりを行う意義を確認しうるか、経費確保を含めた活動のエネルギーを奮い起こしうるかどうかが問われることになるだろう。

（4）多民族・多文化共生と排外意識・排外運動

　在日のまつりの公共化は、日本社会のマイノリティへの文化的社会的「寛容性」の拡大ということができるかもしれない。しかし一方で、近年、一部の日本人の排外的・自民族中心的傾向も強まってきている。今後は、この相反する2つの動きが、交錯しながら展開していくものと予想される。

　「寛容」は、かつて唯一の正統教義以外を排除してきたキリスト教の歴史のなかで、長年の宗派間葛藤を経て形成されてきたパラドキシカルな宗教思想史的概念である。

　さて20世紀後半すなわち東西冷戦体制の半世紀は、「自由主義陣営」内部では「寛容化」が進んだ時代であったといえる。国連人権憲章にみるように世界的に、人種・民族差別は否定されるべきこととされた。ユダヤ人差別への贖罪的反省、アメリカでのカトリック系市民への差別解消、日系市民への戦中の強制収容への謝罪・補償などが行われた。キリスト教をはじめ諸宗教・宗派は、核兵器による人類絶滅の危機の前に平和主義を唱え、宗教間の対話や相互理解を望ましい方向として表明するようになった。

　しかし21世紀に入って、これとは逆の大きな流れが生じてきている。社会主義圏崩壊による世界枠組の再編過程のなかで、2001年同時多発テロ事件を契機として、米欧ではイスラム圏とそこからの移民への不寛容・偏見が増大している。アフガニスタン、イラクでの戦争をはじめ、米国における中東出身者への人権侵害、フランスの公立学校でのイスラム女性のスカーフ禁止、ローマ法王によるイスラム教への不用意発言とそれへの反発など、あたかも宗教文明間の葛藤（S.P.ハンティントン）が再燃しているように見える。

　偉大な思想家によって寛容思想が生み出され、社会の寛容性が歴史とともに高まっていく、と楽観的に考えることはできない。むしろ20世紀後半の寛容性の進展は、現在起きつつある歴史的・政治的な状況変化によって逆転される可能性があることを認識しなければならないだろう。

　しかし現代日本の文化活動において、以上のような思想史的文脈はそのままでは

適合せず、むしろ固有の文化史的文脈と社会心理的状況を考察することが必要となるだろう。すなわち、在日コリアンの文化形成の流れと、少数民族への受容と排外のはざまを揺れ動く日本社会の集合的心理状況の交錯するところに、現在および今後の、在日文化の「公共化」と日本社会の「寛容性」の実態があるのではないかと思われる。

今日、日本では中国、韓国、北朝鮮の国家、および在日コリアン住民への排外的な意識や活動が高まりを見せてきている。これは、小泉首相、安部首相の靖国神社参拝に対する中国・韓国からの批判や反日運動への反感が高まり、また小島嶼をめぐる領土問題が刺激されてきた結果と考えられる。これは憲法改定を目指す政治的な世論誘導過程ではないかと思われるが、民衆意識の面でもこれに即応する変化が見られる。

地域社会でも、多民族状況を受け入れ「多文化共生」の運動や施策が展開していく反面、排外的な運動が発生することによって、この2つの潮流がときにすれ違い、ときにぶつかり合いさまざまな渦を生じる事態が起こるのではないかと予測される。多くの民族まつりも今後は、不寛容化の流れのなかでの多文化・多民族共生、寛容の発展という困難な問題に取り組まなければならないと思われる。

参考文献一覧

＊本「参考文献一覧」は初出論文の体裁に沿って作成したため、同一の文献でも表記に揺れがあることを了解されたい。

第Ⅰ部第1章

Alexander, Jeffrey C. 2006. "From the Depth of Despair: Performance, Counter Performance and 'September 11.'" in Jeffrey C. Alexander & Bernhard Giesen et al. Eds. *Social Performance: Symbolic Action, Cultural Pragmatics, and Ritual*. Cambridge: Cambridge University Press.

Blais, Allison and Lynn Rasic. 2011. *A Place of Remembrance: Official Book of the National September 11 Memorial*. Washington, D. C.: National Geographic.

Durkheim, Émile. 1970. *La science sociale et l' action*. Paris: PUF.

Greenwald, Alice M. & Clifford Chanin et al. Eds. 2013. *The Stories They Tell: Artifacts from the National September 11 Memorial Museum*. New York: Skira Rizzoli.

Holsti, Ole R. 2011. *American Public Opinion on the Iraq War*. Ann Arbor: University of Michigan Press.

Jacobson, Sid & Earnie Colón. 2006. *The 9/11 Report: A Graphic Adaptation*. New York: Hill & Wang.

Lukes, Steven. 1972. *Émile Durkheim, His Life and Work: A Historical and Critical Study*. New York: Harper & Row.

National Commission on Terrorist Attacks upon the United States. 2004. *The 9/11 Commission Report: Final Report of the National Commission on Terrorist Attacks Upon The United States*. Authorized Edition. New York: W. W. Norton & Company.

National Commission on Terrorist Attacks upon the United States 2011. *The 9/11 Commission Report: The Attack from Planning to Aftermath*. New York: W. W. Norton & Company.

Parsons, Talcott. 1982. "Action, Symbol and Cybernetic Control." Ino Rossi. Ed. *Structural Sociology*. New York: Columbia University Press.

Shenon, Philip. 2008. *The Commission: The Uncensored History of the 9/11 Investigation*. New

ウッドワード,ボブ 2003『ブッシュの戦争』伏見威蕃訳、日本経済新聞社(Woodward, Bob. 2002. *Bush at War*. New York: Simon & Schuster.)

カッシーラー,エルンスト 1953『人間——この象徴を操るもの』宮城音弥訳、岩波書店(Cassirer, Ernst. 1944. *An Essay on Man: An Introduction to a Philosophy of Human Culture*. New Haven: Yale University Press.)

クラーク,ウィリアム R. 2013『ペトロダラー戦争——イラク戦争の秘密、そしてドルとエネルギーの未来』高澤洋志訳、作品社(Clark, William R. 2005. *Petrodollar Warfare: Oil, Iraq and the Future of the Dollar*. Canada: New Society Publishers.)

スティグリッツ,ジョセフ E.、リンダ・ビルムス 2008『世界を不幸にするアメリカの戦争経済』楡井浩一訳、徳間書店(Stigliz, Joseph E. & Linda J. Bilmes. 2008. *The Three Trillion Dollar War: The True Cost of the Iraq Conflict*. New York: W. W. Norton & Company.)

チョスドスキー,ミシェル 2003『アメリカの謀略戦争——9.11 の真相とイラク戦争』三木敦雄訳、本の友社(Chossudovsky, Michel. 2002. *War and Globalisation: The Truth Behind September 11*. Shanty Bay, Ontario: Global Outlook.)

デュルケム,エミール 1971『社会分業論』田原音和訳、青木書店(Durkheim, Émile. 1893. *De la Division du Travail Social*. Paris: PUF.; 1984. *The Division of Labour in Society*. W. D. Halls. Trans. Basingstoke: Palgrave Macmillan.)

デュルケム,エミール 1978『社会学的方法の規準』宮島喬訳、岩波書店(Durkheim, Émile. 1895. *Les règles de la méthode sociologique*. Paris: PUF.)

デュルケム,エミール 1985『自殺論』宮島喬訳、中央公論社(Durkheim, Émile. 1897. *Le suicide*. Paris: PUF)

デュルケム,エミール 2014『宗教生活の基本形態——オーストラリアにおけるトーテム体系』上下、山﨑亮訳、筑摩書房(Durkheim, Émile. 1912. *Les formes élémentaires de la vie religieuse*. Paris: PUF.; 2008. *The Elementary Forms of Religious Life*. Joseph Ward Swain. Trans. New York: Dover Publications.)

ハートゥング,ウィリアム 2004『ブッシュの戦争株式会社——テロとの戦争でぼろ儲けする悪い奴ら』杉浦茂樹他訳、阪急コミュニケーションズ(Hartung, William D.. 2003. *How Much Are You Making on the War, Daddy?: A Quick and Dirty Guide to War Profiteering in the Bush Administration*. New York: Nation Books.)

参考文献一覧

ランガー，スザンヌ K. 1960『シンボルの哲学』矢野万里訳、岩波書店（Langer, Susanne K.. 1942. *Philosophy in a New Key: A Study in the Symbolism of Reason, Rite, and Art*. New York: New American Library.）

レヴィ＝ストロース，クロード 1970『今日のトーテミスム』仲澤紀雄訳、みすず書房（Lévi-Strauss, Claude. 1962. *Le totémism aujourd'hui*. Paris: PUF.）

飯田剛史 1984「デュルケームの儀礼論における集合力と象徴」、『社会学評論』第35巻第2号、日本社会学会（本書第Ⅰ部第2章に再録）

川上和久 2004『イラク戦争と情報操作』宝島社

野崎久和 2006『ブッシュのイラク戦争とは何だったのか――大義も正当性もない戦争の背景とコスト・ベネフィット』梓出版社

蓮見博昭 2004『9・11以後のアメリカ――政治と宗教』恵泉女学園大学平和文化研究所編、梨の木舎

広瀬隆 2002『世界石油戦争――燃えあがる歴史のパイプライン』日本放送出版協会

藤原聖子 2003「報復攻撃に対するキリスト教諸派・大学知識人の反応」、『大正大学研究論叢』第11号、大正大学出版部

堀内一史 2010『アメリカと宗教――保守化と政治化のゆくえ』中央公論新社

和田修一 2008「イラク戦争とアメリカ連邦議会――アメリカ外交・安全保障政策における議会の役割」、『法政論叢』第44巻第2号、日本法政学会

テレビ・ドキュメント放送

「カーライル――イラク戦後を狙う米巨大投資会社」2003.12.13 NHK（VPRO制作、2003、オランダ）(VHS)

「なぜアメリカは戦うのか？（前編)巨大化する軍産複合体」2007.3.21 NHK BS1 放送（Charlotte Street Films 制作、2005、米）

「米メディアとイラク戦争」2007.7.21 NHK BS1 放送（Global Vision 制作、2004、米）

「アメリカン・フューチャー～過去から未来へ～2　宗教が意味するもの」2009.1.22 NHK BS1 放送（Oxford Films and Television/BBC 制作、英）

「対テロ戦争の内幕①②」2009.3.10, 3.4 NHK BS1 放送（WGBH 制作、2006、米）

「9.11――イラク戦争：BS が伝えた人びとの記録」2010.12.28 NHK BS1 制作・放送

「監視社会への道〜愛国者法とアメリカ〜」2011.9.10 NHK BS1 制作・放送

第I部第2章

Bellah, Robert N.. 1965. "The Sociology of Religion." in 1970, *Beyond Belief: Essays on Religion in a Post-Traditional World*. New York: Harper & Row. (葛西実・小林正佳訳 1974『宗教と社会科学のあいだ』未來社)

Bellah, Robert N.. 1970. *Beyond Belief: Essays on Religion in a Post-Traditional World*. New York: Harper & Row. (葛西実・小林正佳訳 1974『宗教と社会科学のあいだ』未來社)

Bellah, Robert N.. 1973. "Introduction." Robert N. Bellah. Ed. *Emile Durkheim on Morality and Society*. Chicago: University of Chicago Press.

Berger, Peter L.. 1973. *The Social Reality of Religion*. Harmondsworth, Mx.: Penguin Books. (薗田稔訳 1979『聖なる天蓋——神聖世界の社会学』新曜社)

Coser, Lewis A.. 1960. "Durkheim's Conservatism and Its Implication for His Sociological Theory." in Kurt H. Wolff. Ed. *Emile Durkheim, 1858-1917: A Collection of Essays, with Translations and a bibliography*. Columbus: Ohio University Press.

Durkheim, Émile. 1895. *Les régles de la méthode sociologique*. (17e ed.) Paris: PUF. (宮島喬訳 1978『社会学的方法の規準』岩波書店)

Durkheim, Émile. 1898. «L'individualisme et les intellectuels» dans 1970, *La science sociale et l'action*. Paris: PUF.

Durkheim, Émile. 1912. *Les formes élémentaires de la vie religieuse*. (5e ed.) Paris: PUF. (古野清人訳 1975『宗教生活の原初形態』上下、岩波書店)

Durkheim, Émile. 1914a. «Le Sentiment religieux à l'heure acutuelle (L'Avenir de la religion)» dans 1970, *La science sociale et l'action*. Paris: PUF.

Durkheim, Émile. 1914b. «Le dualisme de la nature humaine et ses conditions sociales» dans 1970, *La science sociale et l'action*. Paris: PUF.

Langer, Susanne K.. 1957. *Philosophy in a New Key: A Study in the Symbolism of Reason, Rite, and Art*. Cambridge: Harvard University Press. (矢野万里他訳 1960『シンボルの哲学』岩波書店)

Lévi-Strauss, Claude. 1962a. *Le totémisme aujourd'hui*. Paris: PUF. (仲沢紀雄訳 1970『今日のトーテミスム』みすず書房)

参考文献一覧

Lévi-Strauss, Claude. 1962b. *La pensée sauvage*. Paris: Plon. (大橋保夫訳 1976『野生の思考』みすず書房)

Lukes, Steven. 1972. *Emile Durkheim, His Life and Works: A Historical and Critical Study*. New York: Harper & Row.

O'Dea, Thomas F.. 1966. *The Sociology of Religion*. N. J.: Prentice-Hall. (宗像巌訳 1968『宗教社会学』至誠堂)

Parsons, Talcott. 1937. *The Structure of Social Action: A Study in Social Theory with Special Reference to a Group of Recent European Writers*. New York: Free Press.

Parsons, Talcott. 1973. "Durkheim on Religion Revisited: Another Look at the *Elementary Forms of the Religious Life*." in 1978, *Action Theory and the Human Condition*. New York: Free Press.

Parsons, Talcott. 1978. *Action Theory and the Human Condition*. New York: Free Press.

Parsons, Talcott. 1982. "Action, Symbols, and Cybernetic Control." in Ino Rossi. Ed. *Structural Sociology*. New York: Columbia University Press.

Robertson, Roland. 1970. *The Sociological Interpretation of Religion*. Oxford: Blackwell.

Saussure, Ferdinand de. 1916. *Cours de linguistique générale*. Paris: Payot. (小林英夫訳 1972『一般言語学講義』岩波書店)

Tillich, Paul. 1955. *Biblical Religion and the Search for Ultimate Reality*. Chicago: University of Chicago Press.

Tillich, Paul. 1959. *The Courage to Be*. New Haven: Yale University Press.

Yinger, J. Milton. 1970. *The Scientific Study of Religion*. New York: Macmillan.

浅田彰 1983『構造と力――記号論を超えて』勁草書房

大野道邦 1971「シンボルと社会――デュルケームの刑罰・宗教論をめぐって」、『社会学評論』第 22 巻第 1 号、日本社会学会

折原浩 1969a「デュルケーム社会学の『保守主義』的性格――『社会主義論』を手がかりとする知識社会学的考察ノート」、『社会学評論』日本社会学会

折原浩 1969b『危機における人間と学問――マージナル・マンの理論とウェーバー像の変貌』未來社

桜井徳太郎 1974「結衆の原点――民俗学から追跡した小地域共同体構成のパラダイム」、鶴

見和子・市井三郎編『思想の冒険——社会と変化の新しいパラダイム』筑摩書房

桜井徳太郎 1980「民俗宗教における聖と俗——下」、『宗教学論集』第 10 号、駒澤大学宗教学研究会

桜井徳太郎 1982『日本民俗宗教論』春秋社

丹下隆一 1970「デュルケム社会学におけるセミオロジ的志向について」、『ソシオロジ』第 16 巻第 1 号、社会学研究会

中久郎 1979『デュルケームの社会理論』創文社

波平恵美子 1974「日本民間信仰とその構造」、『民族學研究』第 38 巻第 3・4 号、日本民族学会

古野清人 1938「宗教の社会学」、1972『古野清人著作集』第 7 巻、三一書房

松本和良 1980「パーソンズのシステム論と情報制御」、『社會學研究』第 34 号、東北社會學研究會

宮島喬 1971「社会学的実証主義の思想構造——E・デュルケムの場合」『思想』第 565 号、岩波書店

柳川啓一 1972「聖なるものと俗なるもの」、『伝統と現代』第 13 号、伝統と現代社

山口昌哉 1978「カオス——特に数理生態学に関連して」、『数理科学』第 16 巻第 9 号、サイエンス社

山口昌哉 1982「法則としてのカオス」、『創造の世界』第 42 号、小学館

山田慶児 1975『混沌の海へ——中国的思考の構造』筑摩書房

第 I 部第 3 章

Berger, Peter L.. 1967. *The Social Reality of Religion.* (1st pub. as *The Sacred Canopy*) Harmondsworth, Mx.: Penguin Books.

Berger, Peter L. & Thomas Luckmann. 1963. "Sociology of Religion and Sociology of Knowledge." in Roland Robertson. Ed. *Sociology of Religion: Selected Readings.* Baltimore: Penguin Books.

Berger, Peter L. & Thomas Luckmann. 1966. *The Social Construction of Reality: A Treatise in the Sociology of Knowledge.* Garden City: Doubleday.

Durkheim, Émile. 1893. *De la division du travail social.* Paris: PUF.（田原音和訳『社会分業論』青木書店）

参考文献一覧

Durkheim, Émile. 1895. *Les règles de la méthode sociologique*. Paris: PUF. (佐々木交賢訳『社会学的方法論』学文社)

Durkheim, Émile. 1897. *Le suicide*. Paris: PUF. (宮島喬訳『世界の名著』第47巻、中央公論社)

Durkheim, Émile. 1912. *Les forms élémentaires de la vie religieuse*. Paris: PUF. (古野清人訳『宗教生活の原初形態』上下、岩波書店)

Durkheim, Émile. 1955. *Pragmatisme et sociologie: Cours inédit prononcé à la sorbonne en 1913-1914 et restitué par Armand Cuvillier d'après des notes d'étudiants*. Paris: J. Vrin. (福鎌達夫訳『プラグマティズム二十講』関書院)

Durkheim, Émile. 1970. *La science social et l' action*. Paris: PUF.

Feuerbach, Ludwig. 1841. *Das Wesen des Christentums*. (船山信一訳『キリスト教の本質』岩波書店)

Lacombe, Roger Étienne. 1926. *La méthode sociologique de Durkheim*. Paris: Librairie Félix Alcan.

Mead, George H.. 1934. *Mind, Self, and Society: From the Standpoint of a Social Behaviorist*. Chicago: University of Chicago Press. (稲葉三千男・滝沢正樹・中野収訳『精神・自我・社会』青木書店)

Sartre, Jean-Pawl. 1943. *L'être et le néant: essai d'ontologie phénoménologie*. Paris: Gallimard. (松浪信三郎訳『存在と無——現象学的存在論の試み』人文書院)

Weber, Max. 1922. "Religionssoziologie," in *Wirtschaft und Gesellschaft*. (武藤一雄・薗田宗人・薗田坦訳『宗教社会学』創文社)

上野千鶴子 1977「カオス・コスモス・ノモス——聖俗理論の展開」、『思想』第640号、岩波書店

中久郎 1965「『集合意識』の存在構造」、『大谷学報』第45巻、大谷學會

中久郎 1967「社会的事実と行為——デュルケム理論の問題」、『哲学研究』第43巻下第506号、京都哲学会

吉田民人 1977「『自我論』のための共同討議 (共同討議 自我と人間主体性)」、『現代社会学』第7号〔12月受理 京都大学大学院〕

第Ⅱ部第1章

家永三郎・小口偉一・川崎庸之・佐木秋夫監修 1959『日本宗教史講座』全4巻、三一書房
井上順孝編 1994『現代日本の宗教社会学』世界思想社
井上順孝・孝本貢・対馬路人・中牧弘允・西山茂編 1990『新宗教事典』弘文堂
ヴェーバー、マックス 1989『プロテスタンティズムの倫理と資本主義の精神』大塚久雄訳、岩波書店
梅棹忠夫 1972「座談会・神々の分業——日本人の宗教と信仰心について」、『エナジー』(特集 日本人の信仰)通巻32号、エッソ・スタンダード石油
NHK放送世論調査所編 1984『日本人の宗教意識』日本放送出版協会
大村英昭・西山茂編 1988『現代人の宗教』有斐閣
佼成学術研究所編 1985『真理と創造——特集 宗教回帰？』第24号、佼成出版社
小澤浩 1997『新宗教の風土』岩波書店
島薗進 1992『現代救済宗教論』青弓社
宗教社会学の会編 1985『生駒の神々——現代都市の民俗宗教』創元社
宗教社会学の会編 1995『宗教ネットワーク——民俗宗教、新宗教、華僑、在日コリアン』行路社
末木文美士 1996『日本仏教史——思想史としてのアプローチ』新潮社
デュルケム、エミール 1975『宗教生活の原初形態』上下、古野清人訳、岩波書店
統計数理研究所 1994『国民性の研究第9回全国調査』統計数理研究所
統計数理研究所国民性調査委員会編 1982『第4 日本人の国民性』至誠堂
中野毅・飯田剛史・山中弘編 1997『宗教とナショナリズム』世界思想社
西山茂 1981「現代宗教の動向と展望」、『現代人と宗教』(ジュリスト増刊総合特集第21号)有斐閣
バーガー、ピーター L. 1979『聖なる天蓋——神聖世界の社会学』薗田稔訳、新曜社
文化庁編 1983『宗教年鑑』昭和57年版、ぎょうせい
文化庁編 1995『宗教年鑑』平成6年版、ぎょうせい
ベラー、ロバート N. 1973『社会変革と宗教倫理』河合秀和訳、未來社
宮家準・孝本貢・西山茂編 1986『宗教』(リーディングス・日本の社会学 19)東京大学出

版会

宮田登他 1983『神と仏——民俗宗教の諸相』(日本民俗文化大系4) 小学館

村上重良 1978『現代宗教と政治』東京大学出版会

村上重良 1980『近代日本の宗教』講談社

安丸良夫 1977『出口なお』朝日新聞社

柳田国男 1962「日本の祭」「先祖の話」,『定本柳田国男集』第 10 巻、筑摩書房

第Ⅱ部第2章

大本祭教院編 1968-71『大本神諭』全5集、大本教典編纂所

大本本部祭務局編 1963『大本祭式』天声社

大本七十年史編纂会編 1964-67『大本七十年史』上下、大本

出口王仁三郎 1958『道のしおり』天声社

出口王仁三郎 1967-71『霊界物語』全 82 巻、大本教典刊行会

梅棹忠夫 1960『日本探検』中央公論社

NHK 放送世論調査所編 1979a『全国県民意識調査』日本放送出版協会

NHK 放送世論調査所編 1979b『現代日本人の意識構造』日本放送出版協会

小口偉一 1954「新興宗教」,『日本社会民俗辞典』第2巻、誠文堂新光社

鹿野政直 1973『大正デモクラシーの底流——"土着"的精神への回帰』日本放送出版協会

栗原彬 1976「1930 年代の社会意識と大本——社会不安と両義性の宗教」,『思想』第 624 号、岩波書店

桜井徳太郎・柳川啓一・森岡清美 1979「座談会　現代の新興宗教と教団の動静」,『歴史公論』第 44 号、雄山閣出版

鈴木広 1970『都市的世界』誠信書房

高木宏夫 1969「新興宗教」,『社会科学大事典』第 11 巻、鹿島研究出版会

西山茂 1976「宗教的信念体系の受容とその影響——山形県湯野浜地区妙智会員の事例」,『社会科学論集　東京教育大学文学部紀要』第 23 号、東京教育大学文学部

日限威徳編 1978『討論宗教の新生——社会変革へのかかわり』大月書店

村上重良 1963『近代民衆宗教史の研究』法藏館

村上重良 1973『出口王仁三郎』新人物往来社

村上重良 1980『新宗教——その行動と思想』評論社
室生忠 1980『宗教パワーと世界政治——バチカン・イスラム・新宗教』三一書房
宗像巖 1979「近代化と日本人の宗教価値観の変容」、柳川啓一・安齋伸編『宗教と社会変動』東京大学出版会
森岡清美 1975『現代社会の民衆と宗教』評論社
森岡清美 1978「社会変動と宗教」、森岡清美編『変動期の人間と宗教』「序章」未來社
安丸良夫 1974『日本の近代化と民衆思想』青木書店
安丸良夫 1977『出口なお』朝日新聞社
Glock, Charles Y. & Rodney Stark. 1965. *Religion and Society in Tension*. Chicago: Rand McNally.

第Ⅱ部第3章

岡崎精郎 1966「朝鮮寺調査記——中間報告として」、『朝鮮学報』第39・40輯、朝鮮学会
北島葭江 1982『生駒と平群』(景山春樹補訂) 綜芸社
栗山一夫 1932「大阪及び附近民間信仰調査報告」、『民俗学』第4巻第10〜11号、民俗学会
栗山一夫 1933「生駒山脈に民間信仰を訪ねて」、『旅と伝説』第6年5月号、三元社
栗山一夫 1934-35「生駒山脈地帯の民間信仰調査」1〜3、『旅と伝説』第7年10〜11月号、第8年3月号、三元社
小林章 1984「石切劔箭命神社」、『日本の神々——神社と聖地』第3巻、白水社
佐藤健一郎・田村善次郎 1978『小絵馬——いのりとかたち』淡交社
宮田登 1981『江戸歳時記——都市民俗誌の試み』吉川弘文館
宮田登 1982『都市民俗論の課題』未來社
梁永厚 1982「『在日』のシャーマン」、『季刊三千里』第30号
米山俊直 1974『祇園祭——都市人類学ことはじめ』中央公論社
米山俊直 1979『天神祭——大阪の祭礼』中央公論社
米山俊直 1982『大和・河内発見の旅』PHP研究所
立命館大学地理学同好会編 1944『生駒山脈——その地理と歴史を語る』積善館

参考文献一覧

ヴェーバー，マックス 1955/1962『プロテスタンティズムの倫理と資本主義の精神』上下、大塚久雄・梶山力訳、岩波書店
バーガー，ピーター L.、トーマス・ルックマン 1977『日常世界の構成——アイデンティティと社会の弁証法』山口節郎訳、新曜社

第Ⅱ部第4章

今東光 1953「天台院小史」、『河内史談』第三輯、東大阪新聞社
今東光 1954「天台院小史　附録」、『河内史談』第四輯、東大阪新聞社
今東光 1957『闘鶏』角川書店
今東光 1958『山椒魚』文藝春秋新社
今東光 1960『こつまなんきん』講談社
今東光 1961『悪名』新潮社
今東光 1993『毒舌・仏教入門』集英社
今東光 1996『毒舌日本史』文藝春秋

宗教社会学の会編 1985『生駒の神々——現代都市の民俗宗教』創元社
久松潜一他編 1974『現代日本文学大事典』増訂縮刷版、明治書院
真鍋俊照 2002『邪教・立川流』筑摩書房

第Ⅲ部第1章

秋葉隆 1954『朝鮮民俗誌』六三書院（復刻版：1980、名著出版）
飯田剛史 2002『在日コリアンの宗教と祭り——民族と宗教の社会学』世界思想社
塩原勉 1994『転換する日本社会——対抗的相補性の視角から』新曜社
谷富夫編 2002『民族関係における結合と分離——社会的メカニズムを解明する』ミネルヴァ書房
福岡安則・金明秀 1997『在日韓国人青年の生活と意識』東京大学出版会
梁愛舜 2004『在日朝鮮人社会における祭祀儀礼——チェーサの社会学的分析』晃洋書房

第Ⅲ部第2章

飯田剛史 2002『在コリアンの宗教と祭り——民族と宗教の社会学』世界思想社

宗教社会学の会編 1985『生駒の神々——現代都市の民俗宗教』創元社
張籌根 1982『韓国の郷土信仰』松本誠一訳、第一書房
野村伸一 1987『韓国の民俗戯——あそびと巫の世界』平凡社
玄容駿 1985『済州島巫俗の研究』第一書房

第Ⅲ部第3章

Berger, Peter L. 1979『聖なる天蓋——神聖世界の社会学』薗田稔訳、新曜社（1967. *The Social Reality of Religion*. Harmondsworth, Mx.: Penguin Books.）

Eliade, Mircea 1974『シャーマニズム——古代的エクスタシー技術』堀一郎訳、冬樹社（1968. *Le Chamanisme et les techniques archaïques de l'extase*. Paris: Payot.）

Heine, Heinrich 1980『流刑の神々・精霊物語』小澤俊夫訳、岩波書店（1853. *Die Götter im Exil*.）

Kim, Andrew E. 2012. "The Rise of Korean Pentecostalism: A Convergence of Shamanism and Christianity and The Reshaping of Korean Christianity."（A Paper Prepared for the Nanzan Conference on Pentecostalism and Charismatic Movements.）

Lewis, I. M. 1985『エクスタシーの人類学——憑依とシャーマニズム』法政大学出版局（1971. *Ecstatic Religion: An Anthropological Study of Spirit Possession and Shamanism*. Harmondsworth, Eng.: Penguin Books.）

Mead, George H. 2005『精神・自我・社会』稲葉三千男・中野収訳、青木書店（1934. *Mind, Self, and Society: From the Standpoint of a Social Behaviorist*. Chicago: Chicago University Press.）

Mullins, Mark 2005『メイド・イン・ジャパンのキリスト教』高崎恵訳、トランスビュー（1998. *Christianity Made in Japan: A Study of Indigenous Movements*. Honolulu: University of Hawaii Press.）

飯田剛史 2002『在日コリアンの宗教と祭り』世界思想社
桜井徳太郎・大林太良・佐々木宏幹他編 1983『シャーマニズムとは何か——国際シンポジウム・南方シャーマニズム』春秋社
三十年史編集委員会編 2007『純福音東京教会三十年史』宗教法人純福音東京教会
宗教社会学の会編 1985『生駒の神々——現代都市の民俗宗教』創元社
宗教社会学の会編 2012『聖地再訪　生駒の神々——変わりゆく大都市近郊の民俗宗教』創

元社

谷富雄 1995「エスニック社会における宗教の構造と機能——大阪都市圏の在日韓国・朝鮮人社会を事例として」、『人文研究 大阪市立大学文学部紀要』第 47 号

チェ・ジャシル（崔時実）1976『断食祈禱の能力』後の雨出版社

手束正昭 1986『キリスト教の第三の波——カリスマ運動とは何か』キリスト新聞社

中西尋子 2011「在日大韓教会と韓国系キリスト教会の日本宣教」、李元範・櫻井義秀編著『越境する日韓宗教文化』北海道大学出版会

渕上恭子 1994「韓国のキリスト教とシャーマニズム」、宮家準・鈴木正崇編『東アジアのシャーマニズムと民俗』勁草書房

渕上恭子 2010「韓国のペンテコスタリズムにおける『祈禱院運動』の展開——キリスト教土着化論の考察」南山宗教文化研究所懇話会報告論文

三木英・櫻井義秀編著 2012『日本に生きる移民たちの宗教生活』ミネルヴァ書房

宮家準・鈴木正崇編 1994『東アジアのシャーマニズムと民俗』勁草書房

李賢京 2009「「韓流」と日本における韓国系キリスト教会——日本人メンバーの複層化に注目して」、『宗教と社会』第 15 号

李賢京 2012「韓国人ニュー・カマーのキリスト教会」、三木英・櫻井義秀編著『日本に生きる移民たちの宗教生活』第 7 章、ミネルヴァ書房

李賢京・林泰弘 2011「韓国新宗教の日本布教」、李元範・櫻井義秀編著『越境する日韓宗教文化——韓国の日系新宗教と日本の韓流キリスト教』北海道大学出版会

李元範・櫻井義秀編著 2011『越境する日韓宗教文化』北海道大学出版会

柳東植 1975『韓国の宗教とキリスト教』金忠一訳、洋々社

柳東植 1976『朝鮮のシャーマニズム』学生社

柳東植 1987『韓国のキリスト教』東京大学出版会

Yonggi, Paul Cho パウロ・チョー・ヨンギ（趙鏞基）1981『第四次元』信仰と世界社

第Ⅲ部第 4 章

秋葉隆 1954『朝鮮民俗誌』六三書院（復刻版：名著出版、1980 年）

李仁夏・木田献一監修 1984『民衆の神学』教文館

伊藤亜人編 1997『もっと知りたい韓国』1・2、弘文堂

鎌田茂雄 1987『朝鮮仏教史』東京大学出版会

末成道男 1987「韓国社会の『両班』化」、伊藤亜人・関本照夫・船曳建夫編『現代の社会人類学1　親族と社会の構造』東京大学出版会

崔吉城 1992『韓国の祖先崇拝』重松真由美訳、御茶の水書房

デュルケム，エミール 1975『宗教生活の原初形態』上下、古野清人訳、岩波書店（原著初版 1921 年）

盧吉明 1988「七〇年代韓国の宗教の成長とこれからの展望」、韓国社会学会編、小林孝行訳『現代韓国社会学』新泉社

韓晳曦 1988『日本の朝鮮支配と宗教政策』未來社

秀村研二 1995「現代韓国におけるキリスト教」、田邊繁治編著『アジアにおける宗教の再生』京都大学学術出版会

閔庚培 1981『韓国キリスト教会史』金忠一訳、新教出版社

柳東植 1975『韓国の宗教とキリスト教』金忠一訳、洋々社

柳東植 1987『韓国のキリスト教』東京大学出版会

韓国統計庁 1998『韓国統計年鑑』1998 年版

Grayson, James Huntley. 1985. *Early Buddhism and Christianity in Korea: A Study in the Emplantation of Religion*. Leiden: E. J. Brill.

第Ⅲ部第 5 章

Davis, Joyce. 1983. "An Anglo-Canadian Looks at the Korean-Canadian Community in Toronto." paper for Ontario Institute for Studies in Education. *Multicultural History Society of Ontario Collection*. No. 1328.

Kim, Bo-Kyung. 1976. *Attitudes, parental identification, and locus of control of Korean, new Korean-Canadian, and Canadian adolescents*. Ph. D. Thesis to Toronto University.

Park, Hee-Min. 1982. "The Relevant Ministry to Korean Immigrants in Metro Toronto Area." Doctor of Ministry Thesis to Knox College & Toronto University.

Yoo, Young-Shik. 1987. *Earlier Canadian Missionaries in Korea: A Study in History 1888-1895*. The Society for Korean and Related Studies.

Yoo, Young-Shik & Chai-Shin Yu. 1991.「カナダ韓人移民史」、『第 1 回世界韓民族学術会議論集』韓国精神文化研究院（韓国語）

Yu, Chai-Shin. 1988. "Koreans in Canada (in Toronto) and Korean Studies in Canada." in Dalchoog Kim and Myungsoon Shin. Ed. *Korea-Canada in Emerging Asia-Pacific Community*. Institute of East and West Studies, Yonsei University.

マッキントッシュ宣教師の在留権訴訟を支持する会編 1987『マッキントッシュ牧師の「在日」にかける夢』キリスト新報社

第Ⅳ部第1章

飯田剛史研究代表 2014『民族まつりの創造と展開』上下、JSPS 科学研究費 基盤研究（C）研究成果報告書

李定垠 2014「東九条の歴史性と場所性——韓国人研究者から見た東九条マダン」、飯田剛史研究代表『民族まつりの創造と展開』上、JSPS 科学研究費 基盤研究（C）研究成果報告書

李栄汝 2013『人こそが希望だ——李栄汝の言葉』金昌五編、金昌五

今田高俊 1986『自己組織性——社会理論の復活』創文社

上田正昭 1997「四天王寺ワッソと難波の再生」、『東アジアと海上の道——古代史の視座』明石書店

小川伸彦 2003「民族まつりへのアプローチ——京都・東九条マダン研究序説」、『奈良女子大学社会学論集』第 10 号

金徳煥氏の外登法裁判を支援する会編 1990『イギョラ！ トッカンさんの指紋裁判』新幹社

金徳煥 1992「生野民族文化祭　その一」、耽羅研究会編『済州島』第 5 号

徐生禹 2007「在日コリアン人権運動の理論構築について」兵庫県立大学大学院提出修士論文 http://koreanshr.jp/kenkyukai/report/index.html

鈴木満男 1987「ナショナリズムの祝祭——韓国民俗文化祭を政治人類学的に観察する」、『韓』韓国研究院

関根政美 2003『エスニシティの政治社会学』名古屋大学出版会

崔吉城 1998「韓国における祭りとナショナリズム」、諏訪春雄編『東アジアの神と祭り』雄山閣出版

鄭甲寿 2005『ワンコリア風雲録——在日コリアンたちの挑戦』岩波書店

寺岡伸悟 2003「書評　飯田剛史著『在日コリアンの宗教と祭り』付リプライ」、『ソ

シオロジ』第 48 巻第 1 号

玄善允 2004「書評　飯田剛史著『在日コリアンの宗教と祭り』付リプライ」、『アジアフォーラム』第 27 号、大阪経済法科大学アジア研究所

玄善允 2014「在日の精神史から見た生野民族文化祭の前史——在日の二世以降世代の諸運動と「民族祭り」」、飯田剛史研究代表『民族まつりの創造と展開』上、JSPS 科学研究費　基盤研究（C）研究成果報告書

ふれあい芦屋マダン 2005 実行委員会編『ひと・まち・マダン・芦屋——多文化共生のまちづくり』ふれあい芦屋マダン 2005 実行委員会

ベラー，ロバート N. 1974『宗教と社会科学のあいだ』葛西実・小林正佳訳、未來社

前田裕之 2001『激震　関西金融——危機は封じ込められたのか』日本経済新聞社

梁民基 2012『仮面劇とマダン劇——韓国の民衆演劇』梁民基記録集編集委員会

梁民基・久保覚編訳 1981『仮面劇とマダン劇』晶文社

ワンコリアフェスティバル実行委員会編 1988「ワンコリアフェスティバル = One Korea Festival 1988 年　パンフレット」ワンコリアフェスティバル実行委員会

Durkheim, Émile. 1912 *Les forms élémentaires de la vie religieuse*（5e ed.）. Paris: PUF.（古野清人訳 1975『宗教生活の原初形態』上下、岩波書店）

あとがき

　著者である父・飯田剛史にかわってこの「あとがき」を書かせていただくにあたり、編集者の方から父の人柄が分かるような、とのアドバイスをいただいた。どう父のことを書きあらわせばよいか、そんなことを考えながら父の書棚を整理していると、2009年に父が富山大学を退職し大谷大学に移った際に、自身の研究紹介を兼ねて執筆した論文を見つけた。社会学に関心を持つようになったきっかけから、その後の研究に至った経緯が書かれていて、それまで知らなかった父のことを少し知ることができた気がした。研究者としての父のことをご存知の方には繰り返しになってしまうかもしれないが、その論文の内容を参考にしながら父の研究人生の一端を紹介してみたい。

　それによれば、社会学に関心を抱いたのは吉本隆明の『共同幻想論』を読んだことにあるという。「社会の本質を『共同幻想』ととらえる発想に強く引き付けられた」そうだ。その後、大学入学後にデュルケム社会学に出会い、「集合意識」、「集合表象」概念に吉本の「共同幻想論」につながるものを感じたのだという。文中には次のように書いてある。

　　「社会生活は全面的に集合表象からなっている」という思考は「共同幻想論」につながるものがあり、吉本はそれを独特の難解な文章で表現したが、デュルケムはそれをより明晰な言葉で表現しさらにその研究方法も示していた。いわば「共同幻想」を「集合表象」と置き換えることにより、私はこれまで不可解であった「社会なるもの」、「自己と社会」の問題を解明するドアを開けたことになる。（2010「現代日本社会学とデュルケム社会学――宗教・自殺・犯罪」、『哲學論集』第56号、大谷大学哲学会、1頁）

　大学院修士課程でデュルケムの『宗教生活の原初形態』を研究し、博士課程ではデュルケムの宗教社会学を現代日本の宗教現象に適用するとどうなるかを検証してみようと思ったそうである。そこで日本の諸宗教について学びながら、宗教法人大本の共同調査を行った。つぎに生駒山の宗教調査にたずさわり多くの「朝鮮寺」（韓

あとがき

寺）に出会った。その折に参観させてもらった巫俗儀礼に強烈な衝撃を受け、それをきっかけとして大阪市生野区を中心とする在日コリアンの宗教の全容調査を行っていったとのことである。在日コリアン研究のつながりから北米コリアンの宗教調査、そして現代日本での「民族まつり」の研究へと結びついていき、最近はデュルケムの理論に改めて取り組み直してそれをさらに発展させようと試みていたのだと思う。

デュルケム宗教社会学の理論的立場を軸に研究を続けてきた父の視点からすると、本書第Ⅰ部第1章の論考で取り上げた9.11からイラク戦争への過程は、デュルケムの理論が社会変革、革命、紛争、戦争などのプロセス分析にも適した現代的意義をもっていることを示すうえで重要な事例であるのだろう。

吉本の共同幻想論にはじまり、デュルケムに魅了されて研究人生をスタートさせ、彼の理論を常に意識しながら研究に取り組んでいる父の姿を、今回はじめてとらえることができたように思う。

> デュルケームの現代社会学への「大きな影響」が語られることは多いが、それらは、未だ、部分的、断片的なものにとどまってはいないだろうか。彼の提出した問題構成そのものを継承、発展させる試みが、今日さらに追求されねばならないのではないだろうか。

これは父が25歳頃に執筆した書評の末尾（1974「新しいデュルケームの全体像——Steven Lukes. *Émile Durkheim：His Life and Work：a Historical and Critical Study*」、『ソシオロジ』第19巻第2号、106頁）に記された内容の抜き書きであるが、つい先日までこのことを繰り返し話していたことが強く印象に残っている。

以下に本書の刊行のために書き取っていた父の言葉を記したい。聞き手の至らなさで表現が分かりにくい箇所もあると思うが、著者がどのような意図で本書を構成したかを汲み取っていただければ幸いである。

また第Ⅰ部第1章の論文については、より多くの人に読んでほしいとの父の希望で英訳を担当させていただいた。英文校正業者の方およびネイティヴの友人の力を借りてなんとか形を整えることができた。私の非力により十分な翻訳でないことは明らかだが、父の論旨を伝えることができるものとなっていればと思う。

あとがき

　本書の刊行に際して、共著論文の掲載を快諾してくださった甲南女子大学元教授の芦田徹郎先生に厚く御礼申し上げたい。また奈良女子大学教授の小川伸彦先生には本書刊行だけでなく様々なご厚誼とご尽力を賜り感謝申し上げたい。そして国書刊行会の今野道隆様をはじめ同出版社の皆様には著者不在でご不便をおかけするなか出版に向けて多くのご助力をいただき、感謝の気持ちをお伝えしたい。
　最後に、ここにお名前を挙げさせていただくことのできなかった父と関わっていただいたすべての皆様に心からの感謝を申し上げたい。

飯田陽子

＊　　　＊　　　＊

　デュルケムの理論のひとつの応用に向けての展開として、第Ⅰ部第1章を特に読んでほしい。デュルケムの理論においては明確に区別されていなかった集合意識、集合表象、集合力を分け、集合表象と集合力が集合意識の重要な2つの要素であるというモデルを示した。このモデルを用いて9.11テロとイラク戦争の事例を展開していくことは、現代社会学の重要な課題になると考える。第2部以降は、これまでの論文の集約、また代表作を再録した。
　タイトルにはデュルケムの基本的な用語である「聖と俗」を用いた。第Ⅰ部第1章で扱ったイラク戦争は、それ自体がその初期において聖と俗の両方を持っていた。第Ⅰ部第2章以下の全体では「聖と俗」が混ざっており、2者をはっきりとは区別していないが、研究のなかで聖と俗についてさらに分析を進めることができていたのではないか、と考えている。

　各章のもとになった論文はつぎの通りである。

第Ⅰ部
第1章：2015「9/11同時多発テロからイラク戦争への米政策・マスコミ・世論の動態過程——『集合意識』による解明・試論」、『大谷大學研究年報』第67集、所収
第2章：1984「デュルケームの儀礼論における集合力と象徴」、『社会学評論』第35巻第2号、所収

あとがき

第3章：1978「宗教社会学における現象学的視点と存在論的視点——P. L. バーガーとE. デュルケーム」、『ソシオロジ』第22巻第3号、所収

第Ⅱ部
第1章：1986「現代宗教の社会心理」、間場寿一編『社会心理学を学ぶ人のために』世界思想社、所収
第2章：1980「新宗教の日常化——『大本』京都本苑四支部の事例」、『ソシオロジ』第25巻第2号、所収
第3章：1994「現代都市民の民俗宗教」、宮田登・塚本学編『民間信仰と民衆宗教』日本歴史民俗論集10、吉川弘文館、所収（初出、1985「現代宗教の社会心理」、『真理と創造』第14巻第2号、所収）
第4章：初出（2006年6月、宗教社会学の会での口頭発表「今東光と生駒・八尾の宗教」をもとに。）

第Ⅲ部
第1章：2002「在日コリアンの宗教——文化創造の過程」、『環』第11巻、藤原書店、所収
第2章：2010「龍王宮・箱作・済州島——水辺の賽神（クッ）」、『コリアンコミュニティ研究』第1巻、大阪市立大学都市研究プラザ、所収
第3章：2013「在日コリアン社会における純福音教会と巫俗——普遍的基層宗教としてのシャーマニズム」、P. L. スワンソン編『キリスト教聖霊運動とシャーマニズム　Pentecostalism and Shamanism in Asia』南山宗教文化研究所、所収
第4章：2000「伝統宗教とキリスト教の発展——韓日比較の視点より」、小林孝行編『変貌する現代韓国社会』世界思想社、所収
第5章：1995「トロントのコリアン社会とキリスト教会」、『カナダ多民族社会の諸相』同志社大学人文科学研究所、所収

第Ⅳ部
第1章：2014「『民俗まつり』の展開と課題」、飯田剛史編『民族まつりの創造と展開　上巻・論考編』JSPS科学研究費　基盤研究（C）研究成果報告書、所収

あとがき

　研究の発端から本書の刊行まで多くの方々の御恩恵をこうむった。
　出版にあたっては、小野貴史氏、そして今野道隆氏をはじめとする国書刊行会の方々のご尽力をいただいた。
　本書は、妻飯田和子、長男修史、長女陽子の協力による。なかでも陽子には第Ⅰ部第1章の翻訳をお願いした。
　これまでお世話になった方々に改めて感謝を捧げたい。

2016年8月　飯田剛史

索引

あ

アイデンティティ　72, 73, 84, 85, 87, 88, 92, 136, 138, 199, 276
I・Me 概念　85
葵上　231
アニミズム　110, 118, 168, 173
アノミー　84, 86, 87, 89, 90, 97, 123, 136

い

イエスの変容(ラファエロ)　229-231
生野民族文化祭　197, 275, 278-284, 287, 292, 296-298, 301, 303, 305
異言　195, 216, 218-222, 224, 225, 228, 241
生駒　116, 167-177, 179-185, 191, 192, 194, 195, 201, 204, 205, 216-218
意識分析　105, 106
石切神社(石切さん/石切劔箭神社。生駒)　170, 171

え

エスニック　194, 215, 256, 278, 302

お

大神様(大本)　133, 134, 141, 144, 145
大神奉斎(大本)　133, 135
大阪市生野区　173, 190-192, 194-197, 206, 208, 210, 216, 276, 279, 280, 292, 296, 297, 304, 305
大阪純福音教会　220, 222
大本〔教〕　114, 116, 117, 123ff.
『大本神諭』　125, 142, 143, 153
大本弾圧事件　123, 124, 127, 128, 152-155, 162
オールドカマー　215, 219

か

外化(バーガー)　83-85, 87
外来宗教　110-112, 233
カオス　74, 78, 79, 87, 88, 91-94, 99
カオスの力　14, 61, 70, 77, 78
加持祈禱　115, 116, 170
カトリック〔教会〕　28, 117, 118, 219, 228, 236-241, 257, 258, 314
カナダ合同教会　258, 260
カナダ長老教会　251, 260
カナダへのコリアン移民史　251

339

索 引

家門　191, 194, 235, 243, 247, 270
カルバリ教会(純福音キリスト教団)　224, 225
韓国仏教　172, 192, 193, 199, 210, 216, 218, 233, 234, 238, 239, 242, 245, 257-259

き

機械的連帯　9, 10, 93
記号　12, 13, 61, 65, 66, 68, 70, 71, 94, 98
記号作用　12, 14
記号論　61, 66, 67, 77
基層宗教　110-113, 117, 118, 150, 157, 227, 231
基層宗教文化　133, 168
祈禱　116, 170-172, 201, 202, 204, 205, 216, 218, 219, 221, 225, 227, 245
祈禱院　241, 258, 266
　断食祈禱院　216, 219, 220
祈禱師　109, 115, 118, 181, 191, 192, 195, 201, 204, 205, 218, 227, 242, 244
　憑祈禱　116
記念的儀礼　74
客体化(バーガー)　83-88, 90, 91, 94
京都インマヌエル宣教教会　225, 226
キリスト教　27, 109, 111, 117, 118, 194, 236-240, 247, 248, 267, 300
キリスト教徒(クリスチャン)　198, 224, 226, 237-240, 247, 259, 268-270,

272
儀礼の諸形態　71
儀礼論　61ff.

く

供儀　72
クッ　→巫俗儀礼
クリスチャン　→キリスト教徒

け

ケ　76
ケガレ　76
現実(バーガー)　→リアリティ

こ

興聖院(生駒)　174
構造分析　105, 106
興法寺(生駒)　170, 172, 174
高麗寺(大阪市生野区)　193
幸楽センター　208-210
コスモス　71, 87-90, 93, 94, 99
国家神道　110, 112, 114, 116, 118, 120, 124, 171, 244, 246
護摩祈禱　174, 180

さ

崔子実　→チェ・ジャシル
済州島　191, 201, 204, 206, 208, 212, 213, 276, 291
済州島出身〔者〕　173, 174, 189, 190,

204, 206, 208, 212, 215, 216, 218

賽神儀礼　205-208

在日コリアン寺院　→朝鮮寺

「在日」志向　199, 216

在日大韓基督教会総会　194, 199, 216, 218, 225, 250, 251, 260

サイバネティクス　13, 61, 63

サイバネティックモデル　15, 63, 64, 67, 71, 78, 79

し

『自殺論』　91, 93, 96

四天王寺　180, 181, 183, 198, 285, 287, 289, 290, 292

四天王寺ワッソ　197, 198, 275, 278, 285-293, 296-298, 304, 305, 308

指紋押捺撤廃運動　189, 194, 276, 280, 300, 309

シャーマニズム　110, 111, 118, 168, 173, 215, 226-229, 231, 233, 242-245, 248

シャーマン　111, 113, 116, 117, 216, 227-229, 231

社会（バーガー）　83, 84, 91

社会化（バーガー）　84, 85, 90

社会的事実　94-96, 98

『〔社会〕分業論』　9, 15, 20, 93

社会力　98, 99

宗教　11, 12, 62, 82, 87-93, 98, 103, 104, 108, 238, 239, 294

宗教意識　64, 103-105, 121, 173

宗教回帰　106, 108, 112, 119, 120

宗教儀礼　15, 16, 69, 73, 77

宗教行動　64, 103-105, 109, 119

宗教社会学　81, 82, 88, 94, 100, 118, 132, 136, 148

『宗教生活の原初（基本）形態』　10, 11, 62

宗教的象徴　15, 61, 64, 68, 77, 294

宗教的信念体系　61, 64

宗教のはたらき　12

宗教の本質　11, 73

宗教力　71, 72, 94, 98, 99

宗教理論（デュルケム）　12, 62

集合意識　9-13, 17, 18, 20, 25-28, 30, 94, 98

集合的興奮（集合的沸騰）　14, 15, 67-70, 74, 75, 98, 293

集合表象〔概念〕　11-13, 15, 63, 68, 74, 93-95

集合表象－集合力モデル　13, 17

集合表象の二作用　12

集合力〔概念〕　11-16, 20, 25, 30, 61-65, 67, 70-78, 98, 99

集合力－象徴モデル　64, 67, 71, 77, 78

集合力の発生　13, 68-70

儒教　190, 215, 234-236, 238-240, 242, 243, 245, 270

儒教儀礼　→儒教式先祖祭祀

儒教式先祖祭祀（チェサ／儒教儀礼／

341

儒礼）190, 191, 193, 198, 199, 216, 235, 238, 240, 242, 270, 272, 296
修験道　115, 116, 118, 172, 195
主体化　85-87, 90, 91
儒礼　→儒教式先祖祭祀
純福音教会　219-224, 226, 231, 258
純福音キリスト教団　→カルバリ教会
純福音系〔キリスト〕教会　195, 199, 215, 216, 226, 227
純福音東京教会　219-221
消極〔的〕儀礼　71, 72, 75
象徴　13, 15, 18, 62, 65-67, 70, 71, 75, 78
象徴作用　12-15, 61, 67-71, 75, 77, 98, 295
象徴的実在　197, 293, 294
聖天　175, 183, 184
贖罪的儀礼　15, 16, 75
神義論　89, 90
新宗教　111, 114-120, 123, 155, 156, 163, 165, 196, 198, 199, 216, 243, 244, 246, 247, 267
新宗教の社会的基盤　129, 130
新新宗教　118, 119
神道　113, 114, 118, 199, 216, 240, 244
シンバン　191, 192, 195, 201, 204-210
信憑性構造（バーガー）　89

す

スニム（僧任）　172, 191, 195, 201, 204, 205, 208

せ

聖　62, 63, 70, 75, 76, 93, 99, 163, 281, 285
聖—カオス　88, 93
清谷寺（生駒）　172, 173
政治宗教　109, 110, 112-115, 118-121
聖性　70, 72, 87, 98, 163, 294
聖—俗（聖・俗）　71, 76, 77, 88, 93, 181
聖・俗図式　62, 63
正統化（バーガー）　87-89, 91, 92, 99
聖なるもの　12, 13, 71, 87, 88, 92, 93, 99, 294, 295
聖の両義性　75, 76, 99
成立宗教　109, 110, 112-115, 118, 119, 168
世界（バーガー）　82-84, 86-88, 90, 91
世界構成の弁証法（バーガー）　82
戦後の大本教　123
宣伝使（大本）　135, 136, 138, 140, 142, 144, 146-149, 162, 164
禅法寺（大阪市生野区）　208

そ

創価学会　117, 159, 164, 195, 196, 243
曹渓宗　172, 192, 193, 210, 234, 235, 242, 245, 258, 259
僧任　→スニム
疎外　64, 77-79, 84, 90-92

ソナン(船王)　205, 206, 208, 210

ソナンプリ　205, 206

祖霊復祭(大本)　133-137

た

大興院(生駒)　205, 207

大祭(大本)　142, 143

滝行場　116, 170-175, 180, 181, 195

脱疎外　91, 92

多文化共生　300, 304, 306-311, 313-315

多民族共生　200, 300, 303, 304, 307, 314, 315

ち

チェサ　→儒教式先祖祭祀

チェ・ジャシル(崔子実)　219, 224

知識　81, 82, 86, 88

知識社会学(バーガー)　81-83

朝鮮寺(在日コリアン寺院)　172-175, 177, 181, 191, 192, 195, 205, 216, 218

朝拝(大本)　129, 141, 142, 164

趙鏞基　→チョー・ヨンギ

長老派(プレスビテリアン)　28, 218, 236, 240, 250, 259, 260

チョー・ヨンギ(趙鏞基)　219-221, 223, 241

チルチム(十王祭)　210

つ

月次祭(大本)　129, 142, 143, 156

て

出口王仁三郎　116, 123, 128

出口なお　116, 123, 124, 127, 142

天台院(八尾市)　179-181, 183, 184

天道教　→東学

デンボの神さん(生駒)　→石切神社

と

東学(天道教)　237-239, 243

「同化」志向　199, 216

統国寺(大阪市天王寺区)　192

動的密度(道徳的密度)　14, 15, 68, 75

ときわセンター　208

トチェビ(トッケビ)　206, 210

トロント韓人合同教会　250, 260, 266

トロント韓人長老会　250, 251, 254, 259, 260, 262, 265-269, 271

トロントのコリアン社会　254

な

内化(バーガー)　83-87, 90, 91

に

日本宗教の構造　112

日本仏教　110-114, 116, 118, 123, 134, 160, 172, 195, 199, 216, 244, 245

索引

ニューカマー　189, 199, 215, 219, 223, 227, 276, 302, 307, 310
人間と社会の弁証法(バーガー)　82, 85, 86

ね

ネットワーキング型　198, 199, 216
ネットワーク型　198, 199, 216, 276

の

農楽(プンムル)　197, 276, 279, 281, 283, 292, 293, 296, 301-303, 306, 308
ノエシス　85, 92
ノエマ　85
ノモス　86-94, 99

は

白雲寺(生駒)　172, 173
「剝奪」-「回心」図式　136, 138
剝奪〔組〕　108, 111, 123, 136, 138, 139, 162
ハレ　76, 303
ハレ-ケ-ケガレ　76, 77, 113, 118
恨(ハン)　191, 192, 234

ひ

東九条マダン　298, 301-303, 305-308, 312
表象的儀礼　74

ふ

フォーマル組織型　198, 199, 216, 276
巫儀　172-174
普賢寺(大阪市生野区)　192, 193, 210-212
巫祭　173, 201
巫者(ムーダン)　172-174, 191, 201, 205, 217, 218, 227, 231, 233, 234, 239, 242
巫俗　174, 190-193, 195, 199, 201, 215, 216, 223, 226, 227, 231, 233, 234, 236, 238, 239, 241, 242, 244, 245
巫俗儀礼(クッ)　190-192, 201, 202, 205, 208, 212, 213, 215, 216, 218, 233, 242, 245, 297
フルゴスペル京都教会　222-224, 226
プレスビテリアン　→長老派
プロテスタント〔教会〕　117, 118, 194, 218, 219, 236-241, 250, 257
文化(バーガー)　83
分業　10, 93
プンムル　→農楽

へ

弁証法の基本契機(バーガー)　83
ペンテコステ派　218, 219, 223, 225, 226, 228, 258

ほ

寶山寺(生駒) 168, 170, 172, 174-176
方法的無神論(バーガー) 88, 98
ポサル(菩薩) 172, 191, 195, 201, 204-206, 208, 218, 242, 245

ま

マイノリティ 249, 309, 310, 314
マダン劇 279, 296
松平頴摩太 224, 225

み

巫女 111, 116, 172, 231, 244
妙覚寺(生駒) 172, 173
みろくの世(大本) 154, 155, 162
民族 13, 197, 275, 278, 281, 283, 293-295, 307
「民族」志向 199, 216
民俗宗教 109, 110, 112, 113, 115, 116, 118, 119, 167, 168, 173, 176, 179, 181, 185, 191, 195, 198, 199, 216, 233, 242, 244
民族的アイデンティティ 194, 196, 256, 275, 280, 292, 300
民族文化祭 197, 199, 216, 277
民族まつり 275, 293

む

ムーダン →巫者

め

明正教(生駒) 172
メソディスト派 218, 223, 237, 258, 259

も

模擬的儀礼 73
文観 181-184

や

靖国神社 114, 120, 315
両班(ヤンバン) 235, 236, 242, 243, 246, 247, 279

ゆ

有機的連帯 10, 20, 93
ユートピア 91, 124, 295, 296, 307
夕拝(大本) 129, 141, 142, 164

よ

ヨイド純福音教会 219-221, 224, 241
世の立替え立直し 116, 123, 125, 133, 152-157, 162

り

リアリティ(現実。バーガー) 82, 83, 86, 88, 90, 92, 94, 95, 97, 176
龍光院(生駒) 174

索 引

れ

霊界(大本)　133, 134, 144, 156, 157
『霊界物語』　125, 142, 143, 153

わ

ワンコリアフェスティバル　197, 198, 275, 278, 283-285, 287, 292, 295-298, 304

著者紹介
飯田剛史（いいだ　たかふみ）(1949-2016)
1949年、京都市に生まれる。
同志社大学文学部卒業。京都大学大学院文学研究科博士課程修了。博士（文学）。京都大学文学部助手、富山大学経済学部講師・助教授・教授、大谷大学文学部教授を経て同大学特別任用教授。富山大学名誉教授。
この間、京都大学にて内地研修、ヨーク大学、ブリティッシュ・コロンビア大学、ハーヴァード大学にて在外研究。
専攻は比較社会学、宗教社会学。

主な著書・論文に『在日コリアンの宗教と祭り――民族と宗教の社会学』（世界思想社）、「デュルケムの儀礼論における集合力と象徴」（『社会学評論』第35巻第2号）、共著に『変貌する現代韓国社会』『宗教とナショナリズム』『現代社会学の諸理論』『社会心理学を学ぶ人のために』（以上、世界思想社）、『神々宿りし都市――世俗都市の宗教社会学』『生駒の神々――現代都市の民俗宗教』（創元社）、『社会学論集 持続と変容』（ナカニシヤ出版）、『宗教ネットワーク』（行路社）、『家族と墓』（早稲田大学出版部）、『現代生活と人間』（晃洋書房）、『民間信仰と民衆宗教』（吉川弘文館）などがある。

現代社会における聖と俗
――デュルケム・9.11テロ・生駒・在日コリアン
ISBN978-4-336-06202-4

平成30年2月20日　初版第1刷発行

著　者　飯田剛史
発行者　佐藤今朝夫

〒174-0056　東京都板橋区志村1-13-15
発行所　株式会社　国書刊行会
電話 03(5970)7421　FAX 03(5970)7427
E-mail: info@kokusho.co.jp　URL: http://www.kokusho.co.jp

落丁本・乱丁本はお取替えいたします。
装幀　井上二三夫
印刷　三報社印刷株式会社
製本　株式会社ブックアート